+

Externat S.Joseph 1.J.
Lyon

FABLES

DE

LA FONTAINE.

PARIS. — DE L'IMPRIMERIE DE RIGNOUX,
rue des Francs-Bourgeois-S.-Michel, n° 8.

FABLES

DE

LA FONTAINE,

AVEC

LE COMMENTAIRE DE M. L'ABBÉ GUILLON,

PROFESSEUR D'ÉLOQUENCE SACRÉE DANS LA FACULTÉ DE THÉOLOGIE DE PARIS,
INSPECTEUR DE L'ACADÉMIE DE PARIS,
CHEVALIER DE LA LÉGION-D'HONNEUR,
AUMÔNIER DE S. A. R. MADAME LA DUCHESSE D'ORLÉANS,
PRÉDICATEUR ORDINAIRE DU ROI,
CHANOINE HONORAIRE DE SAINT-DENIS.

NOUVELLE ÉDITION,

PUBLIÉE ET AUGMENTÉE

D'UN ESSAI SUR LA VIE ET LES OUVRAGES DE LA FONTAINE,

PAR JULES JANIN.

———

TOME SECOND.

———

PARIS.

AVERTISSEMENT
DE L'AUTEUR.

Voici un second Recueil de fables que je présente au public (*). J'ai jugé à propos de donner à la plupart de celles-ci un air et un tour un peu différent de celui que j'ai donné aux premières, tant à cause de la différence des sujets, que pour remplir de plus de variété mon ouvrage (**). Les traits familiers que j'ai semés avec assez d'abondance dans celles-là conve-

---

(*) Cet avertissement est de 1678, dix ans après la publication de la première partie. La Fontaine avoit alors cinquante-cinq ans. Ce second Recueil de fables se divise, comme le premier dans les anciennes éditions, en deux parties, dont la première s'étend du septième Livre au douzième, publié en 1693. L'année suivante, le libraire Barbin ajouta aux Livres précédens le douzième, suivi *des Filles de Minée*.

(**) Cette différence, très sensible dans le premier et dans le second Recueil des fables, a donné lieu à des jugemens bien divers. L'abbé Furetière, homme haineux et vindicatif, avoit exhalé sa bile contre tout l'ouvrage. Voltaire accoutuma les Parisiens à dire que l'âge avoit rendu La Fontaine *long conteur*. Divers compilateurs et nombre d'étrangers le répétèrent sur parole. MM. Blacwel, Beattie, Lessing, littérateurs si distingués d'ailleurs, l'apprirent à l'Europe. Champfort seul résista au torrent, et tout philosophe qu'il étoit, il s'opiniâtra à trouver inférieures les dernières fables, quoique bien *plus philosophiques*.

noient bien mieux aux inventions d'Ésope qu'à
ces dernières, où j'en use plus sobrement, pour
ne pas tomber en des répétitions : car le nombre
de ces traits n'est pas infini. Il a donc fallu que
j'aie cherché d'autres enrichissemens, et étendu
davantage les circonstances de ces récits qui
d'ailleurs me sembloient le demander de la sorte.
Pour peu que le lecteur y prenne garde, il le
reconnoîtra lui-même : ainsi je ne tiens pas qu'il
soit nécessaire d'en étaler ici les raisons, non
plus que de dire où j'ai puisé ces derniers sujets.
Seulement je dirai, par reconnoissance, que j'en
dois la plus grande partie à Pilpay, sage indien.
Son livre a été traduit en toutes les langues. Les
gens du pays le croient fort ancien, et original
à l'égard d'Ésope, si ce n'est Ésope lui-même,
sous le nom du sage *Lockman*. Quelques autres
m'ont fourni des sujets assez heureux. Enfin, j'ai
tâché de mettre en ces deux dernières parties
toute la diversité dont j'étois capable.

A MADAME

A MADAME

DE MONTESPAN (*).

L'apologue est un don qui vient des immortels,
    Ou si c'est un présent des hommes,
Quiconque nous l'a fait mérite des ,autels.
    Nous devons, tous tant que nous sommes,
    Ériger en divinité
Le sage par qui fut ce bel art inventé.
C'est proprement un charme : il rend l'âme attentive,
    Ou plutôt il la tient captive,
    Nous attachant à des récits
Qui mènent à son gré les cœurs et les esprits.
O vous qui l'imitez, Olympe, si ma muse
A quelquefois pris place à la table des dieux,
Sur ses dons aujourd'hui daignez porter les yeux.
Favorisez les jeux où mon esprit s'amuse.
Le temps qui détruit tout, respectant votre appui,
Me laissera franchir les ans dans cet ouvrage :
Tout auteur qui voudra vivre encore après lui,
    Doit s'acquérir votre suffrage.
C'est de vous que mes vers attendent tout leur prix.
    Il n'est beauté dans nos écrits,
Dont vous ne connoissiez jusques aux moindres traces.

(*) Madame de Montespan fut une des femmes les plus remarquables de la cour de Louis XIV. Ce fut elle qui fonda l'académie
des Inscriptions et Belles-Lettres. Elle mourut surintendante de la
maison de la reine, le 28 mai 1707.

Eh! qui connoît que vous les beautés et les grâces!
Paroles et regards, tout est charme dans vous.

  Ma muse, en un sujet si doux,
  Voudroit s'étendre davantage :
Mais il faut réserver à d'autres cet emploi,
  Et d'un plus grand maître que moi
  Votre louange est le partage.
Olympe, c'est assez qu'à mon dernier ouvrage
Votre nom serve un jour de rempart et d'abri;
Protégez désormais le Livre favori
Par qui j'ose espérer une seconde vie :

  Sous vos seuls auspices, ces vers
  Seront jugés, malgré l'envie,
  Dignes des yeux de l'univers.
Je ne mérite pas une faveur si grande;
  La fable en son nom la demande :
Vous savez quel crédit ce mensonge a sur nous;
S'il procure à mes vers le bonheur de vous plaire,
Je croirai lui devoir un temple pour salaire :
Mais je ne veux bâtir des temples que pour vous.

FABLES

DE

LA FONTAINE.

LIVRE SEPTIÈME.

FABLE PREMIÈRE.

Les Animaux malades de la Peste (*).

Un mal qui répand la terreur,
  Mal que le ciel en sa fureur
Inventa pour punir les crimes de la terre,
La peste, puisqu'il faut l'appeler par son nom,
Capable d'enrichir en un jour l'Achéron,
  Faisoit aux animaux la guerre.
Ils ne mouroient pas tous, mais tous étoient frappés.
  On n'en voyoit point d'occupés
A chercher le soutien d'une mourante vie :
  Nul mets n'excitoit leur envie.
  Ni loups, ni renards n'épioient
  La douce et l'innocente proie.
  Les tourterelles se fuyoient :
  Plus d'amour, partant plus de joie.
Le lion tint conseil, et dit : Mes chers amis,
  Je crois que le ciel a permis
  Pour nos péchés cette infortune :
  Que le plus coupable de nous

(*) Fabliau du XIIIᵉ siècle.
II.   I

Se sacrifie aux traits du céleste courroux :
Peut-être il obtiendra la guérison commune.
L'histoire nous apprend qu'en de tels accidens
    On fait de pareils dévouemens.
Ne nous flattons donc point; voyons sans indulgence
    L'état de notre conscience.
Pour moi, satisfaisant mes appétits gloutons,
    J'ai dévoré force moutons.
    Que m'avoient-ils fait? nulle offense;
Même il m'est arrivé quelquefois de manger
        Le berger.
Je me dévouerai donc, s'il le faut : mais je pense
Qu'il est bon que chacun s'accuse ainsi que moi,
Car on doit souhaiter, selon toute justice,
    Que le plus coupable périsse.
Sire, dit le renard, vous êtes trop bon roi :
Vos scrupules font voir trop de délicatesse;
Hé bien! manger moutons, canaille, sotte espèce,
Est-ce un péché? Non, non : vous leur fîtes, seigneur,
    En les croquant, beaucoup d'honneur.
    Et quant au berger, l'on peut dire
    Qu'il étoit digne de tous maux,
Étant de ces gens-là qui sur les animaux
    Se font un chimérique empire.
Ainsi dit le renard, et flatteurs d'applaudir.
    On n'osa trop approfondir
Du tigre, ni de l'ours, ni des autres puissances,
    Les moins pardonnables offenses.
Tous les gens querelleurs, jusqu'aux simples mâtins,
Au dire de chacun, étoient de petits saints.
L'âne vint à son tour, et dit : J'ai souvenance
    Qu'en un pré de moines passant,
La faim, l'occasion, l'herbe tendre, et je pense
    Quelque diable aussi me poussant,
Je tondis de ce pré la largeur de ma langue.

Je n'en avois nul·droit, puisqu'il faut parler net.
A ces mots on cria harò sur le baudet.
Un loup, quelque peu clerc ; prouva par sa harangue,
Qu'il falloit dévouer ce maudit animal,
Ce pelé, ce galeux, d'où venoit tout le mal.
Sa peccadille fut jugée un cas pendable.
Manger l'herbe d'autrui ! quel crime abominable !
    Rien que la mort n'étoit capable
D'expier son forfait : on le lui fit bien voir.

Selon que vous serez puissant ou misérable,
Les jugemens de cour vous rendront blanc ou noir.

OBSERVATIONS DIVERSES.

C'est parmi les gens de lettres une tradition commune que celle de toutes les fables de La Fontaine que son auteur estimoit le plus, c'est la fable du *Chéne et le roseau.* Croiroit-on, d'après cela, qu'il puisse exister en ce genre quelque ouvrage plus beau et plus parfait ? Oui, me répondoit un homme à qui la nature avoit accordé le précieux avantage d'unir la sagacité de l'esprit le plus fin, le plus délicat, à la plus étonnante érudition ; oui, La Fontaine a quelque chose encore de plus achevé.—Eh ! quoi donc ? — Ses *Animaux malades de la peste.*

Nous ne prononcerons point entre La Fontaine et l'auteur *d'Anacharsis.* Il faut ou les droits du premier, ou l'autorité du second, pour avoir la confiance de juger entre tant de délicieuses compositions. Au moins pouvons-nous assurer que La Fontaine ne pouvoit être égalé ou surpassé que par lui-même : et quel poète que celui dont il faut douter encore, après avoir lu cette excellente production, si c'est bien là son chef-d'œuvre !

Supposons que ce même sujet se fût présenté à l'imagination d'Esope : Voici à peu près comment il l'eût traité. « La peste régnoit parmi les animaux. Le lion les ayant convoqués, leur dit : Le fléau qui nous accable est sans doute un châtiment du ciel, qui suppose un coupable et demande une victime. Qui se sentira criminel se sacrifie; et pour cela, que chacun de nous confesse ses fautes. Les principaux d'entre eux avoient accusé les plus énormes délits, lorsque l'âne s'avança, et dit : Je me souviens d'avoir un jour dérobé dans un champ quelques poignées de foin ; c'est peut-être là le crime que les dieux punissent par une contagion générale. Oui, s'écrièrent à la fois tous les animaux, voilà le coupable auteur de tous nos maux; et le malheureux baudet fut mis à mort. »

Le récit d'Esope n'eût pas manqué de ce sens profond qui le caractérise, et de cette précision qui ne connoît point de milieu entre le nécessaire et l'inutile. Phèdre fût venu après, qui, fortifiant l'expression du fabuliste grec par des accessoires délicats et gracieux, eût peint ses caractères, non par des descriptions étendues, mais par des images vives, par des discours directs et rapides, par des couleurs animées, brillantes ; et, au lieu d'une peinture décharnée, il eût fait de ces charmantes études une miniature pleine de goût, de délicatesse et d'intérêt.

Que le Phidias de l'apologue s'empare de ce même sujet; quel caractère imposant va s'imprimer à ses personnages! de combien de beautés nouvelles son génie fécond, inépuisable, enrichira ce dessin qui, sous les pinceaux de Phèdre, aura, ce semble, acquis toute sa perfection! Tour à tour terrible et gracieux, pathétique et riant, fier et naïf, plaisant et grave, il entraînera notre admiration par la majesté de son ordonnance, l'intelligence des teintes et l'art profond des gradations ; la finesse des traits, la magnificence et le naturel du coloris. Vous avez vu dans les monumens antiques le fils de Japet versant la vie avec le feu du ciel dans le sein de sa statue, et la créant à l'existence; une masse d'argile est devenue, sous les mains de Prométhée, la sublime, la céleste Pandore : La Fontaine a paru, et la fiction est réalisée.

Suivons, autant qu'il est en nous, le fil des méditations à travers lesquelles s'est composé le bel apologue dont il est question. Essayons de pénétrer en quelque sorte le secret

de sa création, et de surprendre, s'il se peut, la nature
sur le fait.

La Fontaine veut mettre en action cette vérité d'expérience, que les hommes déterminent leurs arrêts sur la
puissance ou le crédit, et non point sur la justice. L'apologue lui présente ses mensonges et ses acteurs. Voilà les
animaux assemblés, et à côté de ces chers animaux, La
Fontaine, qui, l'œil fixe, le corps immobile, se livre tout
entier à l'attente de l'inspiration. Tout à coup son génie
s'échauffe : La Fontaine n'est plus là ; il est dans chacun
des acteurs qu'il met en scène ; dans ce lion, roi des animaux, président-né de leur conseil ; dans ce renard, dont
les yeux pleins de vivacité et de finesse portent l'empreinte
de son caractère cauteleux et ardent ; il passera dans cet
animal lourd et pesant, dont la nature n'a fait qu'une
bête de somme, et l'injustice des humains, une victime.

Le premier objet qui a dû frapper sa pensée, c'est le
motif même de leur convocation. Il faut délibérer sur les
causes et les remèdes d'un fléau contagieux qui les afflige.
Quels sont les sentimens et les aspects que ce fléau fait
naître dans son âme ? C'est d'abord l'effroi. La nature
dicte, La Fontaine écrit :

> *Un mal qui répand la terreur.*

L'imagination fortement empreinte de cette idée en est
poursuivie, obsédée ; l'expression s'en retrace encore sous
sa plume. Nos grands poètes sont pleins de ces éloquentes
répétitions : la suspension qu'elles produisent excite ce
puissant intérêt qui naît de la curiosité.

> *Mal que le ciel en sa fureur.*

Quoi donc ! un tel fléau peut-il être parti du ciel ? N'est-
ce pas plutôt dans les enfers qu'en est la source ? Non ; le
poète a vu l'enfer limité dans ses fureurs ; l'enfer n'agit
que comme ministre. Le plus terrible des fléaux doit éma-
ner de la toute-puissance du ciel, et du ciel irrité : c'est le
iracunda fulmina d'Horace, dans les mains de son Jupiter.

> *Inventa pour punir les crimes de la terre.*

A cette expression *inventa*, ne diroit-on pas que le ciel a travaillé long-temps ce fléau avant de le lâcher contre la terre? On *invente*, dit l'abbé Girard, de nouvelles choses par la force de l'imagination (*Synon. franç.*, p. 234.) C'est le dernier effort des vengeances célestes. *Pour punir les crimes de la terre.* L'énigme est expliquée. Quels crimes ne suppose pas un tel châtiment!

Mais quel est-il encore ce mal si affreux? La mémoire seule en est-elle donc si redoutable, que l'on n'ose pas même en proférer le nom? Oui, mais il le faut bien:

> *La peste, puisqu'il faut l'appeler par son nom.*

Le voilà échappé. Admirez dans ce poète ce sentiment vertueux et profond; il voudroit anéantir jusqu'au nom de ce fléau vengeur. C'est le vœu célèbre du président Christophe de Thou (et non, pour le dire en passant, du chancelier de l'Hôpital) sur la Saint-Barthélemy.

> *Capable d'enrichir en un jour l'Achéron.*

Virgile appelle ce fleuve des enfers *l'avare* Achéron. Que de tributs il faut pour enrichir un avare! C'est vouloir combler un gouffre sans fond. La peste le fait, et le fait *en un seul jour.* L'histoire justifie le poète, et le lecteur sensible frissonne d'horreur.

> *Faisoit aux animaux la guerre.*

Ce vers, sous une apparence simple, présente une foule d'idées. Idée juste: Horace fait marcher les fièvres par escadrons, *febrium cohors.* Ainsi La Fontaine a pu donner à la peste un appareil guerrier. Idée grande: la guerre est elle-même un fléau. Qui ne se rappelle ici l'histoire de David? la guerre et la peste se combinent pour peser à la fois sur la terre sans défense contre ces terribles ennemis. Quelle image! Idée vaste et sublime: la guerre suppose un système savant, un plan d'attaques suivies et diverses dont on ignore le dessein et le terme. Quel tableau! Comme le présent est affreux, l'avenir épouvantable! Ainsi Boileau a dit:

> A qui la faim, la soif, partout faisoient *la guerre.*

La Fontaine et lui l'ont imité de Villon. — Nous avons eu

dans notre langue peu d'expositions aussi belles : c'est là ,
comme on l'a dit de quelques odes de Pindare , un fron-
tispice magnifique. L'abbé Batteux vante cette période
pleine qui se soutient parfaitement d'un bout à l'autre.
« L'oreille, ajouta-t-il, est occupée, l'esprit content, le
cœur remué. » La chute en est d'une majestueuse simplicité. Le poëte , comme fatigué du spectacle qu'il vient de
décrire , laisse mollement tomber ses pinceaux; mais
quand il les aura repris, voyez avec quel feu, quelle richesse de coloris il va peindre les effets de la contagion
qu'il vient de définir.

Ils ne mouroient pas tous , mais tous étoient frappés.

La répétition du mot *tous* est une de ces beautés que l'on
sent , et que l'on n'analyse pas. Malherbe a dit , en parlant
d'Henri IV :

Quand la rebellion plus qu'une hydre féconde
Auroit pour le combattre assemblé tout le monde,
Tout le monde assemblé s'enfuiroit devant lui.

Les premiers vers ont été forts et vigoureux ; les suivans
ne sont que tristes. C'est que les commotions vives pro-
duites par les scènes pathétiques tombent bientôt dans une
mélancolie douce, quelquefois même voluptueuse. Le
Poussein a des tableaux où l'on voit l'exemple de ces
contrastes toujours sûrs de plaire. Ce qui suit en offre encore la preuve.

On n'en voyoit point d'occupés
A chercher le soutien d'une mourante vie.
Nul mets n'excitoit leur envie.

Tant le sentiment de la douleur absorbe celui des besoins
les plus impérieux ! L'immortel auteur des Géorgiques a
peint aussi les animaux livrés à une semblable calamité.
Ce sont les mêmes effets, les mêmes caractères; mais Virgile
n'a pas de plus beaux vers. Dans ce vers :

A chercher le soutien d'une mourante vie ,

remarquez une modulation lente , terminée par une chute
presque monosyllabique; peinture admirable de l'affais-
sement progressif d'un corps qui s'abat.

Ni loups, ni renards n'épioient
La douce et l'innocente proie.

Ces épithètes pourroient paroître parasites à qui ne ré-
fléchira pas sur la double idée qui les a sans doute inspi-
rées au poète. D'abord cette proie n'offre plus que de
douces et innocentes victimes aux loups et aux renards, alors
que les vengeances du ciel ont dévoilé à leurs coupables
yeux tant de rapines, tant de perfidies : première idée.
Ensuite, les fléaux du ciel enveloppent non pas seulement
le farouche brigand qui nous égorge, non pas l'hypocrite
ravisseur qui nous dépouille, mais ce qu'il y a de plus
doux, mais l'innocence elle-même, qui n'offensa jamais
personne, et se trouve punie toutefois comme si elle étoit
coupable. Ainsi le bon, l'inimitable La Fontaine dira encore dans un autre de ses chefs-d'œuvre où il décrit un
déluge :

Les animaux périr! Car encor les humains,
Tous avoient dû périr sous les célestes armes.

                    (*Philémon et Baucis.*)

C'est donc un sentiment réfléchi de compassion qui ren-
force les couleurs du poète. Aussi ne peut-on rien voir de
plus touchant que ce tableau.

Les tourterelles se fuyoient.

Bocace qui étoit aussi un grand maître termine de même
sa description de la peste de Florence. « Et qui plus grande
chose est, et quasi incroyable, les pères et mères fuyoient
de servir et visiter leurs enfans. » (Décameron, Irᵉ *Journée*,
p. 9, trad. franç. in-8°, *Londres*,1757.) Avec quel art le poète
contraste ses récits et ses personnages! C'étoient tout à
l'heure des loups et des renards, c'est-à-dire les tyrans des
forêts : voici maintenant les symboles de la tendresse et de
la fidélité, qui ne vivent plus que pour souffrir et pour
s'éviter.

Plus d'amour, partant plus de joie.

Tout est dit dans ce seul mot : c'est le comble du malheur. Il semble que le monde, privé de l'amour, va retom-

ber dans le chaos d'où l'amour, si l'on en croit Hésiode,
l'avoit fait sortir.

Ainsi, par un charme qui lui est particulier, et qu'il faut
appeler le dernier effort du génie, La Fontaine fait sortir
du fond le plus sombre les plus riantes images, et de ces
images-là même sait composer les traits les plus attendris-
sans de son funèbre tableau.

Le lion tint conseil, et dit : Mes chers amis.

Ce n'est plus là le ton superbe d'un monarque parlant à
des sujets ; aussi le lion est-il comme eux frappé par le
malheur.

Je crois que le ciel a permis.

Le ciel, à l'entendre, n'est pas auteur du mal qu'il
éprouve : il ne fait que le permettre. Cette opinion est bien
plus religieuse.

Pour nos péchés cette infortune.

Un autre auroit dit : *pour nos forfaits.* Outre que le lion,
en parlant de lui, n'en doit pas parler comme la renommée, *nos péchés* a quelque chose de plus dévot et de plus
humble, ce qui convient mieux à sa situation.

Peut-être il obtiendra la guérison commune.

On n'en est pas sûr : mais que sait-on? C'est là du moins
une dernière ressource que la sagesse indique contre le
malheur extrême où l'on est. Et pour preuve que la confiance du lion ne manque pas de fondement :

> *L'histoire nous apprend qu'en de tels accidens*
> *On fait de pareils dévouemens.*

Il est beau à un roi de s'appuyer des témoignages de
l'histoire : tout orateur a droit de l'invoquer. Ce discours
est un petit chef-d'œuvre d'éloquence : oui, d'éloquence ;
car, dit Pline, il n'est point de genre qui, porté à un certain degré de perfection, ne soit susceptible d'une grande
éloquence. (*Epist. ad Canin.*)

> *Pour moi, satisfaisant mes appétits gloutons,*
> *J'ai dévoré force moutons.*
> *Que m'avoient-ils fait? nulle offense.*

On remarquera cette expression, *mes appétits gloutons* : elle est grande ; elle est riche : plus d'un écrivain l'a imitée depuis. Le poète dira de même ailleurs :

> *Les vastes appétits* d'un faiseur de conquêtes.
>
> (Liv. VIII, fab. 27.)

Mais ne perdons point de vue la position de l'orateur ; elle est délicate. Comment dissimuler ses violences ? il sue encore le crime. Comment les excuser ? le ciel lui-même s'en est déclaré le vengeur. Il ne peut donc point en éluder la confession. Mais d'abord comment la fera-t-il ? En prévenant l'accusation il l'affoiblit ; en paroissant charger son examen il ôte le droit de l'approfondir par ce vers :

> *Que m'avoient-ils fait ? nulle offense.*

L'hypocrite s'appitoie sur ses victimes, c'en est assez pour leur vengeance.

> *Même il m'est arrivé quelquefois de manger*
> *Le berger.*

Voilà bien son plus grand péché ; aussi le prononce-t-il à la hâte ; le vers n'est presque qu'un monosyllabe bientôt étouffé par la période pleine qui va suivre. L'expression *manger*, au lieu de dévorer, n'est point non plus indifférente : on dévore par gloutonnerie, on *mange* par besoin ; le délit porte son excuse avec soi.

> *Je me dévouerai donc, s'il le faut : mais je pense*
> *Qu'il est bon que chacun s'accuse ainsi que moi ;*
> *Car on doit souhaiter, selon toute justice,*
> *Que le plus coupable périsse.*

La religion, l'histoire, tout a servi à sa cause : maintenant ce sont les grands principes d'équité naturelle qu'il réclame. Il a mis dans ses aveux un art si profond, que déjà on cherche un autre coupable ; mais ce n'est pas à lui à le nommer.

> *Sire, dit le renard, etc.*

Celui-ci entreprend non seulement de faire oublier les crimes du monarque, mais de les justifier. Comment s'y prendra-t-il ?

Il va, sans paroître y penser, rappeler la dignité du lion : *Sire*. Ces titres éblouissent les sots. Des éloges exagérés préoccupent les esprits : *vous êtes trop bon roi*. Et il entre en matière.

Parce que le roi a parlé religion, le flatteur empruntera des termes dévotieux, mystiques même : *vos scrupules*, *délicatesse* de conscience, *est-ce un péché*, assaisonnés de l'impudence de l'orgueilleux dédain et de ce persiflage, style familier des gens de cour.

> *Eh bien! manger moutons, canaille, sotte espèce,*
> *Est-ce un péché?*

Le mot *canaille* exprime ce qu'il y a de plus vil. Demandez à l'usage l'explication précise de ce mot : c'est cette populace, ramas impur de tous les vices, que nous avons vue comme un troupeau de moutons se précipiter autour des bustes de Marat, et dont on ne sait si elle excite plus l'horreur que le mépris. Interrogez l'étymologie : ce sont ces meutes de *chiens* qui ne savent qu'aboyer ou environner les échafauds pour y lécher le sang qui en découle ; *canum alligatio :* voilà la *canaille ;* et à la honte de l'humanité, l'histoire parle ici comme la fable. *Sotte espèce*. C'est jusque dans l'expression la même insolence que celle du *Méchant*, dans Gresset, quand il dit :

> Les sots sont ici-bas pour nos menus plaisirs.

Est-ce un péché? Non, non. Admirez l'assurance du renard. Ces casuistes de cour ne doutent de rien.

> . . . . *Vous leur fîtes, seigneur,*
> *En les croquant, beaucoup d'honneur.*

Un homme de beaucoup d'esprit ne voyoit dans ce vers *qu'une charge*. Mais cette charge, qui est-ce qui la fait? un courtisan petit-maître ; mais cette charge n'en a que plus de comique, comme les traits toujours applaudis de *l'Avare* de Molière. Elle est devenue proverbe; ce qui atteste sa justesse et son grand sens : elle n'est point hors de la nature ; elle n'est pas plus exagérée que la flatterie de ce seigneur persan dont parle Sénèque dans son *Traité de la Clémence*, qui félicitoit Cambyse de son adresse à percer

le cœur de son propre fils, en lui disant : *Apollon n'eût
pas mieux tiré.*

Dans ce charmant acte d'accusation contre Lulli , que
tout le monde connoît, La Fontaine a imité ces vers par
ceux-ci, qu'il prête au Florentin :

> Cela joint à l'honneur
> De travailler pour moi, te voilà grand seigneur.
>
> (*OEuvres div.*, t. I , p. 90.)

Et quant au berger.... Oh ! c'est ici qu'on l'attend. — *L'on
peut dire qu'il étoit digne de tous maux.* Eh ! pourquoi ? *Étant
de ces gens-là.* On sent tout ce que *ces gens-là* a de mépri-
sant. *Qui sur les animaux se font un chimérique empire.* Donc
en punissant l'usurpation , le roi des animaux n'a fait
qu'exercer un acte de justice, et se donner des droits à
la reconnoissance publique !

Nous passerons rapidement sur les vers suivans , quoiqu'on y trouve cette expression si bien assortie au caractère des acteurs : *ni des autres puissances ;* et ce contraste
plaisant de ces *gens querelleurs* devenus tout à coup *de petits
saints*, imité peut-être de ce vers de Villon :

> Gens morts furent faits petits dieux.
>
> (*Grand Testam.*, p. 42.)

Venons au discours de l'âne :

> *L'âne vint à son tour, et dit : J'ai souvenance*
>   *Qu'en un pré de moines passant,*
> *La faim , l'occasion , l'herbe tendre, et je pense*
>   *Quelque diable aussi me poussant,*
> *Je tondis de ce pré la largeur de ma langue.*

Que de beautés ! Qu'il faut avoir d'esprit, comme parle
Jean-Jacques Rousseau, pour savoir ainsi faire la bête !
J'ai souvenance ; la faute est ancienne. *Souvenance :* « Ce vieux
mot, qui se prononce moitié du nez , n'est pas mal dans la
bouche de l'âne. Il cherche dans sa mémoire, comme s'il
eût été honteux d'être seul innocent. » (L'abbé Batteux.)
Il trouve enfin *qu'en un pré de moines passant.* Ce n'est ni
un jardin, ni un champ. La différence est sensible : un

pré de moines; des moines ont bien le moyen de perdre. Il n'a fait qu'y *passer.* Quel dégât pouvoit-il y faire? *La faim.* On pardonne tout à ce besoin; il maitrise, il entraîne. *L'occasion.* On est foible, on se laisse aller; mais on n'est pas pour cela un pervers; et puis, *occasion* n'est pas habitude. *L'herbe tendre*, ce don du ciel et de la rosée, invite à en goûter. On ne tient pas contre un semblable attrait! Et pourtant il n'eût pas succombé sans l'impulsion d'un génie malfaisant. *Et je pense, quelque diable aussi me poussant.* Or, le moyen de résister à une influence au dessus de la nature? Avec tout cela, voyons encore quels ravages ont suivi ce concours de tant de circonstances aussi puissantes que diverses. *Je tondis.* Tondre n'est pas attaquer le pied. C'est le *Luxuriem segetam tenerâ depascit in herbâ*, de Virgile. L'herbe ainsi tondue se répare bientôt à grand intérêt. Après tout, combien donc en a-t-il mangé? *La largeur de ma langue.* Et voilà tout son délit.

Je n'en avois nul droit, puisqu'il faut parler net.

On croiroit, à voir ce rapprochement de circonstances, que l'âne a voulu diminuer sa faute. Un aveu si clair et si franc lève tous les doutes, et lui laisse sa dangereuse innocence. On s'attend au succès.

A ces mots on cria haro sur le baudet.

Henri Étienne, ainsi que beaucoup d'autres, a pris le mot de *haro* pour une corruption de *ha Raoul!* cri normand, pour appeler le duc Raoul à son aide. C'est une erreur: *haro* vient de l'allemand *her arms.* Crier *haro*, c'est appeler à soi tout le peuple d'une ville. Clément Marot:

Puis dessus moi le grand haro criastes.

On l'a écrit aussi *harol.* Le même Henri Étienne: «Les diables font comme les procureurs et avocats, qui font semblant de se vouloir entre-manger en criant *harol* pour le droit de leurs parties.» (*Apolog. pour Hérod.*, t. III, p. 338.) Au reste, quand l'étymologie de ce mot seroit obscure, le sens ne l'est pas.

Un loup quelque peu clerc.

Pasquier a bien expliqué ce mot *clerc* : « Lequel, dans sa naïve et originaire signification, appartient aux ecclésiastiques ; et comme ainsi fut qu'il n'y eut qu'eux qui fissent profession de bonnes lettres, aussi par une métaphore nous appelâmes grand *clerc* l'homme savant, *mauclerc* celui qu'on tenoit pour bête, et la science fut appelée *clergie*. » Une harangue suppose un lettré, et voilà pourquoi le poète appelle son loup quelque peu *clerc*.

> *Prouva, par sa harangue,*
> *Qu'il falloit dévouer ce maudit animal,*
> *Ce pelé, ce galeux, d'où venoit tout le mal.*

Dévouer est proprement livrer aux dieux infernaux, par suite d'un vœu. *Ce pelé, ce galeux :* Quand la victime est condamnée, c'est à qui versera sur elle le plus d'imprécations ; elle devient le bouc émissaire chargé des iniquités de tout un peuple. Au défaut de reproches vrais, on se jette sur les injures les plus dégoûtantes comme les plus vides de sens : et c'est là, c'est dans les plus frivoles prétextes qu'on voit la source de tous les maux dont on est accablé.

Sa peccadille fut jugée un cas pendable.

Verres cassés sont cas pendables, a dit de même Bosquillon, en parlant d'un esclave condamné à mort sur ce léger prétexte. (Conte de l'*Adroit esclave*, dans un *Recueil de pièces anciennes et modernes*, t. I, p. 113.)

> *Manger l'herbe d'autrui ! quel crime abominable !*
> *Rien que la mort n'étoit capable*
> *D'expier son forfait : on le lui fit bien voir.*

Ces vers forment l'analyse de la fable, les conclusions du rapporteur, l'acte d'accusation, la sentence de mort, et le refrain de l'assemblée contre l'accusé.

FABLE II.

Le mal marié (*).

Que le bon soit toujours camarade du beau,
    Dès demain je chercherai femme [1];
Mais comme le divorce entre eux n'est pas nouveau,
Et que peu de beaux corps, hôtes d'une belle âme,
    Assemblent l'un et l'autre point,
Ne trouvez pas mauvais que je ne cherche point [2].
J'ai vu beaucoup d'hymens, aucuns d'eux ne me tentent.
Cependant des humains presque les quatre parts
S'exposent hardiment au plus grand des hasards;
Les quatre parts aussi des humains se repentent.
J'en vais alléguer un, qui s'étant repenti,
    Ne put trouver d'autre parti
    Que de renvoyer son épouse
    Querelleuse, avare et jalouse.
Rien ne la contentoit [3], rien n'étoit comme il faut;
On se levoit trop tard, on se couchoit trop tôt [4] :
Puis du blanc, puis du noir, puis encore autre chose.
Les valets enrageoient, l'époux étoit à bout;
Monsieur ne songe à rien, monsieur dépense tout,
    Monsieur court, monsieur se repose [5].
    Elle en dit tant, que monsieur à la fin,
    ' Lassé d'entendre un tel lutin [6],
    Vous la renvoie à la campagne
Chez ses parens. La voilà donc compagne
De certaines Philis qui gardent les dindons [7],
    Avec les gardeurs de cochons.
'Au bout de quelque temps qu'on la crut adoucie,
Le mari la reprend. Eh bien! qu'avez-vous fait?

(*) Ésope, fab. 74.

Comment passiez-vous votre vie?
L'innocence des champs est-elle votre fait?
    Assez, dit-elle; mais ma peine
Étoit de voir les gens plus paresseux qu'ici.
    Ils n'ont des troupeaux nul souci.
Je leur savois bien dire [8], et m'attirois la haine
    De tous ces gens si peu soigneux.
Eh! madame, reprit son époux tout à l'heure [9],
    Si votre esprit est si hargneux
    Que le monde qui ne demeure
Qu'un moment avec vous, et ne revient qu'au soir,
    Est déjà lassé de vous voir,
Que feront des valets qui, toute la journée,
    Vous verront contre eux déchaînée [10]?
    Et que pourra faire un époux
Que vous voulez qui soit jour et nuit avec vous?
Retournez au village: adieu. Si de ma vie
    Je vous rappelle, et qu'il m'en prenne envie,
    Puissé-je chez les morts avoir, pour mes péchés,
    Deux femmes comme vous sans cesse à mes côtés!

OBSERVATIONS DIVERSES.

[1] *Dès demain je chercherai femme, etc.*

Il fut pourtant marié ce bon La Fontaine. Quoi qu'il en
soit, cette fable est parfaite sous le rapport du style et de
la narration. Quand on a lu les charmans détails qui composent ce joli conte, il faut se taire et admirer.

Et que peu de beaux corps, hôtes d'une belle âme.

Notre poète, plein de la lecture des anciens philosophes,
avoit lu sans doute dans Xénophon: « Comme le mot
beau se joint toujours au mot *bon*, quand je voyois quelqu'un d'une belle figure, j'allois le trouver et je tâchois de
découvrir si le beau et le bon se trouvoient réunis l'un à
l'autre; mais qu'il s'en falloit que cela fût ainsi! Je crus

apercevoir que quelques-unes de ces belles figures recé-
loient des âmes corrompues. »

　² *Ne trouvez pas mauvais que je ne cherche point.*

Cette idée rappelle l'épigramme naïve et plaisante de
Moncrif sur la même matière :

> Amis, je vois beaucoup de bien
> Dans le parti qu'on me propose ;
> Mais toutefois ne pressons rien.
> Prendre femme est étrange chose :
> Il faut y penser mûrement ;
> Gens sages en qui je me fie,
> M'ont dit que c'est fait prudemment
> Que d'y songer toute la vie.

　³ *Rien ne la contentoit*, *etc.* On reconnoît les mêmes traits,
les mêmes tournures, de semblables expressions dans le
portrait que Boileau a fait de

> 　　　Sa revêche bizarre
> Qui sans cesse d'un ton par la colère aigri
> Gronde, choque, dément, contredit un mari.
> Il n'est point de repos ni de paix avec elle ;
> Son mariage n'est qu'une longue querelle :
> Laisse-t-elle un moment respirer son époux,
> Ses valets sont d'abord l'objet de son courroux. . . .
> 　　　　　　　　　　　　(Sat. X, v. 35o.)

L'ouvrage où se trouvent ces vers est de 1694, c'est-à-
dire seize ans après la seconde partie de la publication des
fables, en 1678. Si donc l'un des deux poètes a imité
l'autre, ce ne peut être La Fontaine. Les vers de Boileau
sont beaux sans doute ; peut-être le paroîtroient-ils moins
à côté de ceux de notre fabuliste.

　⁴ *On se levoit trop tard, on se couchoit trop tôt :*

La généralité de l'inculpation la rend plus imposante : ce
n'est pas d'un seul individu qu'elle se plaint, c'est de tout
le monde. Boileau a dit de même :

> De ces coquins déjà *l'on* se trouvoit lassé. . . .
> Alors *on* ne mit plus de borne à la lésine,
> *On* condamna la cave, *on* ferma la cuisine.
> 　　　　　　　　　　　　(*Ibid.*, v. 3o1.)

⁵ *Monsieur ne songe à rien ; monsieur dépense tout ,*
  Monsieur court ,

Ces répétitions sont bien le langage de l'humeur. La société
en offre des témoignages journaliers : c'est là le livre qui
a fourni toutes ces heureuses imitations dont nos auteurs
comiques sont pleins. Mais combien l'art des gradations
donne de vie et d'ordre à ce tableau, par là surtout bien
supérieur à celui du célèbre satirique ! L'esprit de contradiction empoisonne tous les objets.

Rien ne la contentoit , rien n'étoit comme il faut.

Les murmures, à force de se généraliser, tombent dans le
vague ; on ne sait à qui s'en prendre.

Puis du blanc, puis du noir, puis encore autre chose.

Ils s'égarent et rencontrent d'abord les valets, les premiers soumis à l'empire de la capricieuse. *Les valets enrageoient.* Et voilà aussi les effets que produisent les tracas-
series. Mais le poids en doit à la fin retomber tout entier
sur le pauvre mari, esclave légal de son épouse. *Monsieur
ne songe à rien ; monsieur dépense tout , etc.*

⁶   *Lassé d'entendre un tel lutin.*

On nomme *lutins* des esprits ou fantômes turbulens, in-
quiets, qui viennent pendant les nuits troubler le sommeil
des vivans, ou errer autour des tombeaux des morts. Les anciens les connoissoient sous le nom de *Larves* et de *Lemures.*
(V. le 1ᵉʳ vol. *de l'Antiquité expliquée de Montfaulcon.*)

⁷ . . . . *La voilà donc compagne
De certaines Philis qui gardent les dindons.*

D'autres peut-être, à l'aide d'une métaphore, auroient
pu couvrir d'une expression noble l'image d'une fiction
qui l'est si peu ; mais y mettre ce joli badinage, et même
de la grâce, ce talent n'étoit donné qu'à La Fontaine.

⁸ *Je leur savois bien dire, etc.* On pourroit trouver à reprendre ici l'omission de la particule *le.*

⁹   *Reprit son époux tout à l'heure, etc.*

pour *tout de suite, sur-le-champ,* n'est plus usité.

¹⁰ *Vous verront contre eux déchaînée ?*

Métaphore aussi noble que juste. C'est le chien *hargneux*
qui, libre de sa *chaîne*, se jette à tort et à travers, et
aboie à tout venant.

FABLE III.

Le Rat qui s'est retiré du monde.

Les Levantins [1], en leur légende [2],
Disent qu'un certain rat [3], las des soins d'ici-bas [4],
    Dans un fromage de Hollande
    Se retira loin du tracas.
    La solitude étoit profonde [5],
    S'étendant partout à la ronde.
Notre hermite nouveau subsistoit là-dedans.
    Il fit tant des pieds et des dents [6],
Qu'en peu de jours il eut au fond de l'hermitage
Le vivre et le couvert : que faut-il davantage ?
Il devint gros et gras : Dieu prodigue ses biens
    A ceux qui font vœu d'être siens [7].
    Un jour, au dévot personnage
    Des députés du peuple-rat
S'en vinrent demander quelque aumône légère [8] :
    Ils alloient en terre étrangère [9]
Chercher quelque secours contre le peuple-chat.
    Ratopolis étoit bloquée :
On les avoit contraints de partir sans argent,
    Attendu l'état indigent
    De la république attaquée.
Ils demandoient fort peu, certains que le secours
    Seroit prêt dans quatre ou cinq jours.
    Mes amis, dit le solitaire,
Les choses d'ici-bas ne me regardent plus :

En quoi peut un pauvre reclus
Vous assister? Que peut-il faire,
Que de prier le ciel qu'il vous aide en ceci?
J'espère qu'il aura de vous quelque souci.
    Ayant parlé de cette sorte,
    Le nouveau saint ferma sa porte.

    Qui désigné-je, à votre avis,
    Par ce rat si peu secourable?
    Un moine? Non, mais un dervis;
    suppose qu'un moine est toujours charitable [10].

OBSERVATIONS DIVERSES.

[1] *Les Levantins*, *etc.* L'excellent historien! Il ne raconte rien que sur témoignage; et quels témoignages encore! celui de tout un peuple : les peuples du *Levant*. Cette gravité répand sur son récit l'intérêt et le charme de la curiosité.

[2] *En leur légende*, *etc.* Légende est un recueil de fables pieuses, d'anecdotes monacales. Le héros se trouve déjà annoncé par le titre seul de l'ouvrage.

[3] *Disent qu'un certain rat.* S'il eût mis : *content*, c'eût été quitter trop tôt son rôle. *Disent* est plus historique; l'attention se soutient.

[4] . . . . *Las des soins d'ici-bas.*
Beatus ille qui procul negotiis, *etc.* C'est le premier degré d'une vocation à la vie cénobitique. *Se retira*... Auparavant: *loin des soins d'ici-bas*, termes consacrés. Ainsi Molière met dans la bouche de son *Tartufe* le langage de la mysticité.

[5]   *La solitude étoit profonde*, *etc.*
Le mot *solitude*, dans sa double acception, désigne et la retraite où l'on vit, et le recueillement où l'on y vit. C'est une lumière vive qui éclaire à la fois et le lieu et le per-

sonnage. L'équivoque du mot *profondé* s'explique par le vers suivant :

> *S'étendant partout à la ronde.*

L'image est aussi exacte qu'elle est pittoresque.

⁶   *Il fit tant des pieds et des dents, etc.*

Quoique l'ouvrage soit fini, on voit encore l'ouvrier qui le travaille ; on assiste à ses mouvemens.

> ⁷ *Il devint gros et gras : Dieu prodigue ses biens*
> *A ceux qui font vœu d'être siens.*

L'abbé Batteux appelle cela *de la solidité.* Ce n'est point comme pensée grave en elle-même que La Fontaine jette cette réflexion dans son récit ; elle n'est ici, comme tant de traits également connus du *Lutrin* et du *Vert-Vert*, qu'un persiflage naïf et un peu malin de cette dévote insouciance qui fait abandonner le monde pour mieux s'abandonner à la Providence.

⁸ . . . . . . *Quelque aumône légère, etc.*

Toute *aumône* est libre ; on ne lui demande donc que ce qu'il voudra bien donner. *Aumône légère* : si peu qu'il lui plaira. Le moyen de refuser !

⁹   *Ils alloient en terre étrangère, etc.*

De combien de motifs également puissans ils appuient leur requête ! Premier motif d'humanité : *En terre étrangère.* Pour y arriver, pour y subsister, pour y réclamer des secours, il leur faut des avances. Deuxième motif de politique et d'intérêt national : *Ratopolis étoit bloquée.* Ratopolis, capitale de l'empire, comme ailleurs il a nommé *Ratapon* le chef de la nation. Troisième motif, la modicité de la somme : *ils demandoient fort peu.* Quatrième motif : l'assurance de n'être pas importuné par de nouvelles contributions, *certain que le secours seroit prêt dans quatre ou cinq jours.*

¹⁰ *Je suppose qu'un moine est toujours charitable.*

Cette supposition gasconne donne à la moralité la tournure piquante et naïve d'une épigramme du chevalier de Cailly, en montrant le coupable, au lieu de le nommer.

Rabelais eût *pantagruélisé* ce sujet, c'est-à-dire qu'il en eût
fait une déclamation pleine d'invectives bouffonnes. La
Fontaine saisit toujours le point précis où s'arrête la satire; et la décence de son enjouement lui fait des appro-
bateurs de ceux même qui peuvent en être l'objet.

FABLE IV.

Le Héron (*).

Un jour sur ses longs pieds alloit je ne sais où
Le héron au long bec emmanché d'un long cou [1] :
    Il côtoyoit une rivière.
L'onde étant transparente, ainsi qu'aux plus beaux jours
Ma commère la carpe y faisoit mille tours
    Avec le brochet son compère [2].
Le héron en eût fait aisément son profit :
Tous approchoient du bord [3], l'oiseau n'avoit qu'à prendre;
    Mais il crut mieux faire d'attendre
    Qu'il eût un peu plus d'appétit.
Il vivoit de régime [4], et mangeoit à ses heures.
Après quelques momens l'appétit vint; l'oiseau [5]
    S'approchant du bord [6] vit sur l'eau
Des tanches qui sortoient du fond de ces demeures.
Le mets ne lui plut pas; il s'attendoit à mieux,
    Et montroit un goût dédaigneux
    Comme le rat du bon Horace [7] :
Moi des tanches! dit-il, moi héron [8], que je fasse
Une si pauvre chère? Et pour qui me prend-on?
La tanche rebutée, il trouva du goujon [9].
Du goujon! C'est bien là le dîner d'un héron!
J'ouvrirois pour si peu le bec! Aux dieux ne plaise.

(*) Desbillons, liv. IV, fab. 13.

Il l'ouvrit pour bien moins : tout alla de façon
    Qu'il ne vit plus aucun poisson.
La faim le prit : il fut tout heureux et tout aise
    De rencontrer un limaçon.

    Ne soyons pas si difficiles :
Les plus accommodans, ce sont les plus habiles.
On hasarde de perdre en voulant trop gagner.
    Gardez-vous de rien dédaigner,
Surtout quand vous avez à peu près votre compte.
Bien des gens y sont pris. Ce n'est pas aux hérons
Que je parle : écoutez, humains, un autre conte;
Vous verrez que chez vous j'ai puisé ces leçons.

OBSERVATIONS DIVERSES.

¹ *Un jour sur ses longs pieds alloit je ne sais où*
  Un héron au long bec emmanché d'un long cou, etc.

La Bruyère a dit : Tout l'esprit d'un auteur consiste à bien
définir et à bien peindre. Cette maxime est le plus bel éloge
des vers qu'on vient de lire. Cette multiplicité de mono-
syllabes amassés à dessein dans ces vers, les étend, les
prolonge, et semble les élever à la hauteur du col de l'animal. Croiroit-on que Voltaire a blâmé ces vers?

² *Ma commère la carpe y faisoit mille tours*
  Avec le brochet son compère.

Ainsi dans la fable du Renard et la Cigogne :

  Compère *le renard se mit un jour en frais,*
  Et retint à dîner commère *la cigogne.*

Ces rapports des animaux entre eux nous plaisent, quoique
imaginaires. Par un secret retour sur nous-mêmes, qui se
mêle à toutes nos affections, nous aimons à retrouver
l'image de nos mœurs et de nos institutions.

³ *Tous approchoient, etc. Une onde transparente* où rien ne
sauroit échapper aux regards du vorace animal, *un beau
jour* où tout invite un gourmand; sur les bords, les jeux

des poissons qui *s'approchent tous* sans défiance, et se livrent
d'eux-mêmes à l'ennemi, combien toutes ces circonstances
animent le tableau! combien elles y répandent de vie et
de gaîté!

4 *Il vivoit de régime*, etc. Tant de sobriété est si peu commune, qu'elle a besoin d'être expliquée. Aussi le poète nous
donne-t-il son dédaigneux héron pour un philosophe réglé
dans ses repas, ou pour un convalescent au régime.

5 *Après quelques momens l'appétit vint; l'oiseau*, etc.
Quelle facilité dans la versification! avec quelle souplesse
il varie son rhythme et sa cadence! Il n'écrit point : il
parle, il converse avec vous.

6 *S'approchant du bord*, etc. Ce ne sont plus les poissons;
c'est le héron qui s'approche à son tour, et pour voir......
quelle espèce de proie? non plus le brochet et la carpe,
mais

  Des tanches qui sortoient du fond de ces demeures.

Admirez l'art, ou plutôt le génie des gradations. *Sortoient
du fond de ces demeures* n'est point indifférent : cela commence à sentir la bourbe.

7   *Comme le rat du bon Horace*, etc.
Cette allusion est d'une justesse parfaite. On se rappelle
aussitôt ces vers :

  Cupiens variâ fastidia cœnâ
  Vincere tangentis malè singula dente superbo.
              (Liv. II, sat. VI, v. 86.)

8 *Moi des tanches! dit-il, moi héron*, etc. Ce *moi* répété
est emphatique. Ainsi parleroit un orgueilleux financier;
ainsi parle la Junon de l'*Énéide:*

      Ast EGO quæ superûm, etc.
      Jovisque ET soror ET conjux.

9 *La tanche rebutée, il trouva du goujon.*

Non pas *un*, mais *du* goujon. Il y a loin de ce mets à un
plat de brochets ou de tanches; mais ce n'est point encore
là le morceau par où il faudra finir; et par où? par un
limaçon : c'est le dernier mot de la fable, comme la dernière découverte du héron.

FABLE V.

La Fille.

Certaine fille un peu trop fière
　　Prétendoit trouver un mari
Jeune, bien fait et beau, d'agréable manière,
Point froid et point jaloux : notez ces deux points-ci [1].
　　Cette fille vouloit aussi
　　Qu'il eût du bien, de la naissance,
De l'esprit; enfin tout : mais qui peut tout avoir?
Le destin se montra soigneux de la pourvoir :
　　Il vint des partis d'importance.
La belle les trouva trop chétifs de moitié.
Quoi! moi? Quoi, ces gens-là? L'on radote, je pense;
A moi les proposer [2]! Hélas! ils font pitié.
　　Voyez un peu la belle espèce!
L'un n'avoit en l'esprit nulle délicatesse;
L'autre avoit le nez fait de cette façon-là :
　　C'étoit ceci, c'étoit cela,
　　C'étoit tout, car les précieuses
　　Font dessus tout les dédaigneuses.
Après les bons partis, les médiocres gens [3]
　　Vinrent se mettre sur les rangs.
Elle de se moquer [4]. Ah! vraiment je suis bonne
De leur ouvrir la porte! Ils pensent que je suis
　　Fort en peine de ma personne :
　　Grâce à Dieu, je passe les nuits
　　Sans chagrin, quoiqu'en solitude [5].
La belle se sut gré de tous ses sentimens.
L'âge la fit déchoir [6] : adieu tous les amans.
Un an se passe et deux avec inquiétude [7].
Le chagrin vient ensuite; elle sent chaque jour
Déloger quelques ris, quelques jeux, puis l'amour;

Puis ses traits choquer et déplaire :
Puis cent sortes de fards. Ses soins ne purent faire
Qu'elle échappât au Temps, cet insigne larron.
    Les ruines d'une maison [8]
Se peuvent réparer : que n'est cet avantage
    Pour les ruines du visage!
Sa préciosité changea lors de langage.
Son miroir lui disoit : Prenez vite un mari ;
Je ne sais quel désir le lui disoit aussi :
Le désir peut loger chez une précieuse.
Celle-ci fit un choix qu'on n'auroit jamais cru,
Se trouvant à la fin tout aise et tout heureuse
    De rencontrer un malotru.

OBSERVATIONS DIVERSES.

L'invention de cette fable est peu de chose ; il est aisé de voir qu'elle n'est que la morale de la précédente mise en action.

[1] *Point froid et point jaloux : notez ces deux points-ci.*

Comme étant les plus rares, parce que ce sont les extrêmes. « Cette réflexion, car c'en est une, quoiqu'elle ne soit pas déployée, et que l'auteur ne la fasse qu'en avertissant de la faire, cette réflexion, dis-je, plaît par le naturel même, parce que, loin d'être recherchée, elle naît presque nécessairement du fait, et que ces deux conditions que la fille exige présentent d'elles-mêmes à l'esprit l'opposition qu'elles ont l'une à l'autre. » (La Motte, *préface de ses Fables.*)

[2]   *Quoi ! moi ?... à moi les proposer!*

Même hauteur que dans le héron, même orgueil dans ses refus : ce sont là les seuls rapports que présente le dialogue. La Fontaine ne s'imite que pour se varier. *Ces gens-là ! l'on radote..., hélas ! ils font pitié*, termes de mépris.

3 . . . . . . *Les médiocres gens , etc.*

De médiocre condition.

4 *Elle de se moquer.* La suppression du verbe intermédiaire donne au récit bien plus de rapidité. Tous les bons écrivains sont pleins de ces exemples; ils sont fréquens dans notre auteur :

Ainsi dit le renard , et flatteurs d'applaudir.

(Fable *des Animaux malades.*)

Ici la vivacité de l'hémistiche marque bien la précipitation du refus de la demoiselle.

5 *Sans chagrin , quoiqu'en solitude.*

Elle ne le diroit pas si la chose étoit vraie.

6 *L'âge la fit déchoir, etc.* Il faut dire du mot *déchoir* ce qu'un savant académicien a dit de *choir.* « Quelque ancien qu'il soit, quelque besoin qu'on puisse en avoir en poésie, ce verbe est venu à son dernier destin : il est mort avec le grand Corneille qui s'en est servi. » (M. Lévêque de La Ravallière , *Poésies du Roi de Navarre*, t. II, p. 209.)

7 *Un an se passe et deux avec inquiétude.*

Outre la pureté d'expression qui distingue ce morceau, voyez comme tout y naît sans effort, tout s'ordonne et se gradue avec la plus parfaite intelligence. Venons aux détails. *Se passe avec inquiétude.* Comme il arrive à l'âme quand elle est partagée entre la crainte et l'espérance. *Le chagrin vient ensuite.* L'incertitude s'éclaircit et fait place à la peine d'être seule.

. . . . *Elle sent chaque jour*
Déloger quelques ris , quelques jeux , puis l'amour.

Elle le sent alors même qu'on ne le lui dit pas. *Déloger quelques ris.* Quand il a voulu peindre le retour des plaisirs , il a dit:

Toute la bande des Amours
Revient au colombier: les jeux , les ris , la danse,
Ont aussi leur tour à la fin.

(*La jeune Veuve*, liv. VI, fab. 21.)

Ce sont les mêmes images, mais avec des teintes différentes ; ce sont les mêmes traits , et non point les mêmes
épigrammes. Ainsi l'Albane peignoit sans cesse les Amours,
et ne se répéta jamais. Et ce *puis l'amour*, placé à la fin de
ce vers, parce que c'est là, de toutes les pertes, la dernière
et la plus sensible.

> Plus d'amour , partant plus de joie ,

a dit ailleurs notre poète. Tout cela est plein de grâce et de
vérité. Et quelques lignes plus bas , cette réflexion où la
force s'unit à la sensibilité.

> 8   *Les ruines d'une maison*
> *Se peuvent réparer : que n'est cet avantage*
> *Pour les ruines du visage !*

Non , je ne crois pas qu'il existe dans notre langue beaucoup de morceaux où se trouvent plus de richesses jointes
à plus de facilité à les prodiguer. Dans le vers suivant , *sa
préciosité* est une de ces expressions originales dues au
génie du fabuliste , et qui expriment avec autant de hardiesse que de précision *cet ambigu de coquette et de précieuse* que Molière avoit joué sur la scène dans ses *Précieuses ridicules* , avant que La Fontaine ne le montrât au
doigt.

FABLE VI.

Les Souhaits.

Il est au Mogol des follets
  Qui font office de valets,
Tiennent la maison propre, ont soin de l'équipage,
  Et quelquefois du jardinage.
  Si vous touchez à leur ouvrage,
Vous gâtez tout. Un d'eux près du Gange autrefois,
Cultivoit le jardin d'un assez bon bourgeois.
Il travailloit sans bruit, avec beaucoup d'adresse,

Aimoit le maître et la maîtresse,
Et le jardin surtout. Dieu sait si les Zéphyrs,
Peuple ami du démon ², l'assistoient dans sa tâche!
Le follet, de sa part, travaillant sans relâche,
    Combloit ses hôtes de plaisirs.
    Pour plus de marques de son zèle,
Chez ces gens pour toujours il se fût arrêté,
    Nonobstant la légèreté
    A ses pareils si naturelle;
    Mais ses confrères les esprits
Firent tant que le chef de cette république,
    Par caprice ou par politique,
    Le changea bientôt de logis.
Ordre lui vient d'aller au fond de la Norvège ³
    Prendre le soin d'une maison
    En tout temps couverte de neige;
Et d'Indou qu'il étoit on vous le fait Lapon ⁴.
Avant que de partir, l'esprit dit à ses hôtes ⁵ :
    On m'oblige de vous quitter,
    Je ne sais pas pour quelle faute :
Mais enfin il le faut; je ne puis arrêter
Qu'un temps fort court, un mois, peut-être une semaine.
Employez-la : formez trois souhaits, car je puis
    Rendre trois souhaits accomplis :
Trois sans plus. Souhaiter, ce n'est pas une peine
    Étrange et nouvelle aux humains.
Geux-ci, pour premier vœu, demandent l'abondance;
    Et l'abondance, à pleines mains,
    Verse en leurs coffres la finance,
En leurs greniers le blé, dans leurs caves les vins :
Tout en crève. Comment ranger cette chevance ⁶ ?
Quels registres, quels soins, quel temps il leur fallut
Tous deux sont empêchés si jamais on le fut.
    Les voleurs contre eux complotèrent,
    Les grands seigneurs leur empruntèrent ⁷,

Le prince les taxa. Voilà les pauvres gens
    Malheureux par trop de fortune.
Otez-nous de ces biens l'affluence importune,
Dirent-ils l'un et l'autre : heureux les indigens !
La pauvreté vaut mieux qu'une telle richesse.
Retirez-vous, trésors, fuyez; et toi, déesse [8],
Mère du bon esprit, compagne du repos,
O Médiocrité! reviens vite. A ces mots
La Médiocrité revient, on lui fait place :
    Avec elle ils rentrent en grâce;
Au bout de deux souhaits, étant aussi chanceux
    Qu'ils étoient, et que sont tous ceux
Qui souhaitent toujours, et perdent en chimères
Le temps qu'ils feroient mieux de mettre à leurs affaires.
    Le follet en rit avec eux.
    Pour profiter de sa largesse,
Quand il voulut partir, et qu'il fut sur le point,
    Ils demandèrent la sagesse.
C'est un trésor qui n'embarrasse point.

OBSERVATIONS DIVERSES.

[1] *Il est au Mogol, etc.* Le Mogol, royaume voisin de la
Perse et des Indes, est une de ces riches contrées de
l'Asie que le génie des Orientaux a peuplées d'esprits
aériens, substances chimériques diversifiées entre elles
sous les noms de Peris, de Ginhs ou Gnomes : espèces de
fées ou enchanteurs, ou esprits follets. Ces derniers, des-
tinés à des emplois subalternes, sont bien caractérisés par
ce qu'en dit La Fontaine.

[2] . . . . . . *Les Zéphyrs,*
    Peuple ami du démon, etc.

Zéphyrs, vents doux, favorables aux plantes et aux fruits.
Leurs représentations sont partout, dans les conversations
comme dans les monumens. Démons, génies, larves, tous

ces noms sont synonymes dans le langage mythologique, et jusque dans le vocabulaire de Platon, de Maxime de Tyr, de Plutarque et d'Apulée. On connoît les traités composés par ces deux derniers *sur le génie de Socrate*, le génie dont ce philosophe se croyoit inspiré.

3 . . . . . . *Au fond de la Norvège, etc.*

Pays très froid, au nord de l'Europe.

4 *Et d'Indou qu'il étoit on vous le fait Lapon.*

C'est-à-dire que d'habitant des rives du Gange, dont l'Inde est arrosée, il devient habitant des glaces voisines de la Laponie, un des pays les plus septentrionaux de notre hémisphère.

5 *Avant que de partir, l'esprit dit à ses hôtes, etc.*

C'est ici que commence la fable. Il y a peut-être plus de simplicité dans l'exposition de l'apologue original du quatorzième siècle. « Un vilain ayant été pendant plusieurs jours occupé à guetter un follet qui depuis quelque temps rôdoit autour de sa maison, vient enfin à bout de l'attraper. Pour racheter sa liberté, l'esprit compose avec son homme, et lui commande de former trois souhaits qu'il se charge d'accomplir. »

6 . . . . . . *Cette chevance ?*

Nous avons déjà rencontré ce vieux mot dans la fable de *l'Avare qui a perdu son trésor.* (Liv. IV, fab. 20.)

C'étoit un diminutif de *chevissance*, qu'on lit au *Codicille* de Jean de Meun :

> Dieu a donné aux miens honneur et *chevissance*.

7 *Les grands seigneurs leur empruntèrent, etc.*

« Comme il glisse cette circonstance avec une apparente naïveté ! » (Champfort.)

8 . . . . . . *Trésors, fuyez ; et toi, déesse,*
Mère du bon esprit. . . . . .

On voit bien que La Fontaine parle ici d'abondance de cœur. Horace n'a pas chanté les charmes de la *médiocrité* avec plus de grâce, et surtout avec plus de candeur.

FABLE VII.

La Cour du Lion (*).

Sa majesté lionne [1] un jour voulut connoître
De quelles nations le ciel l'avoit fait maître.
    Il manda donc par députés
    Ses vassaux de toute nature,
    Envoyant de tous les côtés
    Une circulaire écriture
    Avec son sceau. L'écrit portoit
    Qu'un mois durant, le roi tiendroit
    Cour plénière, dont l'ouverture
    Devoit être un fort grand festin,
    Suivi des tours de Fagotin.
    Par ce trait de magnificence,
Le prince à ses sujets étaloit sa puissance.
    En son Louvre il les invita.
Quel Louvre! Un vrai charnier, dont l'odeur se porta
D'abord au nez des gens. L'ours boucha sa narine :
Il se fût bien passé de faire cette mine,
Sa grimace déplut. Le monarque irrité
    L'envoya chez Pluton faire
        Le dégoûté [2].
Le singe approuva fort cette sévérité;
Et, flatteur excessif, il loua la colère [3],
Et la griffe du prince, et l'antre, et cette odeur :
    Il n'étoit ambre, il n'étoit fleur
Qui ne fût ail au prix. Sa sotte flatterie
Eut un mauvais succès, et fut encor punie.
    Ce monseigneur du lion-là
    Fut parent de Caligula [4].

(*) Ésope, fab. 145.—Phèdre, liv. IV, fab. 12.

Le renard étant proche : Or ça, lui dit le sire,
Que sens-tu? dis-le-moi : parle sans déguiser.
  L'autre aussitôt de s'excuser,
Alléguant un grand rhume : il ne pouvoit que dire
  Sans odorat : bref il s'en tire.

  Ceci vous sert d'enseignement.
Ne soyez à la cour, si vous voulez y plaire,
Ni fade adulateur, ni parleur trop sincère,
Et tâchez quelquefois de répondre eu Normand [5].

OBSERVATIONS DIVERSES.

[1] *Sa majesté lionne, etc.* Le lion est le roi-né des animaux. *Majesté* est l'attribut et le protocole des rois. Par une conséquence naturelle, cette assemblée devient *cour plénière*, et le palais du monarque *un Louvre.* Mais pour ramener son lecteur au sujet de la fable : *Quel Louvre! un vrai charnier.* Le mot *charnier* (dépôt de chairs livrées à la mort, *caro data neci*) présente une idée tout autrement funèbre que celui de cimetière. Ce dernier offre dans son étymologie l'image du sommeil, l'autre celle de lambeaux dégoûtans et putrides.

[2]   *L'envoya chez Pluton faire*
               Le dégoûté.

Le poète s'est parfaitement identifié avec ses personnages. Il y a dans ces vers quelque chose d'ironique, comme dans les bons mots de Néron ou de Domitien.

[3] *Et, flatteur excessif, etc.* Toutes les anciennes éditions écrivent ainsi ces vers :

  L'envoya chez Pluton faire le dégoûté.
  Le singe approuva fort cette sévérité.
  Et, flatteur excessif, il loua la colère, etc.

Il manque un vers qui puisse rimer avec ce dernier. M. Coste s'est mis à la torture pour expliquer cette omis-

sion, comme s'il pouvoit y avoir de bonnes raisons contre
un oubli. Dire que le poète a *omis ce vers tout exprès*, et
l'en justifier, c'est aller contre les règles les plus simples
de notre prosodie. D'après Montenaut (édit. de 1757),
nous avons coupé le vers *l'envoya chez Pluton*, etc. De cette
manière, la rime est rétablie; mais nous convenons que la
variante n'est guère plus heureuse que l'addition

> Par une extrême ardeur de plaire

proposée par le poétique M. Coste.

> 4 *Ce monseigneur du lion-là*
> *Fut parent de Caligula.*

Les Romains, enchaînés sous le joug de ce monstre cou-
ronné, disoient sans doute, quand ils n'étoient pas entendus : Ce n'est pas à un homme que nous obéissons, mais
à une bête féroce; et pour eux Caligula étoit un lion.
Transportez la scène dans les forêts, et faites des Romains
un troupeau de moutons : le lion sera un Caligula, ou
quelqu'un de sa famille.

> 5 *Et tâchez quelquefois de répondre en Normand.*

A double sens. *Principibus placuisse viris non ultima laus est*,
a dit Horace : mais jamais aux dépens de la vérité. Ce vice
dans la morale est la seule tache qui dépare cette excellente fable.

~~~~~~~~~~~~~~~~~~~~~~~~~~~~~~~~~~~

FABLE VIII.

Les Vautours et les Pigeons (*).

Mars autrefois [1] mit tout l'air en émûte [2].
Certain sujet fit naître la dispute
Chez les oiseaux, non ceux que le printemps
Mène à sa cour [3], et qui sous la feuillée,
Par leur exemple et leurs sons éclatans,

(*) Desbillons, liv. VII, fab. 17.

Font que Vénus est en nous réveillée ;
Ni ceux encor que la mère d'Amour
Met à son char ; mais le peuple vautour
Au bec retors, à la tranchante serre [4],
Pour un chien mort se fit, dit-on, la guerre.
Il plut du sang [5] : je n'exagère point.
Si je voulois conter de point en point
Tout le détail, je manquerois d'haleine.
Maint chef périt, maint héros expira ;
Et sur son roc Prométhée espéra
De voir bientôt une fin à sa peine [6].
C'étoit plaisir d'observer leurs efforts ;
C'étoit pitié de voir tomber les morts.
Valeur, adresse, et ruses, et surprises,
Tout s'employa. Les deux troupes, éprises
D'ardent courroux, n'épargnoient nuls moyens
De peupler l'air que respirent les ombres :
Tout élément remplit de citoyens
Le vaste enclos qu'ont les royaumes sombres.
Cette fureur mit la compassion
Dans les esprits d'une autre nation
Au col changeant, au cœur tendre et fidelle.
Elle employa sa médiation
Pour accorder une telle querelle.
Ambassadeurs par le peuple pigeon
Furent choisis, et si bien travaillèrent,
Que les vautours plus ne se chamaillèrent.
Ils firent trève ; et la paix s'ensuivit.
Hélas ! ce fut aux dépens de la race
A qui la leur auroit dû rendre grâce.
La gent maudite aussitôt poursuivit
Tous les pigeons, en fit ample carnage,
En dépeupla les bourgades, les champs.
Peu de prudence eurent les pauvres gens,
D'accommoder un peuple si sauvage.

3.

Tenez toujours divisés les méchans [7];
La sûreté du reste de la terre
Dépend de là : semez entre eux la guerre,
Ou vous n'aurez avec eux nulle paix.
Ceci soit dit en passant : je me tais.

OBSERVATIONS DIVERSES.

[1] *Mars autrefois*, *etc.* Mars, fils de Jupiter et de Junon, est le dieu des combats. *Mars* ou *la guerre* sont mots synonymes.

[2] . . . . . . *Mit tout l'air en émûte.*

Émoy, *esmay*, *esmayauce*, *émute*, tous vieux mots remplacés aujourd'hui par celui d'*émeute* (qui ne se dit encore que des mouvemens populaires), pour signifier effroi, tristesse, appréhension.

[3] *Ni ceux encor que la mère d'Amour*
Met à son char, etc.

Les colombes ou les moineaux que Vénus atteloit à son char. On sent de quel attrait la suspension est pour la curiosité, et quel intérêt va résulter du contraste de ces premières images, si douces et si riantes, avec la description qui va suivre.

[4] . . . . . . *Le peuple vautour,*
Au bec retors, à la tranchante serre, etc.

Le peuple vautour. Tout ce qu'il y a de plus féroce, mis en fermentation par la réunion de ses élémens et par les fureurs de la Discorde. *Au bec retors*, *etc.* Cette poésie est pleine de nerf ; et puis, quelle idée une semblable armure ne donne-t-elle pas du moral de ces férocés animaux ! C'est ainsi que Virgile a peint le vautour de Prométhée :

Rostro que immanis vultur obunco.
(*Æneid.*, liv. VI, v. 597.)

[5] *Il plut du sang*, *etc.* M. Marmontel a cité ce trait dans sa *Poétique*, pour exemple de l'élévation à laquelle La Fon-

taine savoit aussi porter son génie. On se moque des pluies
de sang que les anciens auteurs font tomber du ciel : pourquoi? c'est qu'il ne peut y avoir d'effet là où il n'y a point
de cause : mais ici, deux armées de vautours acharnées
l'une contre l'autre ! Le sang doit couler du haut des airs.
L'image n'est donc que juste ; mais elle est terrible. Elle
lui paroît encore trop foible, ajoute M. Marmontel, pour
exprimer la dépopulation. Il la fortifie par une perspective
à la fois terrible et douce :

> 6   *Et sur son roc Prométhée espéra*
>   *De voir bientôt une fin à sa peine.*

On sait que Prométhée étoit enchaîné sur le Caucase ; un
vautour lui dévoroit les entrailles sans cesse renaissantes.

> 7 *Tenez toujours divisés les méchans, etc.*

Mot des Tibères et des Borgias de tous les temps. *Diviser
pour régner.*

FABLE IX.

Le Coche et la Mouche (*).

Dans un chemin montant [1], sablonneux, malaisé,
Et de tous les côtés au soleil exposé,
    Six forts chevaux tiroient un coche [2].
Femmes, moine, vieillards, tout étoit descendu [3].
L'attelage suoit, souffloit, étoit rendu [4].
Une mouche survient, et des chevaux s'approche,
Prétend les animer par son bourdonnement,
Pique l'un, pique l'autre ; et pense à tout moment
    Qu'elle fait aller la machine [5],
S'assied sur le timon, sur le nez du cocher.
    Aussitôt que le char chemine,
    Et qu'elle voit les gens marcher,
Elle s'en attribue uniquement la gloire,

(*) Ésope, fab. 217. — Phèdre, liv. III, fab. 6.

Va, vient, fait l'empressée : il semble que ce soit
Un sergent de bataille allant en chaque endroit
Faire avancer ses gens et hâter la victoire [6].
    La mouche, en ce commun besoin,
Se plaint qu'elle agit seule, et qu'elle a tout le soin ;
Qu'aucun n'aide aux chevaux à se tirer d'affaire.
    Le moine disoit son bréviaire :
Il prenoit bien son temps ! Une femme chantoit :
C'étoit bien de chansons qu'alors il s'agissoit !
Dame mouche s'en va chanter à leurs oreilles,
    Et fait cent sottises pareilles.
Après bien du travail, le coche arrive au haut [7].
Respirons maintenant, dit la mouche aussitôt :
J'ai tant fait que nos gens sont enfin dans la plaine.
Çà, messieurs les chevaux, payez-moi de ma peine.

    Ainsi certaines gens, faisant les empressés,
      S'introduisent dans les affaires :
      Ils font partout les nécessaires,
    Et partout importuns devroient être chassés.

OBSERVATIONS DIVERSES.

[1] *Dans un chemin montant*, *etc.* On ne peut lire cette tirade sans admirer l'inépuisable talent de l'auteur à peindre par les sons :
    Chaque syllabe est lourde, et chaque mot se traîne.
                    (L'abbé Du Resnel.)

[2]   *Six forts chevaux tiroient un coche.*
L'expression est serrée, nerveuse, même pénible, comme l'action qu'elle désigne.

[3] *Femmes, moine, vieillards, etc.* C'étoit une véritable voiture publique, où tous les rangs sont confondus.

[4] *L'attelage suoit, souffloit, étoit rendu.*
Gradation admirable ; on voit les chevaux, et leurs efforts, et leurs fatigues.

5   *Qu'elle fait aller la machine, etc.*

Machine suppose un ouvrage de combinaison, qui exige dans son régulateur plus de force ou d'industrie : une *machine à vapeur.*

6 . . . . . . *Il semble que ce soit*
    Un sergent de bataille, etc.

La mouche est ici *un sergent de bataille.* Ce n'est plus un nain qu'on a sous les yeux, mais un colosse. Ainsi le chantre de Vert-Vert, lorsqu'il décrit le caquet de l'oiseau donnant audience à tout un couvent :

      Tel autrefois César, en même temps,
      Dictoit à quatre en styles différens.

7 . . . . . . *Le coche arrive au haut.*

Voilà une de ces irrégularités qui ne vont qu'à La Fontaine : les règles sont bien plus sévères. Malherbe s'étoit donné la même licence, à l'exemple de ses devanciers ou contemporains Théophile, Ronsard, Racan, etc. Ces poètes faisoient de *peu à peu* un seul mot. La Fontaine s'est cru en droit d'en faire autant pour *au haut.*

FABLE X.

La Laitière et le Pot au lait (*).

Perrette [1], sur sa tête ayant un pot au lait,
    Bien posé sur un coussinet,
Prétendoit arriver [2] sans encombre à la ville [3].
Légère et court vêtue [4], elle alloit à grands pas,
Ayant mis ce jour-là, pour être plus agile,
    Cotillon simple et souliers plats.
    Notre laitière ainsi troussée
    Comptoit déjà dans sa pensée
Tout le prix de son lait, en employoit l'argent,

(*) Desbillons, liv. VI, fab. 12.

Achetoit un cent d'œufs [5], faisoit triple couvée :
La chose alloit à bien par son soin diligent.
        Il m'est, disoit-elle, facile
D'élever des poulets autour de ma maison ;
        Le renard sera bien habile
S'il ne m'en laisse assez pour avoir un cochon.
Le porc à s'engraisser coûtera peu de son :
Il étoit, quand je l'eus, de grossseur raisonnable [6].
J'aurai, le revendant, de l'argent bel et bon [7].
Et qui m'empêchera de mettre en notre étable,
Vu le prix dont il est, une vache et son veau [8],
Que je verrai sauter au milieu du troupeau ?
Perrette là-dessus saute aussi, transportée.
Le lait tombe : adieu veau, vache, cochon, couvée [9],
La dame de ces biens [10], quittant d'un œil marri
        Sa fortune ainsi répandue,
        Va s'excuser à son mari,
        En grand danger d'être battue.
        Le récit en farce en fut fait ;
        On l'appela *le Pot au lait.*

        Quel esprit ne bat la campagne ?
        Qui ne fait châteaux en Espagne [11] ?
Pichrocolle, Pyrrhus [12], la laitière, enfin tous,
        Autant les sages que les fous !
Chacun songe en veillant ; il n'est rien de plus doux :
Une flatteuse erreur emporte alors nos âmes ;
        Tout le bien du monde est à nous,
        Tous les honneurs, toutes les femmes.
Quand je suis seul, je fais au plus brave un défi ;
Je m'écarte, je vais détrôner le Sophi :
        On m'élit roi, mon peuple m'aime :
Les diadèmes vont sur ma tête pleuvant.
Quelque accident fait-il que je rentre en moi-même ?
        Je suis Gros-Jean comme devant [13].

OBSERVATIONS DIVERSES.

[1] *Perrette, etc.* Ce nom de laitière réveille des idées riantes, mais simples. C'est un artifice de diction dont notre Molière ne s'est jamais privé, *George Dandin*, *Monsieur de Pourceaugnac, etc.*

[2] *Prétendoit, etc.* Ce mot prépare avec adresse le dénoûment.

[3] *Sans encombre, etc.* Vieux mot qui va très bien dans un récit de scène champêtre.

> Et ne ferez en ce monde qu'encombre,

a dit un vieux poète.

[4] *Légère et court vêtue, elle, etc.* Voilà bien ce *simplex munditiis* d'Horace ; simplicité unie à la décence, qui tient le milieu entre la recherche et la bassesse.

[5] *Achetoit un cent d'œufs, faisoit triple couvée, etc.* « La naïveté, a-t-on dit, est l'expansion d'un cœur enfant ou d'un esprit ingénu qui expriment de confiance tout ce qui vient de le frapper, et de la manière dont cela se présente. » Tel est le langage de notre laitière. Pleine d'espérance dans le produit de son lait, elle rêve, elle imagine, quoi ? des trésors ? Non ; mais ce qu'elle voit posséder à ses compagnes, mais ce qui fait la richesse de la basse-cour, *un cent d'œufs, des poulets.* — Si j'étois roi, disoit un enfant, j'aurois une chambre pleine de joujoux. — Si j'étois roi, disoit un petit vacher, je garderois mes vaches à cheval.

[6] *Il étoit quand je l'eus de grosseur raisonnable.* Elle se croit déjà si bien en possession, qu'elle a calculé jusqu'à l'âge de son cochon, qu'elle a mesuré sa taille, *quand je l'eus.*

[7] . . . . . . *De l'argent bel et bon.* Expression familière, commune chez les anciens, et très bien à sa place dans un sujet simple et familier. M. l'abbé Aubert en a fait un fréquent usage dans ses fables :

> Un pinçon déjà fort, et volant *bien et beau*, etc.

⁸ *Vu le prix dont il est, une vache et son veau, etc.*
Dont il est, suivi de deux mots de genre différent, devroit
être au pluriel. Ce vers n'est donc pas à l'abri de la critique.

9 *Le lait tombe : adieu veau, vache, cochon, couvée, etc.*

Deux remarques sur ce vers : 1° sa coupe vive et pittoresque; 2° l'exactitude analytique dans la série de ces biens
imaginaires. — *Couvée* rime mal avec *transportée.*

¹⁰ *La dame de ces biens, etc.* La naïveté n'exclut pas la
délicatesse, pas même l'ironie, pourvu qu'elle soit fine et
légère; on le voit à cet hémistiche.

>   *La fortune ainsi répandue,*

est heureux et hardi.

11   *Qui ne fait châteaux en Espagne ?*

On n'est pas d'accord sur l'origine de cette expression proverbiale. L'opinion la plus vraisemblable est celle-ci : Vers
l'an 700, les Maures ayant passé en Espagne, bâtirent à
chaque pas des châteaux dont on voit encore un grand
nombre. Malgré cette précaution, ils ne purent s'y main-
tenir. Quand on dit *bâtir des châteaux en Espagne*, où il y
en a déjà trop, on veut dire une chose ridicule et inutile.

¹² *Pichrocolle*, prince colère, ambitieux, visionnaire,
dans Rabelais. *Pyrrhus.* Voyez sur ce roi d'Épire la première épître de Boileau.

13   *Je suis Gros-Jean comme devant.*

Expression burlesque mise en usage par Rabelais, pour
désigner un pauvre diable.

FABLE XI.

Le Curé et le Mort (*).

Un mort s'en alloit [1] tristement
   S'emparer de son dernier gîte ;
   Un curé s'en alloit gaiement
   Enterrer ce mort au plus vite.
Notre défunt étoit en carrosse porté,
   Bien et dûment empaqueté,
Et vêtu d'une robe, hélas! qu'on nomme bière ;
   Robe d'hiver, robe d'été [2],
   Que les morts ne dépouillent guère.
   Le pasteur étoit à côté,
   Et récitoit à l'ordinaire
   Maintes dévotes oraisons,
   Et des psaumes et des leçons,
   Et des versets et des répons :
   — Monsieur le mort, laissez-nous faire [3],
On vous en donnera de toutes les façons [4] :
   Il ne s'agit que du salaire [5].
Messire Jean Chouart [6] couvoit des yeux son mort [7],
Comme si l'on eût dû lui ravir ce trésor ;
   Et des regards sembloit lui dire :
   Monsieur le mort [8], j'aurai de vous
   Tant en argent, et tant en cire,
   Et tant en autre menus coûts [9].
Il fondoit là-dessus l'achat d'une feuillette
   Du meilleur vin des environs :
   Certaine nièce assez proprette,
   Et sa chambrière Pâquette

(*) **Anecdote** du temps. Il en est question quelque part dans les lettres de madame de Sévigné.

Devoient avoient des cotillons.
Sur cette agréable pensée
Un heurt [10] survient : adieu le char.
Voilà messire Jean Chouart
Qui du choc de son mort a la tête cassée :
Le paroissien en plomb entraîne son pasteur :
Notre curé suit son seigneur :
Tous deux s'en vont de compagnie.

Proprement toute notre vie
Est le curé Chouart, qui sur son mort comptoit,
Et la fable du pot au lait.

OBSERVATIONS DIVERSES.

D'où vient que cette fable si bien racontée n'intéresse que foiblement, tandis que la fable de la *Laitière* nous charme et nous entraîne ? Cette différence tient, je crois, à plusieurs causes : 1° ce n'est en quelque sorte qu'une contrefaçon de la précédente ; 2° on n'aime pas à voir sur la scène naïve de l'apologue un ministre de la religion, quel qu'il soit. De même, pour l'autre personne, un mort n'est pas un objet assez plaisant pour exciter à rire ; 3° les images champêtres au milieu desquelles nous transporte la laitière donnent à cette fable l'air enjoué, mais toujours modeste de l'idylle. Ici vous croyez voir une caricature échappée à Rabelais ou à Villon dans l'accès d'une orgie bachique ; 4° enfin à la place de ces songes riants qui se terminent par la chute d'un pot au lait, le dénoûment de la seconde fable entr'ouvre sous nos yeux un tombeau de plus. Au reste il y a dans cette fable des détails charmans qu'il seroit injuste de ne pas relever.

1 *Un mort s'en alloit*, etc. On remarquera dans les quatre premiers vers une cadence différente, selon l'action qu'ils désignent. Celui qui vient après est d'une mesure plus pompeuse. On en sent la raison ; ce sont les obsèques d'un mort de qualité.

² *Robe d'hiver, robe d'été.*

Périphrase heureuse pour exprimer ce dénûment auquel la mort nous abandonne. Voilà donc à quoi se réduit toute la garde-robe du riche.

³ *Monsieur le mort, laissez-nous faire, etc.*

Est plaisant, mais souvenons-nous de *non erat hic locus.*

⁴ *On vous en donnera de toutes les façons, etc.*

A quelque chose de dérisoire et de très peu décent de la part d'un ministre des autels; d'ailleurs, comment accorder ces avances si généreuses avec la précipitation qu'on lui suppose dans ce vers? Il *s'en alloit.*

> *Enterrer ce mort au plus vite.*

⁵ *Il ne s'agit que du salaire, etc.*

Ne manque ni de naïveté ni de finesse : de naïveté, étant l'aveu de ces honteux tributs imposés sur ceux qui ne sont plus ; de finesse, le poète, pour rendre le reproche plus piquant, mettant cette accusation indirecte dans la bouche de celui-là même qu'il suppose en être coupable.

⁶ *Messire Jean Chouart.* Rabelais.

⁷ . . . . *Couvoit des yeux son mort.*

Métaphore qui peint avec autant de justesse que d'énergie l'avide empressement du curé à garder une dépouille si précieuse pour sa bourse.

⁸ *Monsieur le mort, j'aurai de vous, etc.*

La Fontaine ne se permet pas ordinairement ces répétitions, qui prolongent inutilement le récit, sans ajouter à l'intérêt. Nous passons sur les vers suivans, dont il seroit très superflu de faire sentir le sel épigrammatique.

⁹ *Coûts*, dépenses, ce que *coûte* une chose.

> Mais regardons à peu de coultz.

¹⁰ *Un heurt survient, etc.* Pour *choc.* Ce terme banni du langage moderne n'est pas commun dans l'ancien. Il se retrouve (f. 2, l. V, et liv. X, f. 1. *Voy.* à cette dernière fable, note 25.)

FABLE XII.

L'Homme qui court après la Fortune, et l'Homme
qui l'attend dans son lit (*).

Qui ne court après la Fortune?
Je voudrois être en lieu d'où je pusse aisément
 Contempler la foule importune
 De ceux qui cherchent vainement
Cette fille du Sort de royaume en royaume,
Fidèles courtisans d'un volage fantôme.
 Quand ils sont près du bon moment,
L'inconstante aussitôt à leurs désirs échappe.
Pauvres gens! Je les plains, car on a pour les fous
 Plus de pitié que de courroux.
Cet homme, disent-ils, étoit planteur de choux;
 Et le voilà devenu pape [1] :
Ne le valons-nous pas? Vous valez cent fois mieux;
 Mais que vous sert votre mérite?
 La Fortune a-t-elle des yeux?
Et puis la papauté vaut-elle ce qu'on quitte,
Le repos? le repos, trésor si précieux,
Qu'on en faisoit jadis le partage des dieux [2]!
Rarement la Fortune à ses hôtes le laisse.
 Ne cherchez point cette déesse,
Elle vous cherchera : son sexe en use ainsi.

Certain couple d'amis, en un bourg établi,
Possédoit quelque bien. L'un soupiroit sans cesse
 Pour la Fortune [3]; il dit à l'autre un jour :
 Si nous quittions notre séjour?
 Vous savez que nul n'est prophète

(*) Pilpay, Contes indiens, t. II, p. 154.

En son pays : cherchons notre aventure ailleurs [4].
Cherchez, dit l'autre ami : pour moi je ne souhaite
    Ni climats, ni destins meilleurs.
Contentez-vous, suivez votre humeur inquiète :
Vous reviendrez bientôt. Je fais vœu cependant
    De dormir en vous attendant.
  L'ambitieux, ou, si l'on veut, l'avare
    S'en va par voie et par chemin [5].
    Il arriva le lendemain
En un lieu que devoit la déesse bizarrre
Fréquenter [6] sur tout autre; et ce lieu c'est la cour.
Là donc, pour quelque temps, il fixe son séjour,
Se trouvant au coucher, au lever, à ces heures
    Que l'on sait être les meilleures ;
Bref, se trouvant à tout, et n'arrivant à rien [7].
Qu'est ceci, se dit-il, cherchons ailleurs du bien :
La Fortune pourtant habite ces demeures.
Je la vois tous les jours entrer chez celui-ci,
    Chez celui-là : d'où vient qu'aussi
Je ne puis héberger [8] cette capricieuse ?
On me l'avoit bien dit, que des gens de ce lieu
L'on n'aime pas toujours l'humeur ambitieuse.
Adieu, messieurs de cour; messieurs de cour, adieu ;
Suivez jusques au bout une ombre qui vous flatte.
La Fortune a, dit-on, des temples à Surate [9] :
Allons là. Ce fut un de dire et s'embarquer [10] :
Ames de bronze, humains [11], celui-là fut sans doute
Armé de diamant, qui tenta cette route,
    Et le premier osa l'abîme défier !
    Celui-ci, pendant son voyage,
    Tourna les yeux vers son village
    Plus d'une fois, essuyant les dangers
Des pirates, des vents, du calme et des rochers,
Ministres de la mort : avec beaucoup de peines [12]
On s'en va la chercher en des rives lointaines,

La trouvant assez tôt sans quitter la maison.
L'homme arrive au Mogol : on lui dit qu'au Japon [13]
La Fortune pour lors distribuoit ses grâces.
    Il y court : les mers étoient lasses
    De le porter; et tout le fruit
    Qu'il tira de ses longs voyages,
Ce fut cette leçon que donnent les sauvages :
Demeure en ton pays, par la nature instruit.
Le Japon ne fut pas plus heureux à cet homme
    Que le Mogol l'avoit été [14] :
    Ce qui lui fit conclure en somme
Qu'il avoit à grand tort son village quitté.
    Il renonce aux courses ingrates,
Revient en son pays, voit de loin ses pénates [15],
Pleure de joie, et dit : Heureux qui vit chez soi,
De régler ses désirs faisant tout son emploi !
    Il ne sait que par ouï dire
Ce que c'est que la cour, la mer, et ton empire [16],
Fortune, qui nous fais passer devant les yeux
Des dignités, des biens que jusqu'au bout du monde
On suit, sans que l'effet aux promesses réponde.
Désormais je ne bouge, et ferai cent fois mieux.
    En raisonnant de cette sorte,
Et contre la Fortune ayant pris ce conseil,
    Il la trouve assise à la porte
De son ami plongé dans un profond sommeil [17].

OBSERVATIONS DIVERSES.

[1] *Et le voilà devenu pape.*

Témoin entre autres Adrien IV, Sixte-Quint, et de nos jours Ganganelli, pape sous le nom de Clément XIV.

[2] *Le repos , le repos , trésor si précieux ,*
    Qu'on en faisoit jadis le partage des dieux ?

Un critique délicat de l'ancienne Rome, Macrobe, re-

commandoit ces répétitions , comme étant pleines de
charmes. Celle-ci est un élan de sensibilité qui ne pouvoit
échapper qu'à une ame déjà en possession du bonheur
qu'elle vante.

³ *Soupiroit... pour.* Il seroit plus exact de dire *après la
fortune.*

⁴ . . . . *Cherchons notre aventure ailleurs.*
Ce mot n'admet avec lui ni pronom ni article, à moins
d'être accompagné d'une épithète qui en détermine le sens.

⁵ . . . . . *Par voie et par chemin*
seroit pléonasme, s'il n'étoit consacré par l'usage.

⁶ *En un lieu que devoit la déesse bizarre
    Fréquenter , etc.*
Appelons cette tournure une construction marotique (*à la
Marot*), pour ne point l'appeler embarrassée, soit pour
l'ordre des mots, soit pour l'enjambement du vers. Nous
en trouverons plus d'un exemple dans le cours de cet
apologue ; mais celui-ci n'est pas le plus heureux.

7 *Bref, se trouvant à tout, et n'arrivant à rien.*
Multa agendo , nihil agens , a dit Phèdre. (L. II , fab. 5.)

⁸ *Je ne puis héberger, etc.* Du vieux latin *heribergare*, recevoir quelqu'un chez soi , le loger.

« Tristan fit moult honorablement *héberger* Brangion en
une chambre du roi , etc. »

9 *Surate*, ville la plus marchande de l'Asie. Elle est située
vers l'entrée du golfe de Cambaye.

¹⁰ . . . . . . *Ce fut un de dire et s'embarquer.*
Il faudroit et *de* s'embarquer.

¹¹ *Ames de bronze, humains, etc.*

> Illi robur et æs triplex
> Circà pectus erat.

Mais le vers suivant de La Fontaine est bien supérieur au
fragilem truci , etc., de l'ode latine.

¹² . . . . . . *Avec beaucoup de peines , etc.*
« Comme le lecteur ne trouve d'ordinaire qu'à la fin de la

fable la vérité qui le doit nourrir, il n'est pas juste de le
laisser, pour ainsi dire, sans aliment, tant que la fable
dure, surtout si elle est un peu longue. Ces réflexions
abrégées, mais pleines de sens, qui laissent plus à penser
qu'elles ne disent, sont autant d'ornemens précieux qui
enrichissent la fable. » (Dardenne.)

¹³ *Mogol.* Empire d'Asie dont l'opulence a passé en proverbe. *Japon.* Autre royaume d'Asie, célèbre par ses îles et
par la richesse de ses productions. Les Hollandois entretiennent avec ces peuples un commerce considérable.

¹⁴   *Que le Mogol l'avoit été, etc.*
Il faudroit : *ne l'avoit été.* Le vers précédent ne vaut pas
mieux. La Fontaine a dit quelque part : *Les longs ouvrages
me font peur.* On le croiroit à celui-ci, si l'on n'avoit du
même auteur *les Filles de Minée*, et d'autres grandes compositions, où l'on voit que son génie sait, quand il le faut,
s'étendre avec son sujet.

¹⁵ . . . . . . *Voit de loin ses pénates,*
     Pleure de joie, et dit, etc.
La Fontaine est admirable pour saisir ces traits de sentiment, qui prouvent dans le poète une connoissance profonde de la nature. *Pénates* a quelque chose de plus affectueux que le mot de *toit* ou de *maison.* C'étoient les dieux
domestiques sous la protection desquels on mettoit la maison et ses habitans.

¹⁶ . . . . . . *Heureux qui vit chez soi,*
     De régler ses désirs faisant tout son emploi !
« La Fontaine est toujours animé, toujours plein de mouvement et d'abondance, lorsqu'il s'agit d'inspirer l'amour
de la retraite, de la douce incurie, de la médiocrité dans
les désirs. Voyez cette apostrophe : *et ton empire, Fortune !*
et puis cette longue période qui semble se prolonger
comme les fausses espérances que la fortune nous donne,
et l'adresse avec laquelle il garde pour la fin :
     Sans que l'effet aux promesses réponde.
Ce sont là de ces traits qui n'appartiennent qu'à un grand
poète. » (Champfort.)

¹⁷ *De son ami plongé, etc.* Ce dénouement est simple,
naturel, et d'autant plus agréable, que sa précision contraste avec l'étendue de détails, nécessaires sans doute,
mais trop prolixes, des aventures du voyageur.

~~~~~~

FABLE XIII.

Les deux Coqs (*).

Deux coqs vivoient en paix : une poule survint,
 Et voilà la guerre allumée.
Amour tu perdis Troye [1] ! et c'est de toi que vint
 Cette querelle envenimée,
Où du sang des dieux même on vit le Xante teint!
Long-temps entre nos coqs le combat se maintint.
Le bruit s'en répandit par tout le voisinage :
La gent qui porte crête au spectacle accourut.
 Plus d'une Hélène au beau plumage [2]
Fut le prix du vainqueur. Le vaincu disparut :
Il alla se cacher au fond de sa retraite,
 Pleura sa gloire et ses amours [3],
Ses amours qu'un rival tout fier de sa défaite
Possédoit à ses yeux. Il voyoit tous les jours
Cet objet rallumer sa haine et son courage :
Il aiguisoit son bec, battoit l'air et ses flancs;
 Et s'exerçant contre les vents,
 S'armoit d'une jalouse rage.
Il n'en eut pas besoin. Son vainqueur sur les toits
S'alla percher et chanter sa victoire.
 Un vautour entendit sa voix :
 Adieu les amours et la gloire.
Tout cet orgueil périt sous l'ongle du vautour [4].
 Enfin, par un fatal retour,

(*) Ésope, fab. 145.—Desbillons, liv. IX, fab. 23.

4.

Son rival autour de la poule
S'en revint faire le coquet.
Je laisse à penser quel caquet;
Car il eut des femmes en foule.

La fortune se plaît à faire de ces coups :
Tout vainqueur insolent à sa perte travaille.
Défions-nous du sort, et prenons garde à nous
    Après le gain d'une bataille.

OBSERVATIONS DIVERSES.

1 *Amour, tu perdis Troye, etc.* Un des secrets de la poésie,
pour agrandir les sujets qu'elle traite, est de les comparer
à d'autres plus relevés. L'intérêt que nous donnons à ces
sortes de rapprochemens sera en proportion de la surprise
qui l'excite, ou de la sensibilité qui le provoque : il est au
comble lorsque le poète a su mettre en œuvre ce double
ressort. Ces divers caractères se retrouvent ici. Que l'A-
mour mette aux prises deux oiseaux, cette idée n'a rien
que de vulgaire. Voyez ici quelle immense carrière le génie
du poète a parcourue ! Il ne s'agit plus d'une simple lutte
entre deux oiseaux : ce sont Achille et Hector ; ce sont les
Grecs et les Troyens, et l'Olympe qui s'est partagé avec
eux. *Querelle envenimée* est la traduction fidèle du mot plein
d'énergie qui ouvre l'Iliade. *Où du sang des dieux même.*
Vénus blessée par Diomède.

2   *Plus d'une Hélène au beau plumage*, *etc.*

Le rapprochement se suit d'une manière aussi juste que
gracieuse.

3   *Pleura sa gloire et ses amours*, *etc.*

On se rappelle le combat des taureaux dans les Géorgiques :

    Multa gemens iguominiam plagasque superbi
    Victoris, tum quos amisit inultus amores, etc.

                    (*Georg.*, lib. III, v. 226.)

4 *Tout cet orgueil périt sous l'ongle du vautour.*

L'élan du poète s'est soutenu jusque là. Il eût dû s'arrêter après ce vers. Tout le reste nous semble peu digne de La Fontaine.

⁘⁘⁘⁘⁘⁘⁘⁘⁘⁘⁘⁘⁘⁘⁘⁘⁘⁘⁘⁘⁘⁘⁘⁘⁘

FABLE XIV.

L'ingratitude et l'injustice des Hommes envers la Fortune (*).

Un trafiquant sur mer par bonheur s'enrichit ;
Il triompha des vents pendant plus d'un voyage ;
Gouffre, banc, ni rocher, n'exigea de péage
D'aucun de ses ballots : le sort l'en affranchit.
Sur tous ses compagnons, Atropos et Neptune ¹
Recueillirent leur droit, tandis que la Fortune
Prenoit soin d'amener son marchand à bon port.
Facteurs, associés, chacun lui fut fidelle.
Il vendit son tabac, son sucre, sa cannelle
    Ce qu'il voulut, sa porcelaine encor.
Le luxe et la folie enflèrent son trésor :
    Bref, il plut dans son escarcelle ² ;
On ne parloit chez lui que par doubles ducats,
Et mon homme d'avoir chiens, chevaux et carrosses :
    Ses jours de jeûne étoient des noces.
Un sien ami, voyant ces somptueux repas,
Lui dit : Et d'où vient donc un si bon ordinaire ?
— Et d'où me viendroit-il que de mon savoir-faire ?
Je n'en dois rien qu'à moi, qu'à mes soins, qu'au talent
De risquer à propos, et bien placer l'argent ³.
Le profit lui semblant une fort douce chose,
Il risqua de nouveau le gain qu'il avoit fait :

(*) Ésope, fab. 82. — Desbillons, liv. II, fab. 38.

Mais rien, pour cette fois, ne lui vint à souhait.
　　Son imprudence en fut la cause.
Un vaisseau mal frété périt au premier vent.
Un autre, mal pourvu des armes nécessaires,
　　Fut enlevé par les corsaires :
　　Un troisième au port arrivant,
Rien n'eut cours ni débit. Le luxe et la folie
　　N'étoient plus tels qu'auparavant.
　　Enfin, ses facteurs [4] le trompant,
Et lui-même ayant fait grand fracas, chère lie [5],
Mis beaucoup en plaisirs, en bâtimens beaucoup,
　　Il devint pauvre tout d'un coup.
Son ami le voyant en mauvais équipage
Lui dit : D'où vient cela?—De la Fortune! hélas!
Consolez-vous, dit l'autre ; et s'il ne lui plaît pas
Que vous soyez heureux, tout au moins soyez sage.

　　Je ne sais s'il crut ce conseil ;
Mais je sais que chacun impute, en cas pareil,
　　Son bonheur à son industrie :
Et si de quelque échec notre faute est suivie,
　　Nous disons injures au sort.
　　Chose n'est ici plus commune :
Le bien, nous le faisons : le mal, c'est la Fortune.
On a toujours raison : le Destin toujours tort [6].

OBSERVATIONS DIVERSES.

[1] . . . . . . Atropos et Neptune, etc.
Atropos, une des trois Parques. Celle-ci coupe le fil de la
vie. Neptune, dieu de la mer.

[2] . . . . . . Escarcelle, etc.
Nous avons déjà rencontré ce mot. « De l'autre côté pen-
doit son escarcelle ; icelle estoit pleine de deniers et de
liards. » (Rabelais.)

³ *De risquer à propos, et bien placer l'argent.*

Il seroit plus exact de dire : *et de placer;* mais la poésie doit avoir ses licences, comme elle a ses entraves.

⁴ *Ses facteurs,* ou commis. Terme technique.

⁵ . . . . . . *Chère lie, etc.*

Ce n'est pas la première fois que ce vieux mot se rencontre ici. On lit dans Jean Dozzonville : « Vint le jour des Rois , où le duc de Bourbon feit grande feste et lye chère. » Et dans Rabelais : « A leur souper, pour faire chiere lye, cela feut faict. »

⁶ Cette fable, un peu prolixe, se termine par deux vers pleins de sens et parfaitement rendus. Elle n'a point été inutile à Florian pour la composition de sa fable *Pan et la Fortune.* (Liv. V, fab. 9.)

***

FABLE XV.

Les Devineresses (*).

C'est souvent du hasard que naît l'opinion ;
Et c'est l'opinion qui fait toujours la vogue.
   Je pourrois fonder ce prologue
Sur gens de tous états : tout est prévention ,
Cabale, entêtement, point ou peu de justice.
C'est un torrent : qu'y faire? Il faut qu'il ait son cours;
   Cela fut et sera toujours.

Une femme à Paris faisoit la Pythonisse ¹.
On l'alloit consulter sur chaque événement :
Perdoit-on un chiffon ², avoit-on un amant,
Un mari vivant trop au gré de son épouse,
Une mère fâcheuse, une femme jalouse;
   Chez la devineuse on couroit ³

***

(*) Ésope, fab. 40.

Pour se faire annoncer ce que l'on désiroit.
  Son fait consistoit en adresse :
Quelques termes de l'art, beaucoup de hardiesse,
Du hasard quelquefois [4], tout cela concouroit,
Tout cela, bien souvent, faisoit crier miracle.
Enfin, quoiqu'ignorante à vingt et trois karats [5],
  Elle passoit pour un oracle [6].
L'oracle étoit logé dedans un galetas [7] :
  Là cette femme emplit sa bourse ;
  Et sans avoir d'autre ressource,
Gagne de quoi donner un rang à son mari :
Elle achète un office, une maison aussi.
  Voilà le galetas rempli
D'une nouvelle hôtesse, à qui toute la ville,
Femmes, filles, valets, gros messieurs, tout enfin,
Alloit, comme autrefois, demander son destin :
Le galetas devint l'antre de la Sybille [8] :
L'autre femelle avoit achalandé ce lieu.
Cette dernière femme eut beau faire, eut beau dire,
Moi devine [9] ! On se moque : Eh, messieurs, sais-je lire ?
Je n'ai jamais appris que ma croix de par Dieu.
Point de raison : fallut [10] deviner et prédire,
  Mettre à part force bons ducats,
Et gagner, malgré soi, plus que deux avocats.
Le meuble et l'équipage aidoient fort à la chose ;
Quatre siéges boiteux, un manche de balai ;
Tout sentoit son sabbat et sa métamorphose [11] :
  Quand cette femme auroit dit vrai
  Dans une chambre tapissée,
On s'en seroit moqué : la vogue étoit passée
  Au galetas, il avoit le crédit :
  L'autre femme se morfondit.

  L'enseigne fait la chalandise [12].
J'ai vu dans le palais une robe mal mise

Gagner gros : les gens l'avoient prise
Pour maître tel, qui traînoit après soi
Force écoutans. Demandez-moi pourquoi?

———

OBSERVATIONS DIVERSES.

Cette fable n'est pas citée aussi communément que beaucoup d'autres. Ainsi quelquefois l'abondance nuit à la richesse. Cependant on pourrait la proposer comme un modèle
de cette raison profonde que l'auteur devoit à l'instinct de
la nature perfectionnée par l'étude de la philosophie ; de
cette étonnante souplesse d'esprit qui soumet à son génie
toutes les difficultés; enfin de cette heureuse facilité d'é-
crire, qui le faisoit appeler par la duchesse de Bouillon
un *fablier*. En effet, quelle vérité dans la morale du prologue! et surtout quelle aisance, quelle mollesse dans son
expression! Térence et Phèdre, dont on a tant vanté le
goût et l'élégance, n'en eurent certainement pas davantage. Et qu'ils sont loin de la brillante imagination de notre
poète!

¹ . . . . *La Pythonisse.*
Ce nom, donné originairement à la prêtresse du temple
d'Apollon Pythien, inspirée par ce dieu, a été depuis
étendu à toutes les femmes qui se mêlent de prédire l'a-
venir.

² *Perdoit-on un chiffon*, etc. Le poète parcourt avec rapidité les causes même les plus frivoles de cette inquiète
curiosité qui nous transporte dans les nuages de l'avenir ;
et par là prouve une grande connoissance des hommes.
Elle se remarque surtout dans ce vers exquis :

Pour se faire annoncer ce que l'on désiroit.

Tous les demandeurs de conseils ne vous permettent pas
de leur en donner d'autres que ceux qu'ils désirent. C'est
une maladie de l'espèce humaine, dont le principe est
dans l'amour-propre.

³ *Chez la devineuse on couroit*, etc.
Champfort substitue : *chez la devineresse;* et pour achever

le vers il ajoute : *aussitôt on couroit.* Sur quelle autorité ? il
n'en cite aucune ; et puis *devineuse* a quelque chose de plus
familier et qui sent le mépris.

4 *Du hasard quelquefois, etc.* On peut réduire à ces trois
mots.les plus longs ouvrages faits sur la divination.

5 . . . . . . *Ignorante à vingt et trois karats, etc.*
C'est-à-dire, au souverain degré. Le karat fait le titre et
le prix de l'or. Le degré le plus haut est celui de vingt-
quatre.

6   *Elle passoit pour un oracle.*
          L'oracle étoit logé, etc.
La répétition de ce mot *oracle* fait antithèse. *Oracle* suppose un sanctuaire habité par un être supérieur ; le domicile de celui-ci, quel est-il ? un *galetas !*

7 . . . . . . *Dedans un galetas, etc.*
On lit cette note dans l'édition de Malherbe, par Ménage,
p. 272. « Ce poète emploie indifféremment *dans* et *dedans*,
sous et *dessous*, en quoi il a été suivi par MM. de Port-
Royal. *Dedans* et *dessous* ne sont plus du bel usage »

8 . . . . . . *L'antre de la sybille, etc.*
Autre espèce de prophétesse. On peut voir dans *l'Énéide*
de quelle manière se rendoient ses oracles :

          Horrendas canit ambages, etc.

9 *Moi devine ! on se moque, etc. Devine* ne se dit plus
guère. Au reste, on croit lire la scène du *Médecin malgré
lui*, si connue chez les anciens sous le titre *du Vilain Mire.*

10 *Fallut.* L'omission de l'article n'est point une licence
particulière à La Fontaine. « Rabelais : Les fault-il pas touts
deux brusler ? »

11 . . . . . . *Sa métamorphose.*
Pourquoi ? il ne s'agit pas ici de mutation de corps.

12   . . . . . . *Chalandise.*
Style familier : chaland, achalander, vient de *capitulans*,
un *chalant.* C'est proprement une personne qui marchande
ce qu'elle veut acheter. Le trait de satire qui termine ce
joli ouvrage est du meilleur ton.

FABLE XVI.

Le Chat, la Belette et le petit Lapin (*).

Du palais d'un jeune lapin
Dame belette, un beau matin,
S'empara : c'est une rusée [1].
Le maître étant absent, ce lui fut chose aisée.
Elle porta chez lui ses pénates un jour
Qu'il étoit allé faire à l'Aurore sa cour [2],
Parmi le thym et la rosée.
Après qu'il eut brouté, trotté, fait tous ses tours,
Janot Lapin [3] retourne aux souterrains séjours.
La belette avoit mis le nez à la fenêtre.
O dieux hospitaliers [4]! que vois-je ici paroître?
Dit l'animal chassé du paternel logis.
Holà! madame la belette,
Que l'on déloge sans trompette,
Ou je vais avertir tous les rats du pays.
La dame au nez pointu répondit que la terre
Étoit au premier occupant.
C'étoit un beau sujet de guerre
Qu'un logis où lui-même il n'entroit qu'en rampant!
Et quand ce seroit un royaume,
Je voudrois bien savoir, dit-elle, quelle loi
En a pour toujours fait l'octroi
A Jean, fils ou neveu de Pierre ou de Guillaume,
Plutôt qu'à Paul, plutôt qu'à moi?
Jean Lapin allégua la coutume et l'usage.
Ce sont, dit-il, leurs lois qui m'ont de ce logis
Rendu maître et seigneur; et qui, de père en fils,
L'ont de Pierre à Simon, puis à moi Jean, transmis.

(*) Pilpay, t. II, p. 342. — Desbillons, liv. VII, p. 22.

Le premier occupant est-ce une loi plus sage?
　　Or bien [5], sans crier davantage,
Rapportons-nous, dit-elle, à Raminagrobis [6].
C'étoit un chat, vivant comme un dévot hermite,
　　Un chat faisant la chattemite [7],
Un saint homme de chat, bien fourré, gros et gras,
　　Arbitre expert sur tous les cas.
　　Jean Lapin pour juge l'agrée.
　　Les voilà tous deux arrivés
　　Devant Sa Majesté fourrée.
Grippeminaud [8] leur dit : Mes enfans, approchez,
Approchez : je suis sourd, les ans en sont la cause.
L'un et l'autre approcha, ne craignant nulle chose.
Aussitôt qu'à portée il vit les contestans,
　　Grippeminaud le bon apôtre,
Jetant des deux côtés la griffe en même temps,
Mit les plaideurs d'accord en croquant l'un et l'autre.

Ceci ressemble fort aux débats qu'ont parfois
Les petits souverains se rapportant aux rois.

———

OBSERVATIONS DIVERSES.

[1]　　. . . . . . *C'est une rusée.*

J'ai vu des jeunes gens embarrassés sur le sens de ce vers.
L'habitude de rencontrer de vieux mots dans La Fontaine
éloignoit de leur esprit l'idée que ce fût l'adjectif *rusé*, et
leur faisoit soupçonner quelque substantif inconnu au langage moderne. D'autres critiques d'un âge plus mûr ont
cherché vainement à l'accorder, soit avec le vers suivant :
*quelle adresse y a-t-il à s'emparer d'un gîte ouvert, et dont le
maître est absent?* soit avec le dénouement : *est-ce être bien
rusé que de s'enferrer sous la griffe d'un chat?* Ce qu'il y a de
certain, c'est qu'un vers n'est pas bon, quand on ne l'entend pas, ou qu'on l'entend mal.

² *Qu'il étoit allé faire à l'Aurore sa cour, etc.*

La prose eût dit : *brouter avant le lever du soleil.* La poésie fait naître le thym et la rosée ; elle personnifie le jour commençant ; elle amène à la cour de l'Aurore le jeune lapin. Ce sont des images riantes à la place d'une idée vulgaire et stérile.

³ *Janot Lapin*, *etc.* Un Janot est celui dont une bonhomie simple excite en nous l'enjouement, et finit par nous faire rire à ses dépens. Tel Janot de la société est le lapin de la fable.

⁴ *O dieux hospitaliers ! que vois-je ? etc.* Le premier cri de l'innocence qu'on opprime est une invocation à la Divinité.

M. de La Harpe, *Éloge de La Fontaine*, p. 20 : « Écoutez la belette et le lapin plaidant pour un terrier. Est-il possible de mieux discuter une cause ? Tout y est mis en usage, coutume, autorité, droit naturel, généalogie. On y invoque les *dieux hospitaliers.* Ce sérieux, qui est si plaisant, excite en nous ce rire de l'âme que feroit naître la vue d'un enfant heureux de peu de chose. »

⁵ *Or bien*, *etc.* Comme dans Malherbe : *bien* est-il mal aisé ?

Bien semble être la mer une barge assez forte, etc.

Sur quoi Vaugelas a dit : « En vers, M. de Malherbe en a souvent usé ; et trouve qu'il a aussi bonne grâce en vers qu'il l'a mauvaise en prose, pourvu qu'il soit bien placé, comme cet excellent ouvrier avoit accoutumé de s'en servir. »

⁶ . . . . . . *Raminagrobis.*

Rabelais donne ce nom à un vieux poète. Selon le commentateur de Rabelais, il se composeroit des mots : *Raoul, ermine* et *gros bis ;* ce qui signifie proprement un chat qui fait le gros monsieur sous sa robe d'hermine.

7   *Un chat faisant la chattemite,*
    Un saint homme de chat, bien fourré, gros et gras, etc.

Vers pleins de gaîté. *La chattemite* s'emploie plus communément en adjectif. H. Étienne : cafards, patepelues, *chattemites*, loups ravissans, etc. C'est se moquer que de dériver chattemite de *catamitus*: qui ne voit que ce mot vient de *cata* et *mitis*, chatte douce?

8 *Grippeminaud, etc. Le bon apôtre.* Autre nom burlesque imité de Rabelais, comme celui de *Raminagrobis*, dont il paroît être l'inverse. « *Grippeminaud, Raminagrobis*, minon à robe d'hermine, et duquel les griffes sont plus fortes que celles des simples chats fourrés. » (M. Le Duchat.)

Les détails de cette fable en font un chef-d'œuvre de narration ; mais la morale n'en est pas consolante. Être dépouillé par la belette ou mangé par le chat ! Voilà donc le cercle dans lequel la foiblesse et la bonhomie se trouvent enfermées ! Si c'est là une vérité, elle n'est pas honorable pour l'espèce humaine.

~~~~~~

FABLE XVII.

La tête et la queue du Serpent (*).

> Le serpent a deux parties
> Du genre humain ennemies,
> Tête et queue ; et toutes deux
> Ont acquis un nom fameux
> Auprès des Parques cruelles :
> Si bien qu'autrefois entre elles
> Il survint de grands débats
> 　　　Pour le pas ¹.
> La tête avoit toujours marché devant la queue.
> 　　La queue au ciel se plaignit,
> 　　　　Et lui dit :
> 　　Je fais mainte et mainte lieue,
> 　　Comme il plait à celle-ci :
> Croit-elle que toujours j'en veuille user ainsi?

(*) Plutarque, *Vie d'Agis et de Cléomène.*

Je suis son humble servante.
On m'a faite, Dieu merci,
Sa sœur, et non sa suivante.
Toutes deux de même sang,
Traitez-nous de même sorte :
Aussi bien qu'elle, je porte
Un poison prompt et puissant.
Enfin, voilà ma requête :
C'est à vous de commander
Qu'on me laisse précéder
A mon tour ma sœur la tête.
Je la conduirai si bien
Qu'on ne se plaindra de rien.
Le ciel eut pour ses vœux une bonté cruelle.
Souvent sa complaisance a de méchans effets [2] :
Il devroit être sourd aux aveugles souhaits.
Il ne le fut pas lors [3] : et la guide nouvelle [4],
Qui ne voyoit au grand jour
Pas plus clair que dans un four,
Donnoit tantôt contre un marbre,
Contre un passant, contre un arbre :
Droit aux ondes du Styx elle mena sa sœur.

Malheureux les états tombés dans son erreur !

————

OBSERVATIONS DIVERSES.

[1]   *Pour le pas.*

Cette sorte de vers est très commune dans La Fontaine ;
elle n'est point permise en poésie, à moins d'être légiti-
mée par l'art du poète, comme dans la fable de *la Montagne qui accouche :*

C'est promettre beaucoup ; mais qu'en sort-il souvent ?
Du vent.

¹ *Souvent sa complaisance a de méchans effets.*
   Il devroit, etc.

Ce n'est pas assez d'une vérité principale qui soit le but de
l'instruction que la fable se propose : l'écrivain inspiré
par la nature et par le goût aime à mêler à ses récits des
traits de morale ou de sentiment qui les enrichissent en
les diversifiant. Homère excelle dans ces sortes de digres-
sions.

Il ne le fut pas lors, *etc.* Ce mot étoit d'un fréquent usage
dans l'ancienne poésie françoise. Louise Labbe :

> *Lors* double vie à chacun ensuivra.

Clément Marot :

> D'autres dedans m'incita *lors.*

Malherbe et Racan :

> O combien *lors* aura de veuves! . . .
>   (Malherbe, p. 62.)
> O que *lors* dans ses deux rivages! . . .
>   (Racan, *Ode à Louis XIII.*)

⁴ *La guide* ne se dit plus guère au féminin que dans le
style ascétique. *La guide du pécheur.* On dit pourtant : *une
guide infidèle.* S'il y a dans cette fable antique quelques négligences , on y rencontre aussi de beaux vers , tels que
ceux-ci :

> Le ciel eut pour ses vœux une bonté cruelle.
> Souvent sa complaisance a de méchans effets.

Au reste, on peut mettre cet apologue au nombre de ces
vieilles traditions qui nous sont venues tout droit de
l'Orient, et que La Fontaine a respectées, les racontant
dans toute leur invraisemblance native , avec cette bonne
foi et cette naïveté de grand écrivain qui ne lui ont jamais
manqué.

FABLE XVIII.

Un Animal dans la Lune (*).

Pendant qu'un philosophe assure [1]
Que toujours par leurs sens les hommes sont dupés,
　　Un autre philosophe [2] jure
　　Qu'ils ne nous ont jamais trompés.
Tous les deux ont raison; et la philosophie
Dit vrai quand elle dit que les sens tromperont
Tant que sur leur rapport les hommes jugeront.
　　Mais aussi, si l'on rectifie
L'image de l'objet sur son éloignement,
　　Sur le milieu qui l'environne,
　　Sur l'organe et sur l'instrument,
　　Les sens ne tromperont personne.
La nature ordonna ces choses sagement [3] :
J'en dirai quelque jour les raisons amplement.
J'aperçois le soleil : quelle en est la figure?
Ici-bas ce grand corps n'a que trois pieds de tour :
Mais si je le voyois là-haut dans son séjour,
Que scroit-ce à mes yeux que l'œil de la nature [4]?
Sa distance me fait juger de sa grandeur;
Sur l'angle et les côtés ma main la détermine.
L'ignorant le croit plat; j'épaissis sa rondeur :
Je le rends immobile; et la terre chemine.
Bref, je démens mes yeux en toute sa machine :
Ce sens ne me nuit point par son illusion.
　　Mon âme, en toute occasion,
Développe le vrai caché sous l'apparence;
　　Je ne suis point d'intelligence
Avecque [5] mes regards peut-être un peu trop prompts,

(*) Anecdote du temps.

II.　　　　　　　　　　　　　　5

Ni mon oreille, lente à m'apporter les sons.
Quand l'eau courbe un bâton, ma raison le redresse :
    La raison décide en maîtresse.
    Mes yeux, moyennant ce secours,
Ne me trompent jamais en me mentant toujours.
Si je crois leur rapport, erreur assez commune,
Une tête de femme est au corps de la lune.
Y peut-elle être? Non. D'où vient donc cet objet?
Quelques lieux inégaux font de loin cet effet.
La lune nulle part n'a sa surface unie :
Montueuse en des lieux, en d'autres aplanie;
L'ombre avec la lumière y peut tracer souvent
    Un homme, un bœuf, un éléphant.
Naguères l'Angleterre y vit chose pareille.
La lunette placée, un animal nouveau
    Parut dans cet astre si beau;
    Et chacun de crier merveille !
Il étoit arrivé là-haut un changement
Qui présageoit sans doute un grand événement.
Savoit-on si la guerre entre tant de puissances
N'en étoit point l'effet? Le monarque accourut :
Il favorise en roi ces hautes connoissances.
Le monstre dans la lune à son tour lui parut.
C'étoit une souris cachée entre les verres :
Dans la lunette étoit la source de ces guerres.
On en rit. Peuple heureux! quand pourront les François
Se donner, comme vous, entiers [6] à ces emplois !
Mars nous fait recueillir d'amples moissons de gloire.
C'est à nos ennemis de craindre les combats,
A nous de les chercher, certains que la victoire,
Amante de Louis, suivra partout ses pas.
Ses lauriers nous rendront célèbres dans l'histoire.
    Même les Filles de mémoire
Ne nous ont point quittés [7]; nous goûtons des plaisirs :
La paix fait nos souhaits, et non point nos soupirs.

Charles en sait jouir [8] : il sauroit dans la guerre
Signaler sa valeur, et mener l'Angleterre
A ces jeux qu'en repos elle voit aujourd'hui.
Cependant s'il pouvoit apaiser la querelle,
Que d'encens! Est-il rien de plus digne de lui?
La carrière d'Auguste a-t-elle été moins belle
Que les fameux exploits du premier des Césars?
O peuple trop heureux! Quand la paix viendra-t-elle
Nous rendre, comme vous, tout entiers aux beaux arts?

OBSERVATIONS DIVERSES.

[1]   *Pendant qu'un philosophe assure, etc.*

Ce philosophe est Démocrite. C'est lui qui a fourni aux Pythagoriciens tout ce qu'ils ont imaginé contre le témoignage des sens, a dit Bayle, dans son *Dict. crit.* De l'école
de Pythagore cette prévention se transmit à celle du Portique, dont un des oracles disoit encore : « Les sens! ils
t'éclairent mal; ils sont sujets à l'erreur. » (*Pens. de Marc-
Aurèle*, chap. 33.)

[2]   *Un autre philosophe jure, etc.*

Épicure, dit M. de Fénelon, croit que nos sens n'aper-
çoivent que des objets actuellement présens, et que par
conséquent ils ne peuvent jamais se tromper, quant à
l'existence de l'objet. C'est pourquoi, dit-il, c'est être fou
que de n'exiger pas en ce cas-là le rapport des sens pour
avoir recours à des raisons. (*Vies des anc. philosophes.*)

[3] *La nature ordonna, etc.* On a vu rarement étaler ces
principes en prose aussi fortement que La Fontaine les
approfondit en vers.

[4] . . . . . . *L'œil de la nature.*

La Fontaine emprunta cette expression d'un poème qui
n'est plus connu que par ses extravagances, *la Magdeleine*
du père S. Louis.

5.

⁵ *Avecque mes regards. Avecque* se trouve fréquemment de trois syllabes dans nos anciens poètes. Malherbe :

> Et n'ai pas entrepris de soulager ta peine
> *Avecque* des mépris.
>
> (*Ode à Duperrier.*)

Corneille :

> Qu'on est digne d'envie
> Quand *avecque* la force on perd aussi la vie !
>
> (*Le Cid*, act. II, sc. 7.)

Ils l'avoient pris de leurs devanciers. Charles d'Orléans :

> Pour passe-temps *avecque* faux dangiers, etc. etc.

⁶ *Se donner comme vous entiers à ces emplois.*

Corneille avoit mis dans les premières éditions de Cinna :

> Et sont-ils morts entiers *avecque* leurs desseins?

Il substitua par la suite : sont-ils morts *tout entiers*. Cette expression est restée. La première n'est plus en usage, quoiqu'elle traduise plus littéralement l'*omnis* des Latins, comme dans les vers d'Horace : non *omnis moriar.*

> 7   *Même les Filles de mémoire*
> *Ne nous ont point quittés*, etc.

Encore en 1709, M. de La Monnoye célébroit par un beau poème la protection toujours égale que le roi Louis XIV ne cessoit d'accorder aux lettres et aux arts, au milieu même du tumulte des armes.

⁸ *Charles en sait jouir.* Charles II, roi d'Angleterre, réfugié à la cour de France.

Remarquez avec quelle habile hardiesse La Fontaine ose parler de paix à Louis XIV au moment où, dans son royaume fatigué, nulle voix n'osait s'élever pour implorer un peu de repos après tant de jours de fatigue. C'était, au reste, une vieille habitude d'indépendance dans un poète qui avoit commencé par chanter Fouquet malheureux.

FIN DU SEPTIÈME LIVRE.

LIVRE HUITIÈME.

FABLE PREMIÈRE.

La Mort et le Mourant (*).

La Mort ne surprend point le sage [1];
Il est toujours prêt à partir,
S'étant su lui-même avertir
Du temps où l'on se doit résoudre à ce passage.
  Ce temps, hélas! embrasse tous les temps :
Qu'on le partage en jours, en heures, en momens,
  Il n'en est point qu'il ne comprenne
Dans le fatal tribut : tous sont de son domaine;
Et le premier instant où les enfans des rois
    Ouvrent les yeux à la lumière
    Est celui qui vient quelquefois
    Fermer pour toujours leur paupière.
    Défendez-vous par la grandeur,
Alléguez la beauté, la vertu, la jeunesse,
    La Mort ravit tout sans pudeur.
Un jour le monde entier accroîtra sa richesse [2].
    Il n'est rien de moins ignoré;
    Et, puisqu'il faut que je le die [3],
    Rien où l'on soit moins préparé.

Un mourant qui comptoit plus de cent ans de vie,
Se plaignoit à la Mort que précipitamment
Elle le contraignoit de partir tout à l'heure,
    Sans qu'il eût fait son testament,
Sans l'avertir au moins. Est-il juste qu'on meure

(*) Desbillons, liv. VII, fab. 23.

Au pied levé? dit-il [4] : attendez quelque peu.
Ma femme ne veut pas que je parte sans elle :
Il me reste à pourvoir un arrière-neveu :
Souffrez qu'à mon logis j'ajoute encore une aile.
Que vous êtes pressante, ô déesse cruelle !
Vieillard, lui dit la Mort, je ne t'ai point surpris.
Tu te plains sans raison de mon impatience :
Eh ! n'as-tu pas cent ans ? Trouve-moi dans Paris
Deux mortels aussi vieux, trouve-m'en dix en France.
Je devois, ce dis-tu, te donner quelque avis
  Qui te disposât à la chose :
 J'aurois trouvé ton testament tout fait,
Ton petit-fils pourvu, ton bâtiment parfait.
Ne te donna-t-on pas des avis, quand la cause
  Du marcher et du mouvement,
  Quand les esprits, le sentiment,
Quand tout faillit en toi [5] ? Plus de goût, plus d'ouïe ;
Toute chose pour toi semble être évanouie :
Pour toi l'astre du jour prend des soins superflus :
Tu regrettes des biens qui ne te touchent plus.
  Je t'ai fait voir tes camarades,
  Ou morts, ou mourans, ou malades.
Qu'est-ce que tout cela qu'un avertissement ?
  Allons, vieillard, et sans réplique :
  Il n'importe à la république
  Que tu fasses ton testament.

La Mort avoit raison. Je voudrois qu'à cet âge
On sortît de la vie ainsi que d'un banquet [6],
Remerciant son hôte, et qu'on fît son paquet :
Car de combien peut-on retarder le voyage ?
Tu murmures, vieillard ! vois ces jeunes [7] mourir ;
  Vois-les marcher, vois-les courir
A des morts, il est vrai, glorieuses et belles [8],
Mais sûres cependant, et quelquefois cruelles.

J'ai beau te le crier, mon zèle est indiscret :
Le plus semblable aux morts meurt le plus à regret.

———

OBSERVATIONS DIVERSES.

¹ *La Mort ne surprend point le sage , etc.*

C'est un vieil adage que Plutarque , Sénèque et Montaigne
ont répété bien avant La Fontaine.

² *Un jour le monde entier accroîtra sa richesse.*

Ce vers est beau ; l'image en est grande et terrible , l'expression forte et noble. Addisson fait dire la même chose
à Caton d'Utique , dans son fameux monologue.

3   *Et , puisqu'il faut que je le die , etc.*

Au lieu de *que je le dise.* Fréquent dans les auteurs françois , jusqu'à Molière. Voyez la scène du Madrigal , dans
les Femmes savantes , et celle de l'Impromptu , dans *les Précieuses ridicules.* (Act. 1. sc. 9.) Clém. Marot :

Vous voulez faire , et ne voulez qu'on *die.*

⁴ *Au pied levé ? dit-il , etc.* Ce dialogue paroît encore imité
de *l'Alceste* d'Euripide.

⁵ *Quand tout faillit en toi , etc.* Voilà ce que Fontenelle
appeloit *envoyer ses bagages en avant.*

⁶ *On sortit de la vie ainsi que d'un banquet , etc.*

Depuis les Égyptiens , qui environnoient des images de la
mort leurs tables de festins , les philosophes de tous les
âges ont rendu très familière cette riante association de
ce qu'il y a de plus lugubre avec les gracieuses idées de
banquet , de *convive* , *etc.* Qui ne connoît ce beau vers de.
Lucrèce :

Cur non ut vitæ plenus conviva recedis ?

Horace l'a imité par cette expression *uti conviva satur* ,
dans la première de ses satires.

⁷ *Vois ces jeunes.* Il faudroit un substantif à ce mot ; on
ne dit pas plus *des jeunes* qu'un *vieux.*

8 *A des morts , il est vrai , etc.* Celles que les gens de guerre
rencontrent souvent à la fleur de leur âge. Que de beaux
vers dans cette fable, et comme ils sont beaux ! surtout
ce dernier :

Le plus semblable aux morts meurt le plus à regret.

FABLE II.

Le Savetier et le Financier (*).

Un savetier chantoit du matin jusqu'au soir :
    C'étoit merveille de le voir,
Merveille de l'ouïr : il faisoit des passages ¹,
    Plus content qu'aucun des sept sages ².
Son voisin au contraire, étant tout cousu d'or,
    Chantoit peu, dormoit moins encor :
    C'étoit un homme de finance.
Si sur le point du jour parfois il sommeilloit,
Le savetier alors en chantant l'éveilloit ;
    Et le financier se plaignoit
    Que les soins de la Providence
N'eussent pas au marché fait vendre le dormir,
    Comme le manger et le boire ³.
    En son hôtel il fait venir ⁴
Le chanteur, et lui dit : Or ça, sire Grégoire,
Que gagnez-vous par an ? Par an ! Ma foi, monsieur,
    Dit avec un ton de rieur
Le gaillard savetier, ce n'est point ma manière

(*) « Un honnête bourgeois de Paris, après s'être ruiné pendant
60 ans à plaider, obtint une pension de François Iᵉʳ, sous l'ex-
presse condition qu'il ne plaideroit plus. Dès le lendemain il va se
jeter aux pieds du roi, pour le conjurer de lui laisser encore au
moins par pitié quelques petits procès pour charmer sa vieillesse. »

De compter de la sorte; et je n'entasse guère
  Un jour sur l'autre : il suffit qu'à la fin
    J'attrape le bout de l'année :
    Chaque jour amène son pain.
Et bien! que gagnez-vous, dites-moi, par journée?
— Tantôt plus, tantôt moins : le mal est que toujours
[Et sans cela nos gains seroient assez honnêtes],
Le mal est que dans l'an s'entremêlent des jours
Qu'il faut chômer : on nous ruine en fêtes.
L'une fait tort à l'autre; et monsieur le curé,
De quelque nouveau saint charge toujours son prône.
Le financier riant de sa naïveté,
Lui dit : Je vous veux mettre aujourd'hui sur le trône.
Prenez ces cent écus : gardez-les avec soin,
  Pour vous en servir au besoin.
Le savetier crut voir tout l'argent que la terre
    Avoit, depuis plus de cent ans,
    Produit pour l'usage des gens.
Il retourne chez lui : dans sa cave il enserre
    L'argent, et sa joie à la fois.
    Plus de chant : il perdit la voix
Du moment qu'il gagna ce qui cause nos peines.
    Le sommeil quitta son logis,
    Il eut pour hôtes les soucis,
    Les soupçons, les alarmes vaines.
Tout le jour il avait l'œil au guet; et la nuit,
    Si quelque chat faisoit du bruit,
Le chat prenoit l'argent [5]. A la fin le pauvre homme
S'en courut [6] chez celui qu'il ne réveilloit plus :
Rendez-moi, lui dit-il, mes chansons et mon somme,
    Et reprenez vos cent écus.

OBSERVATIONS DIVERSES.

[1] *Des passages.* « Ornement dont on charge un trait de chant, pour l'ordinaire assez court, lequel est composé de plusieurs notes ou diminutions, qui se chantent ou se jouent très légèrement. C'est ce que les Italiens appellent aussi *passo.* » (J. J. Rousseau, *Dict. de Musique.*)

[2] *Plus content qu'aucun des sept sages...* de la Grèce.

On suppose qu'ils puisoient le contentement et la félicité dans l'étude de la sagesse et l'exercice de la vertu. — Les historiens de la vie d'Anacréon lui prêtent un mot semblable à celui qui fait le sel de cet apologue. Pendant le séjour que ce poète fit à Samos, Polycrate lui envoya cinq talens d'or. Anacréon n'ayant pu se livrer au sommeil pendant deux nuits à cause de cette somme, la renvoya le lendemain, en prononçant ces mots remarquables : il faut absolument mépriser et dédaigner tout ce qui peut contenir le germe du chagrin et de l'inquiétude. Polycrate lui demanda pourquoi il lui avoit renvoyé les cinq talens : Je hais, lui répondit Anacréon avec une noble franchise, je hais un présent qui m'empêche de me livrer pendant la nuit aux douceurs du sommeil. » C'étoit aussi la philosophie d'Horace toutes les fois qu'il vantoit les charmes de la médiocrité.

[3] *Comme le manger et le boire.*

Nous avons déjà vu de ces infinitifs transformés en substantifs ; c'est une licence poétique dont la prose elle-même fournit plus d'un exemple. Le traducteur du *Décameron* : « le trotter fort rompt et lasse autrui, quelque jeune qu'il soit, là où l'aller doucement, encore qu'on arrive plus tard au logis, vous y conduit tout reposé. » (VIIIe *Journée*.)

[4] *En son hôtel il fait venir*, etc.

« Le style naïf règne d'une manière presque inimitable dans toute la fable du *Savetier et le Financier*, surtout

dans ce que le premier répond à l'autre. » (Dardenne.)
Et il cite toute la tirade commençant à ce vers.

Qu'est donc que le style naïf, selon le même écrivain ?
« Le style naïf, dit-il, dépend beaucoup plus du sentiment, dont il est une expression fidèle, bien différente de
ce style entortillé qui répand l'obscurité sur tout ce qu'il
traite, et qui ne cesse de s'écarter de ce qui s'appelle la
vraie nature, dont la naïveté est proprement l'effusion. »
(*Fables, disc. prélim.*, p. 38.) Or c'est là réellement le caractère de cette excellente, mais rare qualité; une familiarité sans bassesse, un enjouement sans éclat, une critique sans aigreur, des saillies vives et piquantes sans recherche et sans apprêts ; en un mot, l'épanchement naturel d'un enfant ingénieux qui se sentant à son aise, dit
tout avec grace, parce qu'il le dit avec candeur.

[5] *Le chat prenoit l'argent*, etc. Ainsi l'Arpagon de Molière, apercevant La Flèche, qui l'a à peine entrevu : « Je
tremble qu'il n'ait soupçonné quelque chose de mon argent. » (Acte I, sc. III.) Et dans une autre scène, voyant
Cléante et Élise qui se font des signes : « Je crois qu'ils se
font signe l'un à l'autre de me voler ma bourse. » (Ac. II,
sc. V.)

[6] *S'en courut* comme *s'en alla*. Relégué dans ce vieux
langage marotique que Boileau n'aimoit pas. Pourquoi,
disoit-il, emprunter une autre langue que celle de son
siècle? (V. *Mém. sur la vie de J. Racine*, p. 124.) — Dans
la Fable de Florian, le pauvre devenu riche perd non seulement sa gaîté, mais jusqu'à son caractère humain et
compatissant :

> Depuis qu'il m'appartient (*ce trésor*),
> Je ne suis plus le même :
> Mon âme est endurcie, et la voix du malheur
> N'arrive plus jusqu'à mon cœur.

Un fabuliste du dernier ordre, M. Jauffret, a tenté de
continuer cette excellente fable et n'a fait comme à son
ordinaire qu'un morceau froid, sec et prétentieux.

FABLE III.

Le Lion, le Loup et le Renard (*).

Un lion décrépit, goutteux, n'en pouvant plus [1],
Vouloit que l'on trouvât remède à la vieillesse;
Alléguer l'impossible aux rois, c'est un abus [2].
    Celui-ci parmi chaque espèce
Manda des médecins : il en est de tous arts [3];
Médecins au lion viennent de toutes parts :
De tous côtés lui vient des donneurs de recettes [4].
    Dans les visites qui sont faites,
Le renard se dispense, et se tient clos et coi [5].
Le loup en fait sa cour, daube au coucher du roi,
Son camarade absent [6]; le prince tout à l'heure
Veut qu'on aille enfumer renard dans sa demeure,
Qu'on le fasse venir. Il vient, est présenté;
Et sachant que le loup lui faisoit cette affaire :
Je crains, sire, dit-il, qu'un rapport peu sincère,
    Ne m'ait à mépris imputé
    D'avoir différé cet hommage :
    Mais j'étois en pèlerinage,
Et m'acquittois d'un vœu fait pour votre santé.
    Même j'ai vu dans mon voyage
Gens experts et savans; leur ai dit la langueur
Dont votre majesté craint à bon droit la suite.
    Vous ne manquez que de chaleur :
    Le long âge en vous l'a détruite.
D'un loup écorché vif appliquez-vous la peau [7]
    Toute chaude et toute fumante :
    Le secret sans doute en est beau
    Pour la nature défaillante.

(*) Ésope, fab. 72.— Desbillons, liv. I, fab. 6.—Lebeau.

Messire loup vous servira,
S'il vous plaît, de robe de chambre[8].
Le roi goûte cet avis-là.
On écorche, on taille, on démembre
Messire loup. Le monarque en soupa,
Et de sa peau s'enveloppa.

Messieurs les courtisans, cessez de vous détruire ;
Faites si vous pouvez, votre cour sans vous nuire :
Le mal se rend chez vous au quadruple du bien.
Les daubeurs ont leur tour, d'une ou d'autre manière :
Vous êtes dans une carrière
Où l'on ne se pardonne rien.

———

OBSERVATIONS DIVERSES.

[1] *Un lion décrépit, goutteux, n'en pouvant plus, etc.*

L'harmonie est la langue naturelle de la poésie. Jamais La Fontaine ne manque de donner à son rhythme la marche, et pour ainsi dire, l'attitude de la nature. Dans la fable du *Vieillard et la Mort :*

Enfin *n'en pouvant plus* d'efforts et de douleur.

[2] *Alléguer l'impossible aux rois, c'est un abus.*

Abus n'est pas le mot. L'abus est dans le vice qu'on reprend, et non dans la censure même indiscrète qui reprend. Au reste, cette observation délicate prouve que La Fontaine connoissoit à fond les hommes. Cette fable tout entière, surtout dans la morale qui la termine, en est un témoignage admirable.

[3] *Manda des médecins : il en est de tous arts, etc.*

Parce qu'il n'est rien dans la nature qui n'ait ses maladies ou ses vices, auxquels il faut apporter remède. Médecin, de *mederi*, remédier.

[4] . . . . . *Lui vient des donneurs de recettes.*

On dira bien : il lui vient ; l'article alors sert de nominatif,

autrement où y en a-t-il? — Cet air négligé, dit Cicéron,
a je ne sais quoi de gracieux, en ce qu'il nous montre un
homme plus occupé des choses que des paroles. (*L'orateur,*
n° 23.)

5 . . . . . . *Se tient clos et coi.*

Tranquille : autrefois on disoit *quoi,* de *quietus,* en repos.
Nous avons déjà vu ce mot, fréquent dans les anciens fabliaux :

> Si vous me volües enquerre
> Pourquoi demoroit en la terre
> Si volontiers, et tenoit *quoi,*
> Bien vous dirai raison pourquoi.
>
> (*Lai d'Aristote,* manusc. du Roi)

6 . . . . . . *Daube, au coucher du roi,*
    Son camarade absent, etc.

Un moderne fabuliste a dit :

> Au grand gala de la cour du lion,
> On fit tomber la conversation
> Sur les vertus, les talens, les prouesses
> Des courtisans de toutes les espèces,
> On se *dauba,* chacun modestement
> Fit son éloge, et rendit la satyre.
>
> (Le Jeune, *Fables nouv.*)

Ce commentaire est joli ; la seule expression du bon
La Fontaine vaut mieux. MM. de La Harpe et Champfort
se sont rencontrés dans le jugement qu'ils portent de ces
vers.

> Suis-je dans l'antre du lion? suis-je à la cour?

— L'expression *dauber,* bannie du style noble, se montre
fréquemment avant La Fontaine dans le style familier.
« Tappez, *daubez,* frappez, je vous en prie... Il étoit bien
nécessaire que M. Leroy me *daubast* ainsi, ma bonne
femme d'eschiane : ce sont petites caresses nuptiales. »
(Rabelais, *Pantagr.,* liv. IV, ch. 12, *et* ch. 15.)

7 *D'un loup écorché vif appliquez-vous la peau, etc.*

Dans Rabelais, frère Jean donne un conseil semblable.

« Laissez-moi ces manteaux de loup, et faictes écorcher
Panurge, et de sa peau couvrez-vous. » (Liv. IV, ch. 24,
t. IV, p. 107.) Le roman du *Renard* (ou *Procès des Bêtes*),
si célèbre dans les anciennes littératures, avoit été pour
Rabelais et pour notre fabuliste un canevas commun sur
lequel ils ont fait leurs riches broderies.

8   *Messire loup vous servira,*
          S'il vous plaît, de robe de chambre.

Ces vers deviennent rédondans et inutiles.

       Souvent trop d'abondance appauvrit la matière,

a dit Boileau dans son *Art poétique.*

***

FABLE IV.

Le pouvoir des Fables (*).

A M. DE BARILLON (**).

La qualité d'ambassadeur
Peut-elle s'abaisser à des contes vulgaires?
Vous puis-je offrir mes vers et leurs grâces légères?
S'ils osent quelquefois prendre un air de grandeur,
Seront-ils point traités¹ par vous de téméraires?
          Vous avez bien d'autres affaires
          A démêler que les débats
          Du lapin et de la belette.
          Lisez-les, ne les lisez pas :
          Mais empêchez qu'on ne nous mette

(*) Plutarque, *Vie de Démosthène.*

(**) Ambassadeur de France en Angleterre. Ami des lettres,
philosophe aimable, négociateur habile, un de ces illustres protec-
teurs que La Fontaine a immortalisés par les témoignages de sa
reconnoissance et de son génie. Il l'avoit connu à la cour de madame la duchesse de Mazarin. Les éditeurs des lettres de madame
de Sévigné ont conservé quelques billets de cet ambassadeur.

Toute l'Europe sur les bras.
Que de mille endroits de la terre
Il nous vienne des ennemis,
J'y consens : mais que l'Angleterre
Veuille que nos deux rois se lassent d'être amis [2],
J'ai peine à digérer la chose.
N'est-il point encor temps que Louis se repose ?
Quel autre Hercule enfin ne se trouveroit las
De combattre cette hydre ? Et faut-il qu'elle oppose
Une nouvelle tête aux efforts de son bras [3] ?
Si votre esprit plein de souplesse,
Par éloquence et par adresse,
Peut adoucir les cœurs, et détourner ce coup,
Je vous sacrifierai cent moutons : c'est beaucoup
Pour un habitant du Parnasse.
Cependant faites-moi la grâce
De prendre en don ce peu d'encens.
Prenez en gré mes vœux ardens,
Et le récit en vers qu'ici je vous dédie.
Son sujet vous convient [4] : je n'en dirai pas plus.
Sur les éloges que l'envie
Doit avouer qui vous sont dus,
Vous ne voulez pas qu'on appuie.

Dans Athène autrefois, peuple vain et léger,
Un orateur voyant sa patrie en danger,
Courut à la tribune ; et d'un art tyrannique [5],
Voulant forcer les cœurs dans une république,
Il parla fortement sur le commun salut.
On ne l'écoutait pas : l'orateur recourut
A ces figures violentes
Qui savent exciter les âmes les plus lentes.
Il fit parler les morts, tonna [6], dit ce qu'il put.
Le vent emporta tout ; personne ne s'émut.
L'animal aux têtes frivoles [7]

Étant fait à ces traits, ne daignoit l'écouter.
Tous regardaient ailleurs : il en vit s'arrêter
A des combats d'enfans, et point à ses paroles.
Que fit le harangueur? Il prit un autre tour.
Cérès, commença-t-il [8], faisoit voyage un jour
    Avec l'anguille et l'hirondelle :
Un fleuve les arrête; et l'anguille en nageant,
    Comme l'hirondelle en volant,
Le traversa bientôt. L'assemblée à l'instant
Cria tout d'une voix : Et Cérès, que fit-elle?
    Ce qu'elle fit? Un prompt courroux
    L'anima d'abord contre vous.
Quoi! de contes d'enfans son peuple s'embarrasse;
    Et du péril qui le menace,
Lui seul, entre les Grecs, il néglige l'effet!
Que ne demandez-vous ce que Philippe fait [9]?
    A ce reproche l'assemblée
    Par l'apologue réveillée,
    Se donne entière à l'orateur :
    Un trait de fable en eut l'honneur.

Nous sommes tous d'Athène en ce point; et moi-même,
Au moment que je fais cette moralité,
    Si Peau-d'Ane m'étoit conté [10],
    J'y prendrois un plaisir extrême.
Le monde est vieux, dit-on [11], je le crois : cependant
Il le faut amuser encor comme un enfant.

––––––––

OBSERVATIONS DIVERSES.

[1] *Seront-ils point*, *etc.* C'étoit au siècle dernier un usage commun de retrancher la négative. Les exemples en sont fréquens dans La Fontaine. Molière : *Vous avois-je pas com-mandé de les recevoir?* (*Précieuses ridic.*, act. I, sc. 4.) Nous avons vu que Thomas Corneille s'étoit à la fin élevé contre

cette dispense, et l'usage a conformé la juste sévérité du poète.

² .... *Que nos deux rois se lassent d'être amis, etc.*

Le bon La Fontaine auroit désiré voir partout autour de lui la paix qui régnoit dans son cœur. Le vœu qu'il en exprime ici, il l'avoit déjà prononcé en terminant son septième livre. (Voy. plus haut, p. 33.)

³ *De combattre cette hydre, etc.* Quoique notre poète se fût bientôt dégoûté de la lecture de Malherbe, on voit qu'il lui en étoit resté bien des souvenirs. C'étoit une première passion. Ces beaux vers présentent les mêmes images que la première strophe de la fameuse ode de Malherbe à Louis XIII, allant combattre les Rochelois. On sait que l'hydre étoit un serpent à plusieurs têtes, lesquelles renaissoient sous les coups d'Hercule, à mesure qu'elles étoient abattues. Ce dieu, voyant le fer impuissant, les combattit avec le feu, et vint à bout d'exterminer le monstre. On a depuis donné ce nom à tout obstacle ennemi qui se renouvelle à mesure qu'il est détruit.

⁴ *Son sujet vous convient, etc.* On ne fera pas aux dédicaces de notre fabuliste les reproches que Voltaire a faits à celles du grand Corneille. Il n'y a rien ici qui sorte du caractère du personnage auquel l'éloge s'adresse, et de l'écrivain qui l'a fait. Il est tout simple de comparer un négociateur à Démosthènes; c'est lui rappeler le besoin et les ressources de l'éloquence. Il est en même temps très délicat au fabuliste de choisir Démosthènes pour héros d'un apologue présenté à un ambassadeur.

⁵ . . . . . . *D'un art tyrannique, etc.*

L'éloquence, parce qu'elle subjugue et entraîne. L'antiquité avoit peint cet art sous l'emblème de la force elle-même; d'un Hercule jeune, plein de vigueur, tenant à la bouche un double rang de chaînes qui tombent et embrassent un grand nombre d'hommes accourus pour l'entendre.

⁶ . . . . . . *Tonna, dit ce qu'il put.*

Ardent, impétueux, et cependant toujours maître de lui-

même par la fécondité ne ses ressources, comme il l'étoit
des autres, par l'ascendant de son génie, ce grand poète
devoit à l'étude et à la nature ce genre d'éloquence qui
force les auditeurs à se reconnoître dans l'humiliante peinture de leurs fautes et de leur situation.

7　　*L'animal aux têtes frivoles*, etc.

Cette expression hardie, mais si vraie, appartient à Horace,
bellua multorum capitum, a-t-il dit en parlant du peuple romain. (Liv. I, ép. I, vers 76.) Tous les peuples se ressemblent. M. l'abbé Aubert s'est rencontré avec La Fontaine dans l'imitation du poète latin. (L. VI, fab. 3.) En
donnant au peuple cette qualification, les traducteurs français ont encore affoibli les couleurs dont on l'avoit peint
avant eux. Palingène, dans son beau poème du *Zodiaque*,
l'appelle une *bête furieuse :*

> Quod furit atque ferit sævissima bellua vulgus.

Sénèque, Montaigne, Charron, Naudé, ne le traitent pas
avec plus de ménagement ; ce dernier enchérit peut-être,
quand il dit : « Ceux qui en ont fait la plus entière description, le représentent à bon droit comme une beste à plusieurs testes, vagabonde, errante, folle, étourdie, sans
conduite, sans esprit ni jugement. » (*Considér. politiq. sur
les coups d'état*, p. 235.) Depuis ce temps c'est toujours
à peu près le même animal.

8　*Cérès, commença-t-il*, etc. On raconte d'une autre manière l'apologue employé par le célèbre orateur. Un jeune
homme avoit loué un âne pour aller à Mégare. C'étoit
un jour d'été. Vers le midi, lorsque le soleil est dans
sa plus grande force, le maître de l'âne et le voyageur
se disputoient à qui profiteroit de l'ombre que donnoit le
corps de l'animal. Je vous ai loué mon âne, et non pas
l'ombre. — Non, disoit l'autre ; j'ai fait marché pour la
bête tout entière... En même temps l'orateur se tut, et
faisoit mine de s'en aller. Les Athéniens l'arrêtent : on
veut savoir le dénouement. Démosthènes : l'ombre d'un
âne vous occupe, vous intéresse ; et les matières les plus

6.

graves, vous ne les entendez qu'avec indifférence, etc.
(Dan. Heinsius, *Laus Asini.*)

9 *Que ne demandez-vous ce que Philippe fait?*

Voici ce célèbre morceau : « Voyez jusqu'à quel point
d'audace Philippe est parvenu... Qu'attendez-vous pour
agir? La nécessité? Eh! justes dieux! en fut-il jamais une
plus pressante pour des âmes libres que l'instant du dés-
honneur? Irez-vous toujours dans la place publique vous
demander s'il y a quelque chose de nouveau? Et quoi de
de plus nouveau qu'un homme de Macédoine qui gouverne
la Grèce, et subjugue Athènes? Philippe est-il mort? —
Non; mais il est malade? —Eh! que vous importe? Si
celui-ci mouroit, vous vous en feriez bientôt un autre
par votre négligence et votre lâcheté. »

10 *Nous sommes tous d'Athènes en ce point*, *etc.* L'aimable
facilité qui respire dans ces vers! *Nous sommes tous d'Athènes*
est une transition heureuse. *Si peau d'âne m'étoit conté.*
Le *peau d'âne* auquel La Fontaine fait allusion n'est point
le conte bleu publié sous ce nom par M. Perrault, et dont
Boileau se moque dans une de ses lettres au docteur Arnauld. C'est l'une des nouvelles de Bonaventure des Per-
riers, la dernière de son recueil, dans l'édition de La
Monnoye, et dont voici le sujet: Une jeune fille n'obtient la
permission d'épouser son amant, qu'à la condition de paroître en public vêtue d'*une peau d'âne;* elle s'y soumet;
de là l'origine du mot *peau d'âne.*

11 *Le monde est vieux, dit-on, etc.* Le rapprochement des
deux extrêmes de la vie rend ces vers piquans et faciles à
retenir. C'est là le caractère qui distingue les proverbes,
espèce de philosophie populaire joignant l'éclat des images
ou des antithèses au bon sens et à la concision.

FABLE V.

L'Homme et la Puce (*).

Par des vœux importuns nous fatiguons les dieux,
Souvent pour des sujets même indigne des hommes :
Il semble que le ciel, sur tous tant que nous sommes,
Soit obligé d'avoir incessamment les yeux;
Et que le plus petit de la race mortelle,
A chaque pas qu'il fait, à chaque bagatelle,
Doive intriguer l'Olympe et tous ses citoyens,
Comme s'il s'agissoit des Grecs et des Troyens.

Un sot par une puce eut l'épaule mordue,
Dans les plis de ses draps elle alla se loger.
Hercule, se dit-il, tu devois bien purger
La terre de cette hydre [1] au printemps revenue [2].
Que fais-tu, Jupiter, que du haut de la nue
Tu n'en perdes la race afin de me venger?

Pour tuer une puce il vouloit obliger
Ces dieux à lui prêter leur foudre et leur massue.

OBSERVATION.

[1] *Au printemps.* Malheureusement *cette hydre* est de toute
les saisons. Au reste, c'est la seule remarque qu'on puisse
faire à propos de cette fable, qui n'est guère digne d'avoir
une place dans le même Livre que la fable du *Savetier aux
cent écus.*

(*) Ésope, fab. 61.

FABLE VI.

Les Femmes et le Secret (*).

Rien ne pèse tant qu'un secret [1] :
Le porter loin est difficile aux dames;
   Et je sais même sur ce fait
   Bon nombre d'hommes qui sont femmes.
Pour éprouver la sienne un mari s'écria,
La nuit étant près d'elle : O dieux! qu'est-ce cela [2]?
   Je n'en puis plus! on me déchire!
Quoi! j'accouche d'un œuf! - D'un œuf? - Oui, le voilà;
Frais et nouveau pondu : gardez bien de le dire [3],
On m'appelleroit poule. Enfin n'en parlez pas.
   La femme neuve sur ce cas,
   Ainsi que sur mainte autre affaire,
Crut la chose, et promit ses grands dieux [4] de se taire.
   Mais ce serment s'évanouit
   Avec les ombres de la nuit.
   L'épouse indiscrète et peu fine [5],
Sort du lit quand le jour fut à peine levé [6];
   Et de courir chez sa voisine :
Ma commère [7], dit-elle, un cas est arrivé :
N'en dites rien surtout, car vous me feriez battre.
Mon mari vient de pondre un œuf gros comme quatre.
   Au nom de Dieu, gardez-vous bien
   D'aller publier ce mystère.
Vous moquez-vous? dit l'autre: Ah! vous ne savez guère
   Quelle je suis [8]. Allez, ne craignez rien.
La femme du pondeur [9] s'en retourne chez elle.
L'autre grille déjà [10] de conter la nouvelle :

(*) Rabelais.

Elle va la répandre en plus de dix endroits;
    Au lieu d'un œuf elle en dit trois.
Ce n'est pas encor tout, car une autre commère
En dit quatre, et raconte à l'oreille le fait :
    Précaution peu nécessaire,
    Car ce n'étoit plus un secret.
Comme le nombre d'œufs, grâce à la Renommée [11],
    De bouche en bouche alloit croissant,
    Avant la fin de la journée,
    Ils se montoient à plus d'un cent.

OBSERVATIONS DIVERSES.

[1] *Rien ne pèse tant*, *etc.* Le succès que ces vers ont obtenu dans le monde où ils sont passés en proverbe, témoigne combien la moralité gagne à être courte. Ce qui fait le charme des stances de madame Deshoulières, par exemple, c'est leur précision autant que le naturel et la grâce qu'elle a su y répandre. Cette qualité tient essentiellement au caractère de la philosophie, plus occupée à méditer qu'à discourir.

[2] . . . . . *Qu'est-ce cela.*

Dites : *Qu'est-ce que cela?* On ne peut retrancher *que* sans blesser la langue.

[3] . . . . . *Gardez bien de le dire.*

Il faudroit *gardez-vous bien.*

[4] . . . *Promit ses grands dieux*, *etc.* Les anciens partageoient leur Olympe en deux classe de dieux : l'une de divinités d'un ordre supérieur, au nombre de douze; c'étoient les grands dieux, *dii majores*, par lesquels on juroit, comme ces dieux eux-mêmes juroient par le Styx : l'autre classe se composoit de divinités d'un rang inférieur.

[5] *Peu fine*, parce qu'elle ne se doutoit pas du piége que son mari tendoit à sa crédulité et à sa discrétion.

⁶ *Sort du lit quand le jour fut à peine levé;*

Cette circonstance n'est pas indifférente. Combien son secret lui *pèse*, pour l'obliger à sortir de si bonne heure de son lit et de sa maison ! Dans Racine, Arcas demande à Agamemnon :

> Quel important besoin
> Vous a fait devancer l'aurore de si loin ?

⁷ *Ma commère, dit-elle, etc.* Ainsi la chatte, quand elle fait à la laie sa perfide confidence :

> Ma bonne amie et ma voisine.
> (Liv. III, fab. 6.)

Molière n'eût pas mieux saisi le ton de la nature. De là l'expression *commérer*, pour exprimer ce bavardage insatiable qui a toujours des secrets à publier sur les toits.

⁸ *Quelle je suis.* On diroit aujourd'hui *qui je suis* ou *quelle femme* : mais à peine aperçoit-on ces taches légères. Il y a, dit Cicéron, une sorte de négligence qui plaît comme il y a des femmes à qui il sied bien de n'être pas parées.

⁹ *La femme du pondeur, etc.* Quoi ! La Fontaine le croit-il donc aussi lui-même ? Que de finesse dans tout ce récit ! Mais chez les autres écrivains, la finesse est savante, elle est travaillée, verbeuse ; ici une seule expression en fait tous les frais. C'est le beau naturel et la liberté d'esprit et de cœur qui dit tout.

¹⁰ *L'autre grille déjà, etc.* Nous avons déjà rencontré cette expression. Il est possible que le poëte la doive à la nature ; peut-être aussi l'a-t-il empruntée de Rabelais. (Liv. III. chap. 33.) « La deffense ne feut sitost faicte, qu'elles *grilloient* en leurs entendemens, d'ardeur de veoir qu'estoit dedans. » Ce mot, dans la signification de *pétiller*, *trépigner*, est fort commun dans le Haut - Languedoc, où, d'un homme avare et convoiteux, on dit qu'il *grille* d'avoir le bien d'autrui.

Ce qui rend l'imitation très probable, c'est la ressemblance non seulement dans les termes, mais surtout dans le sujet. Le satirique imagine un conte semblable pour *blasonner* l'indiscrétion des femmes, ou plutôt ce conte n'est point de son imagination. Il l'avoit lui-même tiré du volume intitulé *Sermones discipuli de tempore* (*Serm.* 5o.) L'auteur des *Controverses des sexes masculin et féminin* l'a-voit déjà inséré aux feuillets 8 et 9 du liv. III, comme l'observe M. Le Duchat. On pourroit grossir ce chapitre, des contes de la Monnoye et de Ducerceau, sous le titre de la *Nouvelle Ève*, d'une anecdote toute semblable rapportée par H. Etienne, dans son *Apologie pour Hérodote*, de quelques anciens fabliaux aussi malins, et d'une anecdote divertissante rapportée par Plutarque, *Traité de la dé-mangeaison de parler.*

11 . . . . . . *Grâce à la renommée, etc.*

Dont le caractère est d'acquérir des forces à mesure qu'elle s'étend ; *Vires acquirit eundo.* Cette fable est encore un chef-d'œuvre de narration.

FABLE VII (*).

Le Chien qui porte à son cou le dîné de son Maître (**).

Nous n'avons pas les yeux à l'épreuve des belles,
    Ni les mains à celle de l'or [1] :
    Peu de gens gardent un trésor
    Avec des soins assez fidèles.

(*) Panurge dans Rabelais : « Sortirent plus de six, voire plus de treize cens et unze chiens gros et menus touts ensemble de la ville fuyans le feu. De première venue, accoururent droict à moi, sen-tirent l'odeur de ma chair demi-roustie, et m'eussent dévoré à l'heure, si mon bon ange ne m'eust bien inspiré. . . . Soudain je m'advise de mes lardons, et les jectois au milieu d'entr'eux. Tous les chiens d'aller et de s'entrebattre l'ung l'autre à belles dents à qui auroit le lardon. Par ce moyen, me laissèrent, et je les laisse aussi se pellandans l'ung l'autre. » Dans Camerarius, *Canis rusticus et urbani.* La Fontaine peut avoir travaillé sa fable sur ce double canevas.

(**) Rabelais, *Pantagruel*, liv. II, chap. 14.

Certain chien qui portoit la pitance ² au logis
S'étoit fait un collier du dîné de son maître.
Il étoit tempérant plus qu'il n'eût voulu l'être,
    Quand il voyoit un mets exquis :
Mais enfin il l'étoit ; et, tous tant que nous sommes,
Nous nous laissons tenter à l'approche des biens.
Chose étrange ! On apprend la tempérance aux chiens,
    Et l'on ne peut l'apprendre aux hommes ³ !
Ce chien-ci donc étant de la sorte atourné ⁴,
Un mâtin passe, et veut lui prendre le dîné.
    Il n'en eut pas toute la joie
Qu'il espérait d'abord : le chien mit bas la proie,
Pour la défendre mieux, n'en étant plus chargé.
    Grand combat. D'autres chiens arrivent ;
    Ils étaient de ceux-là qui vivent
  Sur le public, et craignent peu les coups.
Notre chien se voyant trop foible contre eux tous,
Et que la chair couroit un danger manifeste,
Voulut avoir sa part ; et lui sage, il leur dit :
Point de courroux, messieurs, mon lopin ⁵ me suffit :
    Faites votre profit du reste.
A ces mots, le premier il vous happe ⁶ un morceau ;
Et chacun de tirer, le mâtin, la canaille,
  A qui mieux mieux ; ils firent tous ripaille ;
    Chacun d'eux eut part au gâteau.

Je crois voir en ceci l'image d'une ville
Où l'on met les deniers à la merci des gens.
    Échevins, prevôt des marchands,
    Tout fait sa main : le plus habile
Donne aux autres l'exemple ; et c'est un passe-temps
De leur voir nettoyer un monceau de pistoles.
Si quelque scrupuleux, par des raisons frivoles ⁷,
Veut défendre l'argent et dit le moindre mot,
    On lui fait voir qu'il est un sot.

Il n'a pas de peine à se rendre :
C'est bientôt le premier à prendre.

OBSERVATIONS DIVERSES.

[1] *Nous n'avons pas les yeux à l'épreuve des belles ,
Ni les mains à celle de l'or.*

Si, dans le vers précédent , *à l'épreuve* étoit régime indirect, le poète auroit eu raison d'emprunter ici le pronom relatif ; mais c'est une espèce de préposition composée qui ne put se remplacer La Mothe a imité ces vers d'une manière très heureuse : les juges ont toujours, dit-il ,

Pour les présens, des mains; pour les belles , des yeux.

[2] *La pitance* , expression familière qui ne nous est parvenue des anciens qu'en changeant le genre.

« Ils vont quérant *les grands pitances,* »

a dit Jean de Meun dans le roman de *la Rose.*

[3] *Chose étrange ! On apprend la tempérance aux chiens,
Et l'on ne peut l'apprendre aux hommes !*

M. Dardenne loue cette sentence. « Qui n'aperçoit, dit-il , qu'une réflexion si sensée , et qui n'a rien que de véritable, est précisément dans la place qu'elle doit occuper ? » Nous ne saurions être de son avis. Cette réflexion est pleine de philosophie et de vérité, sans doute. L'antithèse en est excellente , parce qu'elle n'est pas un simple jeu de mots : nous convenons de tout cela ; mais est-elle bien à sa place ? Ces chiens, dont le poète fait des modèles de tempérance, qui peut les reconnoître dans cette tourbe vorace fondant à la fois sur un morceau de viande ? Et ce héros de l'apologue, *tempérant plus qu'il n'eût voulu l'être ,* vaut-il mieux que ses compagnons ? en adresse, oui : mais ce n'est pas ce dont il s'agit ; il défend un moment le dîné de son maître ; mais enfin *le premier il vous happe un morceau,* et comme les traitans de la morale, il ne lâche pied qu'en emportant sa *part du gâteau.*

4 *Atourné.* Roman de *la Rose.*

> Quand elle s'estoit bien piquée,
> Et bien parée, et *atournée* (ajustée),
> Si estoit faicte sa journée.

5 *Mon lopin.* Villon, dans son *Testament :* Grant bien, leur feissent meints *lopins.* (p. 75.)

6 *Il vous happe.* Marot : L'un chasse et l'autre *happe.* (*Temple de Cupido.*) Et Charles d'Orléans : S'elle veult trop mon cueur *happer.* (Rondeau *à ce jour de sainct Valentin.*)

Il est facile de reconnoître à tous ces vieux mots combien La Fontaine avoit profité de la lecture des anciens. Ce langage, souvent barbare, obscur dans les écrits du temps, devient, par l'heureux emploi qu'en fait notre poète, une langue nouvelle, plus pure, plus facile à comprendre, comme dans l'incendie de Corinte se forma un nouveau métal de la fusion des divers métaux.

7 . . . . . *Par des raisons frivoles, etc.*

Au jugement de qui ? Des preneurs, oui ; mais non pas au jugement de la vérité.

~~~~~~

FABLE VIII.

Le Rieur et les Poissons.

On cherche les rieurs ; et moi je les évite.
Cet art veut, sur tout autre, un suprême mérite.
    Dieu ne créa que pour les sots
    Les méchans diseurs de bons mots [1].
    J'en vais, peut-être en une fable,
    Introduire un : peut-être aussi
Que quelqu'un trouvera que j'aurai réussi.

    Un rieur étoit à la table
    D'un financier, et n'avoit en son coin

Que de petits poissons; tous les gros étoient loin.
Il prend donc les menus, puis leur parle à l'oreille;
    Et puis il feint, à la pareille,
D'écouter leur réponse. On demeura surpris [2] :
    Cela suspendit les esprits.
    Le rieur alors, d'un ton sage,
    Dit qu'il craignoit qu'un sien ami
    Pour les grandes Indes parti,
    N'eût depuis un an fait naufrage.
Il s'en informoit donc à ce menu fretin [3] :
Mais tous lui répondoient qu'ils n'étoient point d'un âge
    A savoir au vrai son destin;
    Les gros en sauroient davantage.
N'en puis-je donc, messieurs, un gros interroger?
    De dire si la compagnie
    Prit goût à sa plaisanterie,
J'en doute : mais enfin il les sut engager [4]
A lui servir d'un monstre assez vieux pour lui dire
Tous les noms des chercheurs de mondes inconnus,
    Qui n'en étoient pas revenus,
Et que depuis cent ans sous l'abîme avoient vus
    Les anciens du vaste empire.

OBSERVATIONS DIVERSES.

On retrouvera l'idée de cette fable dans une plaisanterie que fit le poète Philoxène à la table de Denys, tyran de Syracuse. Ce Philoxène est moins connu par ses ouvrages que par une réponse fière au même Denys. Ce prince l'ayant prié de corriger une pièce qu'il venoit de composer, Philoxène l'avoit raturée depuis le commencement jusqu'à la fin. Cette hardiesse le fit condamner aux Carrières, prison de Syracuse. Le lendemain, Denys le fait sortir : il l'admet à sa table, et sur la fin du dîner, ayant récité quelques-uns de ses vers, eh bien, dit-il, qu'en pensez-vous, Philoxène? Le poète, sans lui répondre, dit aux satellites : Qu'on me remène aux Carrières. (Plutarque, *de la fortune d'Alex*. Diodore de Sicile, liv. XV, p. 331.)

     1   *Les méchans diseurs de bons mots.*

« Diseur de bons mots, mauvais caractère. » (La Bruyère.)

     2 . . . . . . *On demeura surpris, etc.*

Est-ce bien la surprise que cette plaisanterie devoit exciter? N'étoit-ce point tout simplement la curiosité? Le vers qui suit est aussi vague.

     3 . . . . . . , *A ce menu fretin, etc.*

Barbazan : « On appelle ainsi le menu poisson que l'on voit sur les bords des étangs et des rivières, du latin *fretum*, qui signifie rivage, détroit, etc. De là on a appelé le bas peuple, du fretin, ou petit peuple. » (*Dissert. sur l'orig. de la langue franç.*, p. 80.)

     4 *J'en doute : mais enfin il les sut engager, etc.*

J'en doute : eh! pourquoi? Quel mal y a-t-il à demander d'un plat, quand on est à table, surtout à la table d'un roi? Et quelle est l'espèce de convive qui pût se fâcher d'un jeu d'esprit aussi innocent que gai? *Les sut* engager se rapportant à *la compagnie*, est une faute contre la langue.

En résumé on ne peut guère remarquer dans cette fable que les quatre vers qui la terminent. Arrivé au bout de sa narration, et peut-être assez peu satisfait de son conte, quoi qu'il en dise au commencement, le poète s'amuse à polir quatre beaux vers qui ne tiennent en rien à sa fable, mais qui reposent agréablement l'oreille et font presque oublier au lecteur le *nescio quid* que le fabuliste ne s'est pas donné le temps de trouver.

FABLE IX.

Le Rat et l'Huître (*).

Un rat, hôte d'un champ, rat de peu de cervelle,
Des lares paternels un jour se trouva sou.
Il laisse là le champ, le grain et la javelle,
Va courir le pays, abandonne son trou.
    Sitôt qu'il fut hors de la case [1]:
Que le monde, dit-il, est grand et spacieux!
Voilà les Apennins, et voici le Caucase [2]!
La moindre taupinée étoit mont à ses yeux.
Au bout de quelques jours le voyageur arrive
En un certain canton, où Thétis [3] sur la rive
Avoit laissé mainte huître; et notre rat d'abord
Crut voir, en les voyant, des vaisseaux de haut bord.
Certes, dit-il, mon père étoit un pauvre sire [4]!
Il n'osoit voyager, craintif au dernier point:
Pour moi [5], j'ai déjà vu le maritime empire:
J'ai passé les déserts, mais nous n'y bûmes point [6].
D'un certain magister le rat tenoit ces choses,
    Et les disoit à travers champs;
N'étant pas de ces rats qui, les livres rongeans,
    .Se font savans jusques aux dents [7].
    Parmi tant d'huîtres toutes closes,
Une s'étoit ouverte [8]; et bâillant au soleil,
    Par un doux zéphyr réjouie,
Humoit l'air, respiroit, étoit épanouie,
Blanche, grasse, et d'un goût, à la voir, nonpareil.
D'aussi loin que le rat voit cette huître qui bâille:
Qu'aperçois-je? dit-il, c'est quelque victuaille;
Et, si je ne me trompe à la couleur du mets,

(*) Ésope, fab. 212. — Lebeau.— Desbillons, liv. II, fab. 24.

Je dois faire aujourd'hui bonne chère, ou jamais [9].
Là-dessus maître rat, plein de belle espérance,
Approche de l'écaille, alonge un peu le cou,
Se sent pris comme aux lacs; car l'huître tout d'un coup
Se referme [10]. Et voilà ce que fait l'ignorance !

Cette fable contient plus d'un enseignement [11].
    Nous y voyons premièrement,
Que ceux qui n'ont du monde aucune expérience,
Sont aux moindres objets frappés d'étonnement :
    Et puis, nous y pouvons apprendre,
    Que tel est pris qui croyoit prendre.

OBSERVATIONS DIVERSES.

Dans Ésope, un chien accoutumé à dévorer des œufs, ayant aperçu un limaçon, crut voir un œuf; il ouvre aussitôt la gueule, et tombant dessus, il l'avale; mais sentant ses entrailles déchirées, je n'ai dit-il, que ce que je mérite, etc. Voilà l'embryon. Abstémius substitue un rat au chien d'Ésope, et compose ainsi son apologue : Un rat, né dans une huche, s'y étoit nourri de noix. Un jour que, se promenant sur les bords de son habitation, il en étoit tombé, il aperçoit une table chargée de mets. Oh! dit-il, que j'étois fou de croire qu'il n'y eût rien au monde de meilleur que mes provisions! — Voilà l'enfant au berceau. La Fontaine le dépouille des langes qui le compriment. Il fixe avec plus de convenance et de philosophie d'abord son domicile. *Un rat hôte d'un champ;* puis son caractère, *rat de peu de cervelle. Des lares paternels* est mieux que *de son trou.* Les lares sont, comme les pénates, des génies domestiques, les dieux tutélaires de nos foyers : les déserter, en être las, c'est joindre le crime de l'ingratitude à celui de l'inconstance. Les détails suivans rendent au naturel cet amour du changement qui transporte hors de son trou l'animal au peu de cervelle.

¹ *Sitôt qu'il fut hors de la case, etc.*

Casa, en latin, demeure étroite, d'où l'on a fait casanier.
« Ce n'est la coustume des cadets de s'amuser aux cendres
casanières, mais d'aller voir le monde. (Brantôme,
Capit. franç., t. IV, p. 159.)

² *Voilà les Apennins, et voici le Caucase !*

On a dit, avec raison, que l'admiration étoit fille de l'ignorance ; et c'en est un témoignage assez fort, de placer
l'*Apennin*, chaîne de montagnes qui traverse l'Italie dans
toute sa longueur, sous le même horizon que le mont
Caucase en Asie. M. l'abbé Aubert peint des mêmes couleurs
le domicile de ses *fourmis* :

> Ce gîte leur sembloit toute la terre ronde,
>   Cette source étoit l'Océan.

³ *Thétis*, déesse de la mer, qui se prend ici pour la mer
elle-même. Cette déesse joue un assez beau rôle dans la
mythologie grecque, tant par son mariage avec Pélée et
les événemens dont il fut l'occasion, que par le nom
d'Achille, son fils.

⁴ *Certes, mon père étoit un pauvre sire.*

On remarquera le ton de suffisance qui dicte cette affirma-
tion, *Certes, mon père étoit, etc.* Mépris des parens, source
de vanité et d'erreur.

⁵ *Pour moi*, contraste orgueilleusement avec *mon père*.
D'un côté, la vieillesse et l'expérience ; de l'autre, la jeunesse et l'étourderie. J'ai *déjà vu. Déjà*, emphatique. Il se
croit un autre Hercule qui commence sa carrière. *Le maritime empire*, style d'épopée : c'est que notre rat n'est plus
fait pour s'abaisser au langage vulgaire.

⁶ *J'ai passé les déserts, mais nous n'y bûmes point.*

La sottise perce toujours par quelque endroit ; ainsi ces
aventuriers qui vous font la relation de leurs voyages ont
toujours de ces naïvetés qui leur échappent et décèlent
leur ignorance.

⁷   *Se font savans jusques aux dents.*

Voilà encore de ces réflexions enjouées qui paroissent

éclore tout à coup : c'est là ce qui constitue l'agrément et
la vivacité du style.

8 *Une s'étoit ouverte, etc.* On ne loue pas ces vers, on les
cite, et l'on se tait.

9 *Je dois faire aujourd'hui bonne chère, ou jamais.*
Quelle facilité dans la composition de ces vers! rien n'y
sent le travail.

10 . . . . . . *L'huître tout d'un coup*
  Se referme. . . . . . ·.

Le vénérable commentateur Coste observe avec raison qu'il
est assez ordinaire de voir des rats donner dans ce piége. Il
pouvoit ajouter un autre phénomène qui suppose que tous
les animaux ne ressemblent pas au rat de cette fable. On
parle d'une espèce de grenouille qui voyant une huître
bâiller au soleil, commence par y jeter une petite pierre,
pour empêcher qu'en se refermant elle ne lui échappe
ou ne la retienne. — Avec quel art le mot *se referme* est
rejeté au commencement du vers, par une suspension qui
met la chose sous les yeux !

11 *Cette fable contient plus d'un enseignement.*

Les grammairiens conviennent que la vérité morale contenue dans la fable doit être une. L'esprit s'y attache bien
mieux, lorsqu'il n'a qu'un seul objet à saisir. Les succès de
La Fontaine en général ne peuvent prescrire contre le
précepte; et cet exemple en particulier le confirme. Le
respect dû au génie, même dans ses écarts, nous empêche
de prononcer que cette double moralité est d'ailleurs également froide et triviale, quoique les détails soient précieux. En général cette science des détails n'appartient
dans tous les genres qu'aux hommes supérieurs. Par ce
moyen tous les sujets sont bons au génie, il lui suffit d'un
coup d'œil pour les féconder.

   La colère d'Achille avec art ménagée
   Enfante une Iliade entière.

FABLE X.

L'Ours et l'Amateur des Jardins (*).

Certain ours montagnard, ours à demi léché [1],
Confiné par le sort dans un bois solitaire,
Nouveau Bellérophon [2], vivoit seul et caché.
Il fût devenu fou : la raison d'ordinaire
N'habite pas long-temps chez les gens séquestrés [3] :
Il est bon de parler, et meilleur de se taire;
Mais tous deux sont mauvais alors qu'ils sont outrés.
  Nul animal n'avoit affaire
  Dans les lieux que l'ours habitoit;
  Si bien, que tout ours qu'il étoit,
Il vint à s'ennuyer de cette triste vie.
Pendant qu'il se livroit à la mélancolie,
  Non loin de là certain vieillard
  S'ennuyoit aussi de sa part [4].
Il aimoit les jardins, étoit prêtre de Flore;
  Il l'étoit de Pomone encore [5].
Ces deux emplois sont beaux, mais je voudrois parmi
  Quelque doux et discret ami [6].
Les jardins parlent peu, si ce n'est dans mon livre;
  De façon que, lassé de vivre
Avec des gens muets, notre homme un beau matin
Va chercher compagnie, et se met en campagne [7].
  L'ours, porté d'un même dessein,
  Venoit de quitter sa montagne.
  Tous deux, par un cas surprenant,
  Se rencontrent en un tournant.
L'homme eut peur; mais comment esquiver? et que faire?

(*) Pilpay, Contes indiens. — Desbillons, liv. X, fab. 24. — ebeau.

7.

Se tirer en gascon [8] d'une semblable affaire
Est le mieux : il sut donc dissimuler sa peur.
       L'ours, très mauvais complimenteur,
Lui dit : Viens-t'en me voir. L'autre reprit : seigneur
Vous voyez mon logis , si vous vouliez me faire
Tant d'honneur que d'y prendre un champêtre repas,
J'ai des fruits, j'ai du lait. Ce n'est peut-être pas
De nosseigneurs les ours le manger ordinaire [9],
Mais j'offre ce que j'ai. L'ours l'accepte : et d'aller.
Les voilà bons amis avant que d'arriver.
Arrivés, les voilà se trouvant bien ensemble ;
       Et bien qu'on soit, à ce qu'il semble,
Beaucoup mieux seul qu'avec des sots ,
Comme l'ours en un jour ne disoit pas deux mots,
L'homme pouvoit sans bruit vaquer à son ouvrage.
L'ours alloit à la chasse, apportoit du gibier,
       Faisoit son principal métier
D'être bon émoucheur [10], écartoit du visage
De son ami dormant ce parasite aîlé
       Que nous avons mouche appelé [11].
Un jour que le vieillard dormoit d'un profond somme,
Sur le bout de son nez une allant se placer,
Mit l'ours au désespoir, il eut beau la chasser.
Je t'attraperai bien, dit-il ; et voici comme.
Aussitôt fait que dit : le fidèle émoucheur
Vous empoigne un pavé, le lance avec roideur ,
Casse la tête à l'homme en écrasant la mouche ,
Et non moins bon archer que mauvais raisonneur,
Roide mort étendu sur la place il le couche.

Rien n'est si dangereux qu'un ignorant ami ;
       Mieux vaudoit un sage ennemi.

OBSERVATIONS DIVERSES.

¹ . . . . . . Ours à demi léché, etc.

Les ours lèchent, dit-on, leurs petits pour les façonner.
Ours *à demi léché* est celui dont l'éducation est imparfaite
et manquée.

² Nouveau Bellérophon, etc. Le premier héros de ce nom,
celui que sa victoire sur la Chimère a rendu célèbre, fut
un prince grec, fils de Neptune ou de Glaucus. Ayant eu
le malheur de tuer son frère, le chagrin qu'il en conçut
lui rendit sa patrie odieuse. Sa vie errante et solitaire l'ex-
posa à beaucoup d'épreuves dont sa valeur et sa sagesse le
firent triompher. A la fin, le dégoût, et peut-être l'orgueil
de ses succès, le jetèrent dans une mélancolie qui ne finit
qu'avec sa vie.

³ . . . . . Chez les gens séquestrés, etc.

Séparés du commerce du monde. L'observation du poète
n'est pas vraie : il est très commun de voir des solitaires
conserver la raison la plus saine jusque dans l'âge le plus
avancé.

⁴ S'ennuyoit aussi de sa part.

Il faudroit : *pour sa part* ou *de son côté.*

*⁵ . . . . . Étoit prêtre de Flore ;
Il l'étoit de Pomone encore.*

C'est-à-dire qu'il aimoit à cultiver les fleurs, dont *Flore* est
la déesse, et les fruits, que *Pomone* fait éclore.

*⁶ Ces deux emplois sont beaux ; mais je voudrois parmi
Quelque doux et discret ami.*

Bon La Fontaine ! Qui n'eût voulu être l'ami d'un tel
homme ? En est-il beaucoup qui aiment tant à vanter les
douceurs de la solitude et les charmes de l'amitié, beaucoup qui réussissent à les peindre comme lui ? — Cicéron
exprime le même vœu dans son admirable *Traité de l'Amitié.*
« Les plus belles choses, dit-il, ont bientôt perdu leurs at-

traits, sans la présence d'un ami avec qui l'on puisse en causer. »

7 *Va chercher compagnie, et se met en campagne.*

Il eut été mieux de dire : *Se met en campagne, et va chercher compagnie;* l'ordre eût été plus naturel.

8 *Se tirer en Gascon, etc.* Avec finesse, dissimulation; caractère particulier à cette nation.

9 . . . . . *Ce n'est peut-être pas*
   De nosseigneurs les ours le manger ordinaire, etc.

Ce doute est contraire au témoignage précis des naturalistes : ils assurent que les ours mangent avec délices des fruits, du lait et du miel. (Voyez Buffon, *Histoire nat.*)

10 *D'être bon émoucheur, etc.* De chasser les mouches qui venoient piquer son ami.

11 . . . . . *Ce parasite ailé*
   Que nous avons mouche appelé.

Dans la fable de *la Mouche et la Fourmi :*

   Nomme-t-on pas aussi mouches les parasites?

Cette fable n'est pas comptée parmi les chefs-d'œuvre de notre auteur. On ne sait ce que c'est que cette étrange association de l'ours avec un solitaire. Le style a des négligences; mais ces défauts sont réparés par quelques beaux vers, entre autres par ceux de la morale, devenus proverbes.

Le Père Desbillons, qui a imité presque toutes les fables de La Fontaine, a fait de très jolis vers avec la fable de *l'Ours et l'Amateur des Jardins.* Après Desbillons, le Père Lebeau a trouvé encore le moyen d'écrire une très jolie fable. Un jeune élève de troisième ou de seconde ne fera pas sans fruit la comparaison des imitateurs et du modèle.

FABLE XI (*).

Les deux Amis (**).

Deux vrais amis [1] vivoient au Monomotapa [2];
L'un ne possédoit rien qui n'appartint à l'autre [3]. .
    Les amis de ce pays-là
    Valent bien, dit-on, ceux du nôtre.

Une nuit que chacun s'occupoit au sommeil [4]
Et mettoit à profit l'absence du soleil,
Un de nos deux amis sort du lit en alarme;
Il court chez son intime, éveille les valets [5] :
Morphée avoit touché le seuil de ce palais [6].
L'ami couché s'étonne [7], il prend sa bourse, il s'arme[8],
Vient trouver l'autre, et dit : il vous arrive peu
De courir quand on dort : vous me paroissiez homme
A mieux user du temps destiné pour le somme :
N'auriez-vous point perdu tout votre argent au jeu [9] ?
En voici : s'il vous est venu quelque querelle,
J'ai mon épée, allons. Vous ennuyez-vous point
De coucher toujours seul ? Une esclave assez belle
Étoit à mes côtés ; voulez-vous qu'on l'appelle ?
Non, dit l'ami, ce n'est ni l'un ni l'autre point :
    Je vous rends grâce de ce zèle.
Vous m'êtes, en dormant, un peu triste apparu [10] :

(*) M. Galland attribue cette fable à Lockman. Je ne l'ai vue
dans aucun recueil de ses fables : ce n'est point là son style, sa
précision. Le sage mais austère et froid Lockman n'avoit pas
coutume de mêler à ses récits cette fleur de sentiment, ces réflexions pleines de délicatesse, ces heureux développemens qui
enrichissent l'original, et que La Fontaine a su faire passer dans
sa copie.

(**) Pilpay, Contes indiens.

J'ai craint qu'il ne fût vrai [11], je suis vite accouru.
　　Ce maudit songe en est la cause.

Qui d'eux aimoit le mieux? Que t'en semble lecteur [12]?
Cette difficulté vaut bien qu'on la propose.
Qu'un ami véritable est une douce chose !
Il cherche vos besoins au fond de votre cœur :
　　Il vous épargne la pudeur
　　De les lui découvrir vous-même.
　　Un songe, un rien, tout lui fait peur,
　　Quand il s'agit de ce qu'il aime.

OBSERVATIONS DIVERSES.

Veut-on lire La Fontaine sans avoir encore fait son choix? La première fable qui se présente à la mémoire est celle *des deux Amis* ou *des deux Pigeons*, comme dans ces beaux jardins où l'on veut goûter le plaisir de la promenade, les pas se portent d'eux-mêmes vers le bosquet délicieux où l'on a entendu le rossignol au retour du printemps.

A quelles causes faut-il rapporter cette prédilection, qui est moins l'effet d'une admiration réfléchie qu'un instinct et un sentiment? Est-ce simplement à l'agrément du sujet, à cette douce chaleur qui anime l'une et l'autre de ces fables, à la vivacité du dialogue, au charme de la diction? Ces causes diverses peuvent sans doute y concourir; mais elles ne sont pas les seules. L'amour-propre n'est rien moins qu'étranger à ces sortes d'affections : on contemple avec plaisir ces effusions d'une douce sensibilité, parce qu'on voudroit, non pas en faire les avances, mais en jouir. Les âmes même les plus froides craignent de le paroître; et il en est de la vertu et de l'amitié comme de la Divinité : ceux même qui en nient l'existence en adorent et en recherchent les images.

[1] *Deux vrais amis, etc.* Amis, non pas de nom, mais d'effet : *Vulgare amici nomen, rara est fides.*

² . . . . . . *Vivoient au Monomotapa*, *etc.*

Vaste empire vers la côte orientale de l'Afrique. Le poète a
porté dans ces contrées le lieu de la scène, d'abord parce
que ce qui est loin de nos regards nous en paroît d'autant
plus merveilleux, et nous plaît davantage ; en second lieu,
parce que les modèles de son apologue sont bien loin de
nos mœurs : ce qu'il insinue avec autant d'esprit que de
vérité dans ces vers :

> *Les amis de ce pays-là*
> *Valent bien, dit-on, ceux du nôtre.*

« Quelle grâce et quelle mesure dans ce mot *dit-on*! Avec
moins de goût, tout autre auroit fait une sortie contre les
amis de notre pays. C'est l'art de La Fontaine de faire entendre beaucoup plus qu'il ne dit. » (Champfort.)

³ *L'un ne possédoit rien qui n'appartînt à l'autre.*

C'est là la véritable touche de l'amitié. On connoît ce proverbe usité chez tous les peuples : *Entre amis tout est commun ;* proverbe qui justifie la célèbre définition de l'amitié :
c'est une âme partagée en deux corps.

⁴ *Une nuit que chacun s'occupoit au sommeil*, *etc.*

Peut-on appeler *occupation* le sommeil, qui est l'oubli de
toute espèce d'occupation? Ce mot, qui seroit vicieux
partout ailleurs, ne l'est point ici ; tandis que tout s'abandonne au sommeil comme à l'*occupation* la plus grave,
l'ami seul est éveillé : le contraste est sensible. Ce n'est
pas le mot qu'il faut regarder, dit Quintilien, mais sa
place.

⁵ . . . . . . *Éveille les valets*, *etc.*

L'ami veille, les valets dorment ; tout est dans l'ordre.
Observez que cet ami *en alarme* ne court pas sur-le-champ
chez son ami ; il va d'abord *éveiller les valets*, sans doute
pour s'informer d'eux s'il n'est pas survenu quelque événement fâcheux. Tout cela est prouvé par ce qui vient après.

⁶ *Morphée avoit touché*, *etc.* Cette description est bien
poétique pour une fable ! Mais, 1° ces licences ne sont pas
très communes, même dans La Fontaine, celui de nos

poètes à qui elles vont le mieux ; 2° ce sujet étant moins
une fable qu'un apologue, permet un style plus relevé ;
3° c'est le poète qui fait cette description, et non point ses
acteurs.

7 *L'ami couché s'étonne, etc.* L'expression est juste : celui-
ci n'a pas lieu de s'inquiéter, il ne doit être que surpris,
étonné.

8 . . . . . . *Il prend sa bourse, il s'arme, etc.*
Cette double action est motivée par les questions qu'il va
faire. L'offre du secours en précède la demande. Tout cela
est d'une exquise délicatesse ; répétons après La Fontaine :

> *Qu'un ami véritable est une douce chose !*
> *Il cherche vos besoins au fond de votre cœur ;*
> *Il vous épargne la pudeur*
> *De les lui découvrir vous-même.*

9 *Tout votre argent, etc.* Il ne calcule point si la somme
perdue est au dessus de ses moyens, ni quel a été l'agresseur de la querelle supposée, quel en est le danger. La
raison va plus lentement : les feux de l'amitié sont ceux de
l'éclair.

10 *Vous m'êtes, en dormant, un peu triste apparu, etc.*

Un peu triste. Il ne faut pas l'être beaucoup pour exciter un
puissant intérêt dans le cœur de son ami. *Apparu.* Une
simple *apparition* ne laisse pas de traces ; mais *un songe, un
rien , tout nous fait peur, etc.*

11 *J'ai craint qu'il ne fût vrai*, n'est pas exact. Il faudroit :
que cela ne fût vrai. Mais il n'y a qu'une âme froide qui pût
se choquer d'une semblable faute dans une aussi excellente
pièce.

12 *Qui d'eux aimoit le mieux ? etc.* Nous ne nous chargerons
pas de résoudre le problème. Nous observerons seulement
que cette conclusion est une analyse parfaite de la pièce.
Un auteur qui a fait une semblable composition, a fait son
portrait.

M. de Voltaire trouve ces vers *foibles.* Cet illustre écrivain, qui avoit réhabilité Quinault, a été plus injuste envers

La Fontaine que Despréaux lui-même. A propos de cette
fable surtout, M. de Voltaire se met à comparer les vers de
La Fontaine avec ses propres vers, auxquels il donne sans
façon tous les honneurs du pas.

FABLE XII.

Le Cochon, la Chèvre et le Mouton (*).

Une chèvre, un mouton, avec un cochon gras,
Montés sur même char, s'en alloient à la foire :
Leur divertissement ne les y portoit pas ;
On s'en alloit les vendre, à ce que dit l'histoire :
    Le charton [1] n'avoit pas dessein
    De les mener voir Tabarin [2].
    Dom pourceau [3] crioit en chemin,
Comme s'il avoit eu cent bouchers à ses trousses :
C'étoit une clameur à rendre les gens sourds.
Les autres animaux, créatures plus douces,
Bonnes gens, s'étonnoient qu'il criât au secours :
    Ils ne voyoient nul mal à craindre.
Le charton dit au porc : Qu'as-tu tant à te plaindre ?
Tu nous étourdis tous, que ne te tiens-tu coi [4] ?
Ces deux personnes-ci, plus honnêtes que toi,
Devroient t'apprendre à vivre, ou du moins à te taire.
Regarde ce mouton, a-t-il dit un seul mot ?
    Il est sage. — Il est un sot,
Repartit le cochon : s'il savoit son affaire,
Il crieroit comme moi du haut de son gosier [5] ;
    Et cette autre personne honnête
    Crieroit tout du haut de sa tête.
Ils pensent qu'on les veut seulement décharger,
La chèvre de son lait, le mouton de sa laine :

(*) Ésope, fab. 179.

Je ne sais pas s'ils ont raison ;
Mais quant à moi qui ne suis bon
Qu'à manger, ma mort est certaine.
Adieu mon toit et ma maison.

Dom pourceau raisonnoit en subtil personnage :
Mais que lui servoit-il ? Quand le mal est certain,
La plainte ni la peur ne changent le destin ;
Et le moins prévoyant est toujours le plus sage.

OBSERVATIONS DIVERSES.

[1] *Le charton, etc.* Conducteur du char.

[2] . . . . . . *Tabarin.*

Bouffon très grossier, valet de Mondor. Ce Mondor étoit
un vendeur d'orviétan, qui établissoit son théâtre dans la
place Dauphine, vers le commencement du dix-septième
siècle. Les plaisanteries de Tabarin ont été imprimées plusieurs fois à Paris et à Lyon, sous le titre de *Recueil des
Questions et Fantaisies tabariniques.* Elles ne roulent que sur
des matières d'une grossièreté insupportable, et qui ne
peuvent plaire qu'à la canaille. (Voy. *Comment. sur Boileau,
Art poét.*, ch. I, v. 86.)

[3] *Dom pourceau, etc.* Quelques écrivains ne voient que
des traits de gaîté dans certaines qualifications données aux
animaux, telles que *compère renard, dom pourceau, etc.* Je
serois porté à croire, avec le judicieux M. Dardenne, que
ce n'a pas été la seule intention du premier fabuliste qui les
a employées. Ce qu'il peut avoir eu encore en vue, c'est
que ces dénominations rendues communes aux hommes
et aux animaux confondissent encore plus les deux espèces, et soutinssent par là cette sorte d'illusion que la
fable doit entretenir si elle veut plaire.

[4] . . . . . . *Que ne te tiens-tu coi ?*

Vieux mot synonyme de *tranquille*, du latin *quietus*. Nous
en avons déjà cité plusieurs applications.

⁵ . . . . . . *Du haut de son gosier, etc.*

Expression plaisante que nous n'avons retrouvée chez
aucun écrivain avant La Fontaine.

Même action dans la fable *des deux Poules et le Mouton*,
de M. l'abbé Aubert. Les poules se plaignent qu'on ravit
leurs œufs :

Nos œufs, nos tendres œufs sont les mets de ces gens.

Le mouton crie bien plus haut contre l'homme qui, après
l'avoir dépouillé de sa toison, l'égorge pour son plaisir ;
d'où le poète conclut :

L'homme vous traite mal ; plaignez-vous, murmurez :
Mais le malheur d'autrui n'empêche pas le nôtre.

FABLE XIII.

Tircis et Amarante (*).

POUR MADEMOISELLE DE SILLERY.

J'avois Ésope quitté [1],
Pour être tout à Boccace [2] ;
Mais une divinité
Veut revoir sur le Parnasse
Des fables de ma façon.
Or, d'aller lui dire non,
Sans quelque valable excuse,
Ce n'est pas comme on en use [3]
Avec des divinités ;
Surtout quand ce sont de celles
Que la qualité de belles
Fait reines des volontés.
Car, afin que l'on le sache [4],

(*) *Mélite*, comédie de Corneille.

C'est Sillery qui s'attache
A vouloir que de nouveau
Sire loup, sire corbeau [5],
Chez moi se parlent en rime.
Qui dit Sillery, dit tout :
Peu de gens en leur estime
Lui refusent le haut bout ;
Comment le pourroit-on faire ?
Pour venir à notre affaire,
Mes contes, à son avis,
Sont obscurs [6]. Les beaux esprits
N'entendent pas toute chose.
Faisons donc quelques récits
Qu'elle déchiffre sans glose :
Amenons des bergers, et puis nous rimerons
Ce que disent entre eux les loups et les moutons.

Tircis disoit un jour à la jeune Amarante :
Ah ! si vous connoissiez comme moi certain mal,
    Qui nous plaît et qui nous enchante [7],
Il n'est bien sous le ciel qui vous parût égal !
    Souffrez qu'on vous le communique ;
    Croyez-moi, n'ayez point de peur ;
Voudrois-je vous tromper, vous pour qui je me pique
Des plus doux sentimens que puisse avoir un cœur ?
    Amarante aussitôt réplique :
Comment l'appelez-vous ce mal ? Quel est son nom ?
– L'amour. – Ce mot est beau : dites-moi quelques marques
A quoi je le pourrai connoître : que sent-on ?
— Des peines près de qui le plaisir des monarques
Est ennuyeux et fade : on s'oublie, on se plaît [8]
    Toute seule en une forêt.
    Se mire-t-on près d'un rivage ?
Ce n'est pas soi qu'on voit, on ne voit qu'une image
Qui sans cesse revient et qui suit en tous lieux :

Pour tout le reste on est sans yeux.
    Il est un berger du village [9]
Dont l'abord, dont la voix, dont le nom fait rougir :
    On soupire à son souvenir :
On ne sait pas pourquoi, cependant on soupire ;
On a peur de le voir encor qu'on le désire.
    Amarante dit à l'instant,
Oh! oh! C'est là ce mal que vous me prêchez tant ?
Il ne m'est pas nouveau : je pense le connoître.
    Tircis à son but croyoit être,
Quand la belle ajouta : Voilà tout justement
    Ce que je sens pour Clidamant.
L'autre pensa mourir de dépit et de honte.

    Il est force gens comme lui [10],
Qui prétendent n'agir que pour leur propre compte,
    Et qui font le marché d'autrui.

OBSERVATIONS DIVERSES.

M. de Voltaire, qui louoit peu, surtout La Fontaine,
n'a pu s'empêcher pourtant de vanter cet apologue. Il
trouve les vers du prologue *parfaits*. «Heureux, ajoute-t-il,
les esprits capables d'être touchés comme il faut de pareilles beautés, qui réunissent la simplicité à l'éloquence!»
(*Connoiss. des beautés et des défauts de la poésie*, etc., art.
Fable.)

[1]   *J'avois Ésope quitté*, etc.

Ces sortes d'inversions ne seroient plus admises aujour-
d'hui. La poésie de Racine, de La Fontaine lui-même, a
rendu notre poétique plus sévère.

[2]   . . . . . . *Boccace*, etc.

Écrivain célèbre, disciple de Pétrarque, et le maître de
tous les agréables conteurs venus depuis. Celui de tous ses
ouvrages qui fut le plus utile à notre La Fontaine est son
Décameron, ou recueil de cent *nouvelles* pleines d'aven-

tures intéressantes et variées, moins estimés toutefois pour
les charmes du récit que pour l'exactitude et la pureté du
langage. La description de la peste de Florence par laquelle commence le *Décameron*, est peut-être la plus parfaite narration qui ait été donnée à l'Italie. Boccace fut au
reste le premier prosateur, comme l'Arioste fut le premier
poète de son siècle.

3   *Ce n'est pas comme on en use, etc.*

Dites : ce n'est pas *là comme;* ou bien, comme *cela qu'on*
en use.

4 *Afin que l'on le sache*, sonne mal à l'oreille.

5   *Sire loup, sire corbeau, etc.*

« Dufail, dans *Contes d'Eutrapel*, a dit que depuis trente-
cinq ans s'étoient perdus et retirés ces beaux et honnêtes
mots *maître*, pour les gens de justice, et de *sire* à l'endroit
des marchands, se faisant qualifier du mot de *monsieur*. »
Ces diverses appellations, toutes synonymes comme l'on
voit, ont été transportées dans l'apologue pour en rapprocher les mœurs de nos usages.

6   *Mes contes, à son avis,*
      Sont obscurs. . . . . .

Ce n'est pas à nous à faire l'éloge ou l'apologie de ces ouvrages. Il serait peut-être injuste de dire qu'ils sont trop
longs, qu'ils se ressemblent les uns les autres, et que rarement le sujet est au niveau de ce style étincelant de verve
et d'esprit.

7 . . . . . . *Certain mal*
        Qui nous plaît et qui nous enchante, etc.

Pour un mal qui n'est rien, il donne cent plaisirs;
Souvent il adoucit l'amertume des larmes :
Il mêle à tous nos maux mille invisibles charmes.
On ne sait point aimer quant on craint son tourment, etc.

(*Poésies* de madame de la Suze.)

8 . . . . . . *On s'oublie, on se plaît, etc.*

Il faut bien plus que de l'esprit pour composer des vers
semblables. Il faut encore beaucoup de ce talent de tout
dire avec esprit et décence, beaucoup de ce ton de bonne

compagnie que La Fontaine peint si bien. Ou encore, comme dit Boileau, pour écrire comme cela

　　C'est peu d'*être poète !*........

Comparez ce langage avec celui que Fontenelle prête à ses bergers : vous y verrez la même différence qui existe entre le bel esprit et le sentiment, entre l'art et la nature.

　9　　*Il est un berger du village, etc.*

Tout ce morceau est délicieux : l'antiquité même n'a rien de plus délicat. *Dont l'abord, etc.* Virgile fait dire à l'un de ses bergers :

　　Ut vidi, ut perii, ut me malus occidit ignis !

Virgile, et Théocrite qui lui a fourni les pinceaux, n'ont pas observé, comme La Fontaine, l'art des gradations.

　　On soupire à son souvenir :
　On ne sait pas pourquoi, cependant on soupire :
　On a peur de le voir encor qu'on le désire.

Tout cela a été dit mille fois ; on le dira tant qu'il y aura des hommes : mais saura-t-on jamais le dire de même ? Regrettons qu'il n'y ait pas encore dans la langue françoise une expression particulière pour indiquer la grâce de La Fontaine, comme il y en a pour indiquer celle du Corrége ou d'Anacréon.

　10　　*Il est force gens comme lui, etc.*

Cette moralité est une espèce de fil par lequel La Fontaine attache son récit à l'apologue. C'est, à proprement parler une idylle.

　　Au reste, ce sujet est fondé sur mille aventures semblables. Un ami de Pierre Corneille, encore très jeune, le mena chez une demoiselle de Rouen dont il étoit fort épris. Le nouveau venu s'étant rendu plus agréable que l'introducteur, le piquant de cette aventure révéla à notre Corneille un talent qu'il ne se connoissoit pas ; et sur ce sujet léger, il composa sa comédie de *Mélite*, qui parut en 1625. Cette petite comédie transportée sur le théâtre, annonça avantageusement l'auteur du *Menteur*, le grand homme à qui la France devoit être redevable du *Cid*, de *Cinna*, de *Polyeucte* et des *Horaces*.

　II.　　　　　　　　　　　　　　　　8

FABLE XIV (*).

Les obsèques de la Lionne (**).

La femme du lion mourut :
Aussitôt chacun accourut
Pour s'acquitter envers le prince
De certains complimens de consolation,
Qui sont surcroît d'affliction.
Il fit avertir sa province
Que les obsèques se feroient
Un tel jour, en tel lieu; ses prevôts y seroient
Pour régler la cérémonie,
Et pour placer la compagnie.
Jugez si chacun s'y trouva.
Le prince aux cris s'abandonna,
Et tout son antre en résonna.
Les lions n'ont point d'autre temple.
On entendit, à son exemple,
Rugir en leur patois messieurs les courtisans.

Je définis la cour un pays [1] où les gens
Tristes, gais, prêts à tout, à tout indifférens,
Sont ce qu'il plaît au prince; ou s'ils ne peuvent l'être,
Tâchent au moins de le paroître.
Peuple caméléon [2], peuple singe du maître [3] :

(*) Un curé fait enterrer dans le cimetière son âne mort de vieillesse, après vingt ans de service. L'évêque l'apprend, il envoie chercher le prêtre, et le menace de la prison; celui-ci pour l'apaiser : Mon âne, lui dit-il, étoit un excellent animal, bon travailleur et bon économe; tous les ans il mettoit à part une bonne somme qu'il vous prie, par son testament, de vouloir bien accepter. L'évêque ne parla plus de châtiment.

(**) Imbert, fabliaux.

On diroit qu'un esprit anime mille corps :
C'est bien là que les gens sont de simples ressorts [4].

  Pour revenir à notre affaire,
Le cerf ne pleura point ; comment l'eût-il pu faire ?
Cette mort le vengeoit : la reine avoit jadis
  Étranglé sa femme et son fils.
Bref il ne pleura point. Un flatteur l'alla dire,
  Et soutint qu'il l'avoit vu rire.
La colère du roi, comme dit Salomon [5],
Est terrible, et surtout celle du roi lion :
Mais ce cerf n'avoit pas accoutumé de lire.
Le monarque lui dit : Chétif hôte des bois,
Tu ris, tu ne suis pas ces gémissantes voix !
Nous n'appliquerons point sur tes membres profanes
  Nos sacrés ongles : venez, loups,
  Vengez la reine ; immolez tous
  Ce traître à ses augustes mânes.
Le cerf reprit alors : Sire, le temps des pleurs
Est passé, la douleur est ici superflue.
Votre digne moitié, couchée entre des fleurs,
  Tout près d'ici m'est apparue ;
  Et je l'ai d'abord reconnue.
Ami, m'a-t-elle dit, garde que [6] ce convoi,
Quand je vais chez les dieux ne t'oblige à des larmes :
Aux champs Élysiens [7] j'ai goûté mille charmes,
Conversant avec ceux qui sont saints comme moi.
Laisse agir quelque temps le désespoir du roi :
J'y prends plaisir [8]. A peine on eut ouï la chose [9],
Qu'on se mit à crier miracle ! apothéose [10] !
Le cerf eut un présent, bien loin d'être puni.

  Amusez les rois par des songes,
Flattez-les ; payez-les d'agréables mensonges,
Quelque indignation dont leur cœur soit rempli,
Ils goberont l'appât, vous serez leur ami.
        8.

OBSERVATIONS DIVERSES.

Lucien raconte dans son Traité *contre la calomnie*, qu'après la mort d'Éphestion, Alexandre, dont il avoit été le favori, le mit au nombre des dieux. A l'exemple du souverain, les villes lui érigèrent des temples et des autels ; on lui offrit partout des sacrifices. C'eût été un crime irrémissible de rire du nouveau dieu. Les flatteurs, ajoute l'historien, feignoient des songes où l'on supposoit avoir vu Éphestion dans le costume glorieux de sa nouvelle condition. Quelques uns étant accusés de n'avoir pas pour lui la plus profonde vénération, encoururent la disgrâce du roi. De ce nombre fut Agathocle de Samos, capitaine célèbre, accusé d'avoir pleuré en passant devant le tombeau d'Éphestion. Il alloit être enfermé, par les ordres du roi, avec un lion furieux, si Perdiccas ne l'eût sauvé, en assurant avec serment, qu'étant à la chasse, le nouveau dieu lui avoit apparu, et lui avoit ordonné de recommander à Alexandre de pardonner à Agathocle, parce que, s'il avoit pleuré devant sa tombe, ce n'étoit pas qu'il regardât Éphestion comme mort, mais parce qu'il s'étoit souvenu de leur ancienne amitié.

¹ *Je définis la cour un pays*, etc. Nous avons dans nos écrivains françois cent définitions de la cour; mais en est-il dans aucune langue d'aussi exacte, d'aussi énergique? *Un pays*, expression juste, quoique hardie ; *pays* indique des mœurs, des habitudes, un idiome particulier.

Tristes, gais, prêts à tout ; à tout indifférens,

antithèse dans les mots, parce qu'il y a tous ces extrêmes dans ces caractères.

Sont ce qu'il plaît au prince......

² *Peuple caméléon*, etc. Expression de génie. On la retrouve dans Plutarque. « Le flatteur, pareil, dit-il, au caméléon, qui peut revêtir toutes les couleurs, excepté la blanche. » (*Traité de la manière de discerner un flatteur.*) Louise Labbe : « Ne plus, ne moins que *le caméléon*, je

prens la semblance de ceux auprès desquelz je suis. « On voit par là quelle est la propriété de cet animal, « espèce de lezart, dit Rabelais, tant admirable, que Democritus ha faict ung livre entier de sa figure. Si est-ce que je l'ai veu couleur changer, non à l'approche seulement des choses colorées, mais de soi-même, selon la paour (peur) et affection qu'il avoit. » (*Pantagr.*, l. IV.)

³ . . . . . *Peuple singe du maître*, *etc.*

Nouveau trait non moins heureux. Le singe plaît par sa faculté imitative ; mais il est vil : *O imitatores servum pecus !* ainsi du courtisan.

⁴ *C'est bien là que les gens sont de simples ressorts.*

Comme Descartes le soutenoit des animaux. Cette allusion est donc une épigramme sanglante. Convenons que Tacite n'a pas buriné avec plus de force les adulateurs de Tibère et de Claude. Et c'est là l'écrivain qui, dans la fable précédente, s'élevoit à la hauteur de Tibulle ou de Deshoulières !

⁵ *La colère du roi, comme dit Salomon,*
  Est terrible, etc.

C'est bien là le cas de dire qu'*on ne s'attendoit guère à voir* Salomon *en cette affaire.* Il faut éviter ce mélange de sacré et de profane : mais la naïveté du vers répare tout. La semonce du lion est d'un grotesque très plaisant.

⁶ *Garde que ce convoi*, est inexact et embarrassé.

⁷ *Aux champs Élysiens* ou *Élysées, etc.* Lieu de délices, le paradis des anciens, où se réunissoient les âmes de ceux qui avoient bien vécu. Voyez-en la belle description qu'en ont faite Virgile et Fénelon au sixième livre de l'*Énéide*, et au huitième du *Télémaque*.

⁸ *J'y prends plaisir.* Si les pleurs de son époux lui font *plaisir*, pourquoi les condamne-t-elle dans ses amis ?

⁹ . . . . . . *A peine on eut ouï la chose, etc.*

Ouïr, vieux mot que les anciens ne confondoient pas avec *entendre.* « *Ouïr* en général s'appliquoit à un son qui ne fait

que passer ; *entendre* se dit d'un discours qui a de l'étendue et de la suite. » (Vaugelas.)

10 . . . . . . *Apothéose.*

Déification. Romulus avoit disparu du milieu du sénat et
de Rome. L'opinion s'étant répandue que sa mort n'avoit
été rien moins que naturelle, on parloit de sédition et de
vengeance, lorsque Proculus s'avance pour dire au peuple
assemblé que le prince lui étoit apparu dans l'état glorieux
d'un immortel admis aux honneurs de l'apothéose. On le
crut, ou du moins on feignit de le croire, et Romulus eut
des autels.

FABLE XV.

Le Rat et l'Éléphant (*).

Se croire un personnage ¹, est fort commun en France :
  On y fait l'homme d'importance,
  Et l'on n'est souvent qu'un bourgeois :
  C'est proprement le mal françois ² :
La sotte vanité nous est particulière.
Les Espagnols sont vains ³, mais d'une autre manière;
  Leur orgueil me semble, en un mot,
  Beaucoup plus fou, mais pas si sot.
  Donnons quelque image du nôtre ⁴,
  Qui sans doute en vaut bien un autre.

Un rat des plus petits voyoit un éléphant
Des plus gros, et railloit le marcher un peu lent
  De la bête de haut parage ⁵,
  Qui marchoit à gros équipage.
  Sur l'animal à triple étage,
  Une sultane ⁶ de renom,

(*) Phèdre, liv. I, fab. 29.

Son chien, son chat et sa guenon,
Son perroquet, sa vieille et toute sa maison,
   S'en alloit en pélerinage.
   Le rat s'étonnoit que les gens
Fussent touchés de voir cette pesante masse :
Comme si d'occuper ou plus ou moins de place [7],
Nous rendoit, disoit-il, plus ou moins importans.
Mais qu'admirez-vous tant en lui, vous autres hommes?
Seroit-ce ce grand corps qui fait peur aux enfans ?
Nous ne nous prisons pas[8], tout petits que nous sommes,
   D'un grain moins que les éléphans.
   Il en auroit dit davantage,
   Mais le chat, sortant de sa cage,
   Lui fit voir en moins d'un instant,
   Qu'un rat n'est pas un éléphant.

———

OBSERVATIONS DIVERSES.

[1] *Se croire un personnage. . . . . .*
. . . . . . L'homme d'importance, etc.

« On leur bailloit (donnoit) de l'hypocras (liqueur composée d'essences aromatiques) et servoit ou aux seigneurs, dames et damoiselles, selon qu'ils estoient grans personnages. » (Sainte-Palaye.) C'est le mot espagnol, *hacer de persona*.

C'est proprement le mal françois, etc.

Observons qu'il n'est plus permis de faire rimer *françois* avec *bourgeois*, parce qu'en effet ce sont des dissonances.

[3] *. . . . . Vains, mais d'une autre manière, , etc.*

L'abbé Girard établit dans ses *Synonymes* cette différence entre les mots *vanité, orgueil.* « *L'orgueil* fait que nous nous estimons, *la vanité* fait que nous voulons être estimés. *L'orgueilleux* se considère dans ses propres idées ; plein et bouffi de lui-même, il est uniquement occupé de sa personne ; *le vain* se regarde dans les idées d'autrui ; avide

d'estime, il désire occuper la pensée de tout le monde. »
Lequel vaut mieux? La Fontaine ne le prononcera pas ;
mais on sent, par la force de ce vers, que l'orgueil espagnol est

> Beaucoup plus fou, mais pas si sot.

4   Donnons quelque image du nôtre, etc.

Plus de masque ; l'apologue n'est donc que l'*image* de la
société.

5   De la bête de haut parage, etc.

Expression familière, et très ancienne dans la langue. « Un
homme de hault parage » (*Poésies manuscrites d'Eustache
Deschamps*), de grande *apparence*.

6 *Une sultane*, femme d'un prince d'Orient. Le noble
emploi pour l'éléphant d'avoir à porter ce qu'il y a de plus
grand dans l'empire, et non pas pour un voyage ordinaire,
ou de quelques jours, mais pour un *pèlerinage*, acte religieux et solennel ! *Son chien, son chat*, etc. Trait de satire
décoché en passant contre certains ridicules trop communs
ailleurs que chez les *Sultanes*. *Toute sa maison*. Quelle force,
quelle étendue ne suppose pas une telle charge ! Toutes
ces circonstances relèvent l'impertinence du rat et de ses
propos.

7 *Comme si d'occuper......
Nous rendoit, etc.*

Peut-être cette tournure n'est-elle pas exacte, quoique em-
ployée dans le style familier : mais tout cela est si agréablement conté !

8 *Nous ne nous prisons pas*, etc. Racine fait dire à Phèdre,
en parlant d'Hippolyte :

> J'aime, *je prise* en lui de plus nobles richesses.

Cette fable, quel que soit son peu d'étendue, peut se
mettre à côté de tous les discours du dernier siècle sur
l'inégalité des conditions qu'il seroit stupide et ridicule de
nier.

FABLE XVI.

L'Horoscope (*).

On rencontre sa destinée
Souvent par des chemins qu'on prend pour l'éviter.

Un père eut pour toute lignée
Un fils qu'il aima trop, jusques à consulter
  Sur le sort de sa géniture
  Les diseurs de bonne aventure.
Un de ces gens lui dit que des lions surtout
Il éloignât l'enfant jusques à certain âge,
  Jusqu'à vingt ans, point davantage.
  Le père, pour venir à bout
D'une précaution sur qui rouloit la vie
De celui qu'il aimoit, défendit que jamais
On lui laissât passer le seuil de son palais.
Il pouvoit, sans sortir, contenter son envie,
Avec ses compagnons tout le jour badiner,
  Sauter, courir, se promener.
  Quand il fut en l'âge où la chasse
  Plaît le plus aux jeunes esprits,
  Cet exercice avec mépris
  Lui fut dépeint : mais quoi qu'on fasse,
  Propos, conseil, enseignement,
  Rien ne change un tempérament.
Le jeune homme inquiet, ardent, plein de courage,
A peine se sentit des bouillons d'un tel âge,
  Qu'il soupira pour ce plaisir.
Plus l'obstacle étoit grand, plus fort fut le désir.
Il savoit le sujet des fatales défenses ;

(*) Hérodote, liv. I, ch. 37.—Ésope, fab. 32.

Et comme ce logis, plein de magnificences,
  Abondoit partout en tableaux,
  Et que la laine et les pinceaux
Traçoient de tous côtés chasses et paysages;
    En cet endroit des animaux,
    En cet autre des personnages;
Le jeune homme s'émeut voyant peint un lion :
Ah! monstre! cria-t-il, c'est toi qui me fais vivre
Dans l'ombre et dans les fers. A ces mots il se livre
Aux transports violens de l'indignation,
  Porte le poing sur l'innocente bête.
Sous la tapisserie un clou se rencontra :
    Ce clou le blesse, il pénétra
Jusqu'aux ressorts de l'âme; et cette chère tête,
Pour qui l'art d'Esculape en vain fit ce qu'il put,
Dut sa perte à ces soins qu'on prit pour son salut.

Même précaution nuisit au poète Eschyle [1].
  Quelque devin le menaça, dit-on,
    De la chute d'une maison.
    Aussitôt il quitta la ville,
Mit son lit en plein champ, loin des toits, sous les cieux.
Un aigle qui portoit en l'air une tortue
Passa par là, vit l'homme, et sur sa tête nue,
Qui parut un morceau de rocher à ses yeux,
    Étant de cheveux dépourvue,
Laissa tomber sa proie afin de la casser :
Le pauvre Eschyle ainsi sut ses jours avancer.

    De ces exemples il résulte
Que cet art, s'il est vrai, fait tomber dans les maux
    Que craint celui qui le consulte;
Mais je l'en justifie, et maintiens qu'il est faux.
    Je ne crois point que la nature
Se soit lié les mains, et nous les lie encor,

Jusqu'au point de marquer dans les cieux notre sort.
    Il dépend d'une conjoncture
    De lieux, de personnes, de temps;
Non des conjonctions de tous ces charlatans.
Ce berger et ce roi sont sous même planette;
L'un d'eux porte le sceptre, et l'autre la houlette :
    Jupiter le vouloit ainsi [2].
Qu'est-ce que Jupiter? Un corps sans connoissance.
    D'où vient donc que son influence
Agit différemment sur ces deux hommes-ci?
Puis comment pénétrer jusques à notre monde?
Comment percer des airs la campagne profonde?
Percer Mars, le Soleil, et des vides sans fin?
Un atôme la peut détourner en chemin :
Où l'iront retrouver les faiseurs d'Horoscope?
    L'état où nous voyons l'Europe
Mérite que du moins quelqu'un d'eux l'ait prévu :
Que ne l'a-t-il donc dit? Mais nul d'eux ne l'a su.
L'immense éloignement, le point, et sa vitesse,
    Celle aussi de nos passions,
    Permettent-ils à leur foiblesse
De suivre pas à pas toutes nos actions?
Notre sort en dépend : sa course entresuivie
Ne va, non plus que nous, jamais d'un même pas;
    Et ces gens veulent au compas,
    Tracer le cours de notre vie.

    Il ne se faut point arrêter
Aux deux faits ambigus que je viens de compter.
Ce fils par trop chéri et le bon homme Eschyle
N'y font rien : tout aveugle et menteur qu'est cet art,
Il peut frapper au but une fois entre mille;
    Ce sont des effets du hasard.

OBSERVATIONS DIVERSES.

L'auteur du *Lai* ou *Romance de Narcisse* commence cette
jolie composition par ces mots : A Thèbes jadis vivoit un
devin célèbre dont jamais les oracles n'avoient trompé.
Une mère tendre voulut le consulter sur la destinée de son
fils unique. De longs jours lui seront accordés, répondit le
devin ; mais il en abrégera beaucoup la durée, si jamais il
se regarde. Elle sortit en se moquant de sa prédiction, et
pendant quelque temps on eut lieu de la mépriser : mais,
hélas ! l'événement ne prouva que trop combien elle étoit
sûre, etc. Un semblable début promet l'intérêt le plus at-
tachant, et l'espérance du lecteur est pleinement justifiée.

On retrouve de semblables anecdotes dans les recueils
de l'histoire, comme dans ceux de la fable. C'est Hérodote
qui a fourni à notre poète le fonds de son apologue ; et ce
père de l'histoire étoit bien loin de n'y voir qu'un conte
populaire. Le héros de son anecdote est le fils chéri du
célèbre Crésus ; Atys, dont la mort sanglante justifia les
pressentimens de son père. L'histoire de Cambyse n'est
pas moins curieuse. Mortellement blessé en Syrie, il se
croit à l'abri de tout danger, rassuré par une prédiction
qui fixoit le lieu de sa mort à Ecbatane. Ce prince igno-
roit que le lieu où il étoit s'appeloit de ce nom, et qu'ainsi
les menaces de l'oracle se trouvoient accomplies. (Hérodote, l. III, c. 64.) Les devins de l'empereur Julien lui
avoient annoncé de même qu'il mourroit en Phrygie.
S'étant engagé dans cette guerre des Perses qui devoit
porter ses projets si loin, il est atteint d'une flèche dé-
cochée au hasard ; il s'informa du lieu où il étoit ; c'étoit
un bourg nommé *Phrygium*. Le prince se dispose à mourir. Appliquons à ces faits divers, s'ils sont vrais, les consé-
quences que le poète développe ici avec autant d'éloquence
que de philosophie.

¹ *Même précaution nuisit au poète Eschyle.*

Remarquez le mot *poète* de deux syllabes, comme on l'é-
crivoit autrefois. Nous en parlerons dans les notes sur la

fable du *Statuaire* (liv. IX , fable 6). — C'est Pline qui
a accrédité l'aventure dont Eschyle , ce père de la tragé-
die grecque , perdit la vie ; il ne la donne que comme une
opinion populaire : *ut ferunt.* D'autres écrivains l'ont rapportée d'après lui ; et le troupeau des faiseurs de diction-
naires l'a copiée sans beaucoup de discussion.

    2   *Jupiter le vouloit ainsi.*

Jupiter est ici une des sept planètes qui jouent un rôle dans
les rêves de l'astrologie judiciaire, ainsi que *Mars* et le
Soleil, dont il est parlé plus bas. Un des hommes qui aient le
plus achalandé les horoscopes , c'est le médecin Cardan.
On a vanté le bonheur dont avoient joui quelques unes de
ses prédictions. Pourquoi donc a-t-il échoué dans tous les
pronostics qui le concernoient personnellement, et cela
de l'aveu de ses plus entêtés admirateurs ?

FABLE XVII.

L'Ane et le Chien (*).

Il se faut entr'aider, c'est la loi de nature 1 :
    L'âne un jour pourtant s'en moqua,
    Et ne sais comme il y manqua ;
    Car il est bonne créature.
Il alloit par pays accompagné du chien,
    Gravement sans songer à rien,
    Tous deux suivis d'un commun maître.
Ce maître s'endormit : l'âne se mit à paître :
    Il étoit alors dans un pré,
    Dont l'herbe étoit fort à son gré.
Point de chardon pourtant, il s'en passa pour l'heure :
Il ne faut pas toujours être si délicat ;
    Et faute de servir ce plat ,

(*) Abstemius, fab. 109.

Rarement un festin demeure.
Notre baudet s'en sut enfin
Passer pour cette fois. Le chien mourant de faim
Lui dit : Cher compagnon, baisse-toi, je te prie,
Je prendrai mon dîner dans le panier au pain.
Point de réponse, mot : le roussin d'Arcadie [2]
        Craignit qu'en perdant un moment
        Il ne perdît un coup de dent.
        Il fit long-temps la sourde oreille :
Enfin il répondit : Ami, je te conseille
D'attendre que ton maître ait fini son sommeil ;
Car il te donnera sans faute à son réveil
        Ta portion accoutumée :
        Il ne sauroit tarder beaucoup.
        Sur ces entrefaites un loup
Sort du bois et s'en vient : autre bête affamée.
L'âne appelle aussitôt le chien à son secours.
Le chien ne bouge, et dit : Ami, je te conseille
De fuir en attendant que ton maître s'éveille ;
Il ne sauroit tarder : détale vite, et cours.
Que si ce loup t'atteint, casse lui la mâchoire.
On t'a ferré de neuf ; et si tu me veux croire,
Tu l'étendras tout plat. Pendant ce beau discours
Seigneur loup étrangla le baudet sans remède.

        Je conclus qu'il faut qu'on s'entr'aide [3].

OBSERVATIONS DIVERSES.

[1] . . . . . . *C'est la loi de nature, etc.*

Malherbe retranche de même l'article : *Aux règles de nature, etc.* C'est qu'alors il personnifie la nature. Il y en a
même des exemples en prose. Cyrano de Bergerac :
« L'exemple de *nature* me persuade si bien le plaisir, etc. »

² . . . . . . *Le roussin d'Arcadie, etc.*

(Voy. note 7 de la fable 19, liv. VI.) Marot a dit :

> Ou un grand âne d'*Arcadie.*

³   *Je conclus qu'il faut qu'on s'entr'aide.*

La Fontaine avoit dit dans une autre de ses fables :

> *En ce monde il se faut l'un l'autre secourir.*

C'est la fable 16 du liv. VI. Même sujet que celui-ci. Ces ressemblances ne sont point des répétitions. On aime à comparer le grand artiste à lui-même, à le suivre dans ses progrès.

FABLE XVIII.

Le Bassa et le Marchand (*).

Un marchand grec en certaine contrée
Faisoit trafic. Un bassa ¹ l'appuyoit,
De quoi le Grec en bassa le payoit,
Non en marchand, tant c'est chère denrée
Qu'un protecteur ². Celui-ci coûtoit tant
Que notre Grec s'alloit partout plaignant.
Trois autres Turcs d'un rang moindre en puissance,
Lui vont offrir leur support en commun.
Eux trois vouloient moins de reconnoissance
Qu'à ce marchand il n'en coûtoit pour un. .
Le Grec écoute : avec eux il s'engage ;
Et le bassa du tout est averti,
Même on lui dit qu'il joûra, s'il est sage,
A ces gens-là quelque méchant parti,
Les prévenant, les chargeant d'un message
Pour Mahomet ³, droit en son paradis,
Et sans tarder : sinon ces gens unis

(*) Desbillons, liv. VI, fab. 14.

Le préviendront, bien certains qu'à la ronde
Il a des gens tout prêts pour le venger ;
Quelque poison l'enverra protéger
Les trafiquans qui sont en l'autre monde.
Sur cet avis, le Turc se comporta
Comme Alexandre [4], et plein de confiance,
Chez le marchand tout droit il s'en alla ;
Se mit à table. On vit tant d'assurance
En ses discours et dans tout son maintien,
Qu'on ne crut point qu'il se doutât de rien.
Ami, dit-il, je sais que tu me quittes :
Même l'on veut que j'en craigne les suites ;
Mais je te crois un trop homme de bien :
Tu n'as point l'air d'un donneur de breuvage [5],
Je n'en dis pas là-dessus davantage.
Quant à ces gens qui pensent t'appuyer,
Écoute-moi. Sans tant de dialogue,
Et de raisons qui pourroient t'ennuyer,
Je ne te veux conter qu'un apologue :

Il étoit un berger, son chien et son troupeau :
Quelqu'un lui demanda ce qu'il prétendoit faire
     D'un dogue de qui l'ordinaire
Étoit un pain entier. Il falloit bien et beau
Donner cet animal au seigneur du village.
     Lui berger, pour plus de ménage,
     Auroit deux ou trois mâtinaux [6],
Qui, lui dépensant moins, veilleroient aux troupeaux,
     Bien mieux que cette bête seule.
Il mangeoit plus que trois ; mais on ne disoit pas
     Qu'il avoit aussi triple gueule,
     Quand les loups livroient des combats.
Le berger s'en défait : il prend trois chiens de taille
A lui dépenser moins, mais à fuir la bataille.
Le troupeau s'en sentit : et tu te sentiras

Du choix de semblable canaille.
Si tu fais bien , tu reviendras à moi.
Le Grec le crut. — Ceci montre aux provinces
Que tout compté , mieux vaut en bonne foi
S'abandonner à quelque puissant roi
Que s'appuyer de plusieurs petits princes.

OBSERVATIONS DIVERSES.

[1] *Bassa*, gouverneur de province chez les Turcs.

[2] . . . . . . *Tant c'est chère denrée*
Qu'un protecteur. . . . . .

Nous avons déjà reconnu à plus d'un trait que La Fontaine
excelle à manier l'épigramme. La nature lui avoit donné
ce nouveau trait de conformité avec son ami Racine. C'est
dans tous les deux le fiel de la colombe. Cette épigramme
plaît par sa franchise et sa précision.

[3] . . . . . . *Les chargeant d'un message*
Pour Mahomet, etc.

Les envoyant trouver Mahomet dans l'autre monde. Mahomet , le premier législateur de l'Orient, célèbre par son
audace, par ses conquêtes et l'esprit de fanatisme qu'il sut
transmettre à ses successeurs. Il a imaginé , pour les Mu-
sulmans fidèles , un paradis qui n'est pas peuplé comme le
nôtre d'intelligences spirituelles.

[4] *Comme Alexandre, etc.* Au moment où ce prince se dis-
posoit à boire une médecine que lui présentoit son médecin Philippe, il reçoit une lettre par laquelle on lui donnoit avis que le breuvage étoit empoisonné. Alexandre ,
après avoir lu , remet d'une main la lettre à Philippe , et
de l'autre porte à ses lèvres la coupe, dont il boit la liqueur. Tous les écrivains ont comblé d'éloges cet héroïsme
supérieur à la défiance comme à la crainte de la mort.

[5] . . . . . . *D'un donneur de breuvage, etc.*

Empoisonneur.

I I.   9

⁶ . . . . . . *Mâtinaux*, etc.

Diminutif de *mâtin*, gros chien de basse-cour.

Champfort voudroît *qu'on sautât tout ce prologue, et que la fable commençât* à ces mots : *il étoit un berger, etc.* Pourquoi? *On sent*, dit-il, *combien est défectueuse la manière d'amener une fable à la suite d'une historiette.* Mais tous les lecteurs ne le sentent pas, et nous sommes de ce nombre. La raison qu'en donne l'académicien est futile ; elle est contre l'expérience. On proposoit à l'Académie françoise un grand seigneur, dont les titres étoient dans sa richesse. Patru, pour tout argument, raconte cet apologue : « Timothée avoit cassé une des cordes de sa lyre ; on en mit une d'argent, et sa lyre cessa de résonner. » L'historiette qui amène l'apologue lui est-elle étrangère ?

FABLE XIX.

L'Avantage de la Science (*).

Entre deux bourgeois d'une ville
S'émut jadis un différent.
L'un étoit pauvre, mais habile ;
L'autre riche, mais ignorant.
Celui-ci sur son concurrent
Vouloit emporter l'avantage ;
Prétendoit que tout homme sage
Étoit tenu de l'honorer.
C'étoit tout homme sot ¹, car pourquoi révérer
Des biens dépourvus de mérite?
La raison m'en semble petite.
Mon ami, disoit-il souvent
        Au savant,
Vous vous croyez considérable :

(*) Phèdre, liv. IV, fab. 22.

Mais, dites-moi, tenez-vous table?
Que sert à vos pareils de lire incessamment [2]?
Ils sont toujours logés à la troisième chambre [3],
Vêtus au mois de juin comme au mois de décembre,
Ayant pour tout laquais leur ombre seulement.
    La république a bien affaire
    De gens qui ne dépensent rien :
    Je ne sais d'homme nécessaire,
Que celui dont le luxe épand beaucoup de bien [4].
Nous en usons, Dieu sait! notre plaisir occupe
L'artisan, le vendeur, celui qui fait la jupe,
Et celle qui la porte; et vous qui dédiez
    A messieurs les gens de finance,
    De méchans livres bien payés.
    Ces mots, remplis d'impertinence,
    Eurent le sort qu'ils méritoient.
L'homme lettré se tut, il avoit trop à dire [5].
La guerre le vengea bien mieux qu'une satire.
Mars détruisit le lieu que nos gens habitoient.
    L'un et l'autre quitta sa ville [6].
    L'ignorant resta sans asyle;
    Il reçut partout des mépris :
L'autre reçut partout quelque faveur nouvelle.
    Cela décida leur querelle.

Laissez dire les sots; le savoir a son prix.

OBSERVATIONS DIVERSES.

[1] *C'étoit tout homme sot, etc.* Ces maximes ou reparties, par lesquelles l'écrivain semble intervenir en tiers dans son sujet, réveillent la curiosité, donnent au récit une forme dramatique. Dans la fable *le Cochon, la Chèvre et le Mouton*, on dit, en parlant du mouton : *Il est sage. Il est un sot*, repartit le cochon.

9.

² *Que sert à vos pareils de lire incessamment?*

Persiflage offensant. *Incessamment,* pour *sans cesse.* Boileau :

> La vieillesse chagrine incessamment amasse.

3 . . . . . . *A la troisième chambre, etc.*

C'est d'un troisième étage, et souvent d'encore plus haut, que sont sortis les ouvrages qui ont le plus honoré l'espèce humaine.

4 *Que celui dont le luxe épand, etc.* Cette expression, belle, harmonieuse, n'est plus guère connue que des savans. Eustache Deschamps, dans ses poésies manuscrites :

> Chevaliers en ce monde-ci
> Doivent le peuple défendre,
> Et leur sang pour la foy *espandre.*

Clém. Marot :

> C'est un amas de choses *espandues.*

« Il est honteux pour l'esprit humain, dit M. de Voltaire, que la même expression soit bonne en un temps, et mauvaise en un autre. »

5 . . . . . . *Il avoit trop à dire.*

Suppléons au silence du savant par une anecdote espagnole. « Un des courtisans du sage Alphonse V, roi d'Aragon, s'avisa de soutenir en sa présence qu'il avoit lu dans l'histoire qu'un certain roi d'Espagne disoit que la science ne convenoit nullement aux gens de qualité, et qu'il est indigne de leur rang de s'y appliquer. Vous vous trompez, dit Alphonse en l'interrompant : ce n'est pas un roi qui l'a dit, mais un bœuf ou un âne. »

6   *L'un et l'autre quitta la ville.*

« Quelle différence mettez-vous entre un savant et un ignorant, demandoit-on au philosophe Aristippe ? Envoyezles tous deux dans un pays étranger, et vous le verrez, répondit-il. »

FABLE XX.

Jupiter et les Tonnerres (*).

Jupiter voyant nos fautes,
Dit un jour du haut des airs :
Remplissons de nouveaux hôtes
Les cantons de l'univers,
Habités par cette race
Qui m'importune et me lasse.
Va-t-en, Mercure, aux enfers;
Amène-moi la furie
La plus cruelle des trois [1].
Race que j'ai trop chérie,
Tu périras cette fois.
Jupiter ne tarda guère
A modérer son transport.

O vous, rois [2], qu'il voulut faire
Arbitres de notre sort,
Laissez entre la colère
Et l'orage qui la suit
L'intervalle d'une nuit [3].

Le dieu dont l'aile est légère [4],
Et la langue a des douceurs,
Alla voir les noires sœurs.
A Tisiphone et Mégère
Il préféra, ce dit-on,
L'impitoyable Alecton.
Ce choix la rendit si fière
Qu'elle jura par Pluton

(*) Ésope, fab. 187.

Que toute l'engeance humaine
Seroit bientôt du domaine
Des déités de là-bas.
Jupiter n'approuva pas
Le serment de l'Euménide [5].
Il la renvoie, et pourtant
Il lance un foudre à l'instant
Sur certain peuple perfide.
Le tonnerre ayant pour guide
Le père même de ceux
Qu'il menaçoit de ces feux,
Se contenta de leur crainte ;
Il n'embrasa que l'enceinte
D'un désert inhabité.
Tout père frappe à côté [6].
Qu'arriva-t-il ? Notre engeance
Prit pied sur cette indulgence.
Tout l'Olympe s'en plaignit,
Et l'assembleur de nuages [7]
Jura le Styx, et promit
De former d'autres orages :
Ils seroient sûrs. On sourit :
On lui dit qu'il étoit père,
Et qu'il laissât, pour le mieux,
A quelqu'un des autres dieux
D'autres tonnerres à faire.
Vulcain entreprit l'affaire.
Ce dieu remplit ses fourneaux
De deux sortes de carreaux [8] ;
L'un jamais ne se fourvoie [9] ;
Et c'est celui que toujours
L'Olympe en corps nous envoie.
L'autre s'écarte en son cours :
Ce n'est qu'aux monts qu'il en coûte [10],
Bien souvent même il se perd ;

Et ce dernier en sa route
Nous vient du seul Jupiter.

OBSERVATIONS DIVERSES.

¹ *Amène-moi la furie*
La plus cruelle des trois.

Furies ou Euménides, filles de l'Enfer, ou selon quelques écrivains, de l'Achéron et de la Nuit. Elles se nommoient Alecton, Mégère et Tisiphone. L'histoire ne nous apprend point laquelle des trois étoit la première, par droit d'aînesse ou par privilége de cruauté.

² *O vous, rois, etc.* « Il y a des métaphores pour tous les états; il y a de même des interrogations, des suspensions. La raison est que ces tours sont les expressions mêmes de la nature. » (Batteux, *Princ. de littér.*, t. IV, p. 278.)

³ *L'intervalle d'une nuit.*

L'empereur Claude, se défiant de sa facilité à prononcer pendant l'ivresse des arrêts de mort, ordonna qu'il fût sursis à toute exécution pendant les vingt-quatre heures qui suivroient l'ordre émané de lui pendant qu'il étoit à table.

⁴ *Le dieu dont l'aile est légère,*
Et la langue a des douceurs, etc.

Mercure, messager des dieux, a des ailes aux talons et sur la tête. Il est de plus le dieu de l'éloquence.

⁵ *Jupiter n'approuva pas*
Le serment de l'Euménide.

Le vieux Ronsard avoit dit :

> Jupiter ne demande
> Que des bœufs pour offrande;
> Mais son frère Pluton
> Nous demande, nous hommes,
> Qui la victime sommes
> De son eufer glouton.

⁶   *Tout père frappe à côté.*

On a répété après La Fontaine :

> Jupiter ne se fit prier
> Qu'en père qui châtie à regret ce qu'il aime.
>   (M. Aubert, liv. VI, fab. 5.)

Ce n'est pas là le sentiment profond et délicat exprimé par la délicieuse expression *frappe à côté.*

⁷   *Et l'assembleur de nuages , etc.*

Une des épithètes qu'Homère donne à Jupiter, νέφελῆγερετα Ζευσ.

⁸   *De deux sortes de carreaux , etc.*

Boileau :

> Du tonnerre dans l'air bravant les vains carreaux.
>   (Sat. X, v. 659.)

On disoit autrefois *carrels.* C'étoient des machines de guerre , dont on a fait la matière de la foudre poétique. « *Carrels* volent de toutes parts. »

⁹   . . . . *Ne se fourvoie, etc.*

Se fourvoyer, aller *fors*, ou hors la voie, s'égarer. Charles, duc d'Orléans, dans ses ballades :

> De mon baston , afin que ne *forvoye*,
> Je vois (vais) tastant mon chemin çà et là.

¹⁰   *Ce n'est qu'aux monts qu'il en coûte, etc.*

Furetière et Brébeuf ont imité ces vers : le premier en les parodiant dans sa fable 15 ; le second en a rendu la pensée avec sa pompe ordinaire

> A qui , Dieu tout-puissant qui gouvernez la terre ,
> A qui réservez-vous les éclats du tonnerre ?
> Pourquoi frapper plutôt, en sortant de vos mains,
> L'audace des rochers que celle des humains ?

FABLE XXI.

Le Faucon et le Chapon (*).

Une traîtresse voix bien souvent vous appelle;
 Ne vous pressez donc nullement :
Ce n'étoit pas un sot, non, non, et croyez m'en [1],
 Que le chien de Jean de Nivelle [2].

Un citoyen du Mans, chapon de son métier,
  Étoit sommé de comparoître [3]
  Pardevant les lares du maître,
Au pied du tribunal que nous nommons foyer.
Tous les gens lui crioient, pour déguiser la chose,
Petit, petit, petit : mais loin de s'y fier,
Le Normand et demi [4] laissoit les gens crier :
Serviteur, disoit-il, votre appât est grossier :
  On ne m'y tient pas, et pour cause.
Cependant un faucon sur sa perche voyoit
  Notre Manceau qui s'enfuyoit.
Les chapons ont en nous fort peu de confiance,
  Soit instinct, soit expérience.
Celui-ci, qui ne fut qu'avec peine attrapé,
Devoit le lendemain être d'un grand soupé
Fort à l'aise, en un plat, honneur dont la volaille
  Se seroit passée aisément.
L'oiseau chasseur lui dit : Ton peu d'entendement
Me rend tout étonné : vous n'êtes que racaille,
Gens grossiers, sans esprit, à qui on n'apprend rien.
Pour moi, je sais chasser, et revenir au maître.
  Le vois-tu pas à la fenêtre [5] ?
Il t'attend, es-tu sourd ? Je n'entends que trop bien,

(*) Même sujet que la fable XII, *le Cochon*, *la Chèvre et le Mouton*.

Repartit le chapon : mais que me veut-il dire ?
Et ce beau cuisinier armé d'un grand couteau?
    Reviendrois-tu pour cet appeau[6]?
    Laisse-moi fuir, cesse de rire
De l'indocilité qui me fait envoler,
Lorsque d'un ton si doux on s'en vient m'appeler.
    Si tu voyois mettre à la broche
    Tous les jours autant de faucons
    Que j'y vois mettre de chapons,
Tu ne me ferois pas un semblable reproche.

OBSERVATIONS DIVERSES.

1 . . . . . . *Et croyez-m'en*, *etc.*

Pour rimer avec *nullement :* la rime est harmonieuse, mais
n'est pas exacte.

2 . . . . *Le chien de Jean de Nivelle.*

Jean II, duc de Montmorency, voyant que la guerre alloit
se rallumer entre Louis XI et le duc de Bourgogne, fit
sommer à son de trompe ses deux fils, Jean de Nivelle et
Louis de Fossense, de quitter la Flandre, où ils avoient
des biens considérables, et de venir servir le roi. Ni l'un
ni l'autre ne comparurent. Leur père irrité les traita de
chiens, et les déshérita. C'est de là qu'est venu le proverbe
populaire : *Il ressemble au chien de Jean de Nivelle.* La Fontaine paroît avoir cru que c'étoit un chien appartenant à
Jean de Nivelle, qui avoit été l'occasion de ce proverbe.

3   *Étoit sommé de comparoître, etc.*

Une *sommation* de *comparoître* faite à un chapon qu'on appelle pour le *mettre à la broche*, un *foyer* qui devient un
tribunal érigé pardevant les *lares*, ce style nous semble bien
relevé pour un aussi petit objet.

4 *Le Normand et demi, etc.* est d'un enjoûment moins
équivoque. On sait que le Mans, et en général la Nor-

mandie, sont renommés pour l'art d'engraisser les volailles.

5   *Le vois-tu pas à la fenêtre?*

Nous avons parlé assez souvent contre l'omission de la particule *ne* dans ces sortes d'interrogations, pour être dispensés d'en parler ici; mais cette légère inexactitude est loin de faire oublier les vers précédens.

6 . . . . . *Appeau?*

Synonyme d'*appât*, dont le poète s'est servi plus haut : *Votre appât est grossier.* Piége tendu aux animaux. Villon :

> Aussi il fist si bonne mine,
> Qu'il fut eslu sans nul *appeau*
> Pour être vaslet (valet) de cuisine.

M. Dardenne explique ce mot par l'application qu'il en fait.

> Un oiseleur aidé de deux valets
> Portant son attirail de chasse,
> L'un les *appeaux* et l'autre les filets.

FABLE XXII.

Le Chat et le Rat.

Quatre animaux divers, le chat grippe-fromage [1],
Triste - oiseau le hibou, ronge-maille le rat,
    Dame belette au long corsage [2],
    Toutes gens [3] d'esprit scélérat,
Hantoient le tronc pourri d'un pin vieux et sauvage.
Tant y furent qu'un soir à l'entour de ce pin
L'homme tendit ses rets. Le chat de grand matin
    Sort pour aller chercher sa proie.
Les derniers traits [4] de l'ombre empêchent qu'il ne voie
Le filet : il y tombe, en danger de mourir :
Et mon chat de crier, et le rat d'accourir,
L'un plein de désespoir, et l'autre plein de joie.

Il voyoit dans les lacs son mortel ennemi.
  Le pauvre chat dit : cher ami,
  Les marques de ta bienveillance
  Sont communes en mon endroit [5] :
Viens m'aider à sortir du piége où l'ignorance
  M'a fait tomber : c'est à bon droit
Que seul entre les tiens, par amour singulière [6],
Je t'ai toujours choyé [7], t'aimant comme mes yeux.
Je n'en ai pas regret et j'en rends grâce aux dieux.
  J'allois leur faire ma prière,
Comme tout dévot chat en use les matins [8].
Ce rézeau me retient : ma vie est en tes mains :
Viens dissoudre ces nœuds. Et quelle récompense
  En aurai-je? reprit le rat.
  Je jure éternelle alliance
  Avec toi, repart le chat.
Dispose de ma griffe, et sois en assurance :
Envers et contre tous je te protégerai;
  Et la belette mangerai
  Avec l'époux de la chouette [6].
Ils t'en veulent tous deux. Le rat dit : Idiot!
Moi ton libérateur! je ne suis pas si sot :
  Puis il s'en va vers sa retraite.
  La belette étoit près du trou.
Le rat grimpe plus haut, il y voit le hibou.
Dangers de toutes parts [10] : le plus pressant l'emporte.
Ronge-maille retourne au chat, et fait ensorte
Qu'il détache un chaînon, puis un autre, et puis tant
  Qu'il dégage enfin l'hypocrite.
  L'homme paroît en cet instant :
Les nouveaux alliés prennent tous deux la fuite.
A quelque temps de là notre chat vit de loin
Son rat qui se tenoit alerte et sur ses gardes.
Ah! mon frère, dit-il, viens m'embrasser : ton soin
  Me fait injure, tu regardes

Comme ennemi ton allié.
Penses-tu que j'aie oublié
Qu'après Dieu je te dois la vie?
Et moi, reprit le rat, penses-tu que j'oublie
Ton naturel? Aucun traité
Peut-il forcer un chat à la reconnoissance?
S'assure-t-on sur l'alliance
Qu'a faite la nécessité?

OBSERVATIONS DIVERSES.

1 . . . . . . *Grippe-fromage*,
Triste oiseau, etc.

Ces surnoms sont de la composition du poète; et ce ne sont pas les moins heureux qu'il ait faits. Au mérite d'une expression pittoresque ils joignent celui de la clarté, et d'une variété inépuisable comme la nature qui lui offroit ses modèles. *Ronge-maille* se trouve dans les OEuvres du sieur des Accords.

2 *Dame belette au long corsage*, etc.

A l'occasion de ce vers de Malherbe dans l'*Ode au duc de Bellegarde*,

Achille étoit haut de corsage.

Ménage a dit : « Ce mot est vieux, mais il est beau, et je ne sais pourquoi on ne s'en sert plus. « Voiture a dit dans un de ses rondeaux :

Rien n'est si droit que son *corsage ;*

Mais ses rondeaux sont écrits en vieux style. Par quelle magie ce mot, employé plusieurs fois par La Fontaine, y paroît-il toujours nouveau?

3 *Toutes gens*, etc. On voit, à cet exemple, que le mot *gens* est masculin quand il précède l'adjectif, et féminin quand il le suit.

4 *Les derniers traits de l'ombre empêchent qu'il ne voie*
  Le filet, etc.

Cette suspension est pleine de goût ; elle met la chose sous
les yeux : le chat est pris.

5 . . . . . *En mon endroit, etc.*

Pour *à mon égard, envers moi*, se lit fréquemment dans les
anciens, tels que Molière, et Marot avant lui. Rabelais :
« Ainsi faire *en mon endroit, etc.* »

6 . . . . . *Par amour singulière, etc.*

Ce mot se voit plus communément féminin au pluriel qu'au
singulier ; cependant les meilleurs poètes l'ont employé
indifféremment dans les deux genres. Racine :

> Sans chercher des parens si long-temps ignorés,
> Et que ma *folle amour* a trop déshonorés.

7 *Je t'ai toujours choyé, t'aimant comme mes yeux.*

On ne sauroit peindre avec plus de naturel l'hypocrisie du
tartufe. Comme l'intérêt le rend affectueux et tendre ! Ce
n'est pas assez dire qu'il l'ait aimé. *Je t'ai toujours choyé.*
L'expression est vieille ; on n'aimoit comme cela qu'au
temps jadis : elle a ainsi quelque chose de plus naïf ; elle
indique un soin plus délicat, plus recherché. *T'aimant
comme mes yeux.* Comparaison familière, à cet âge surtout
dont l'ingénuité naturelle repousse toute défiance.

8 *Comme tout dévot chat en use, etc.* Avec quel art il essaie
d'intéresser la sensibilité du rat ! Il est son ami ; il a donc
des droits à sa reconnoissance : son malheur lui vient de
son amour pour les dieux ; cette double idée le rend en
quelque sorte sacré : le secourir, c'est servir le ciel même.
Il y a dans ce discours un mélange d'orgueil et d'humilité
qui en fait un chef-d'œuvre d'adresse.

9   *Avec l'époux de la chouette.*

Le hibou, oiseau de nuit.

10 *Dangers de toutes parts, etc.* On demande d'où viennent
ces dangers extraordinaires ? La rencontre du hibou et de
la belette, toute imprévue qu'on la suppose, étoit-elle pour

le rat de notre fable un événement si étrange, accoutumé qu'il est à hanter le tronc de l'arbre dont ils ont fait aussi leur retraite commune ? Pourquoi encore l'aspect de ces ennemis est-il plus déterminant pour la délivrance du chat, que son éloquence ? Le rat n'avoit-il pas la ressource de la fuite, comme il va le faire à l'aspect de l'homme ?

L'apologue ne se contente pas de présenter des leçons de morale ; il donne aussi des conseils de prudence : c'est là un de ses principaux avantages. Tel est le mérite de la fable qu'on vient de lire ; et la manière dont elle est racontée lui donne un nouveau prix.

FABLE XXIII.

Le Torrent et la Rivière (*).

Avec grand bruit et grand fracas
Un torrent tomboit des montagnes :
Tout fuyoit devant lui : l'horreur suivoit ses pas;
  Il faisoit trembler les campagnes.
  Nul voyageur n'osoit passer
  Une barrière si puissante [1].
Un seul vit des voleurs; et se sentant presser,
Il mit entr'eux et lui cette onde menaçante [2].
Ce n'étoit que menace et bruit sans profondeur :
  Notre homme enfin n'eut que la peur.
  Ce succès lui donnant courage,
Et les mêmes voleurs le poursuivant toujours,
  Il rencontra sur son passage
  Une rivière dont le cours,
Image d'un sommeil doux, paisible et tranquille,
Lui fit croire d'abord ce trajet fort facile.
Point de bords escarpés, un sable pur et net.

(*) Caton, liv. IV, Dist., ch. 4.

Il entre, et son cheval le met
A couvert des voleurs, mais non de l'onde noire :
Tous deux au Styx allèrent boire;
Tous deux à nager malheureux [3],
Allèrent traverser au séjour ténébreux,
Bien d'autres fleuves que les nôtres.

Les gens sans bruit sont dangereux :
Il n'en est pas ainsi des autres [4].

OBSERVATIONS DIVERSES.

[1]   *Avec grand bruit et grand fracas*
       Un torrent, etc.

Cette peinture est pleine de vie : l'oreille, frappée de ce mugissement lointain, de ce *fracas* épouvantable, écoute d'où vient *le bruit*. La vue se promène avec effroi par-delà ces *campagnes*, devenues tout à coup désertes. Quel aspect! *Du haut des montagnes* tombe *un torrent* fougueux. L'élévation en accélère la chute, et la rend plus terrible. L'imagination en a calculé tous les ravages; elle le voit qui s'avance; semblable à un géant, chacun de *ses pas* engloutit de vastes espaces, l'*horreur* l'accompagne; ce n'est plus qu'une solitude affreuse, qu'une *barrière* immense qui fait reculer les plus intrépides courages. Le vers gronde comme le torrent; la muse du poète se précipite avec la même impétuosité que ces eaux qui se débordent. Voilà le style d'Homère. Mais qu'à la place du torrent le poète ait à peindre le cours lent et paisible d'une rivière coulant *sur un sable pur*, quelle douce et touchante harmonie! Semblable à cette onde *tranquille*, son vers coule sans murmure et sans bruit, sa muse s'épanche avec une molle langueur. La Fontaine a tous les tons, il a tous les genres d'enchantement.

[2] *Un seul vit des voleurs, et se sentant presser,*
   Il mit entr'eux et lui cette onde menaçante.

Que ce seul voyageur ait rencontré des voleurs, cela est

très indifférent ; mais ici que lui seul ait eu le courage d'af-
fronter un torrent débordé, et le bonheur de le traverser,
voilà en quoi consiste uniquement l'intérêt de l'apologue.
Le mot *seul* n'est donc point dans ces vers à la place qu'il
devoit occuper.

³   *Tous deux à nager malheureux, etc.*

« Évitez de tomber souvent dans cette sorte d'inversion,
que l'on souffre plutôt qu'on ne l'agrée.» (Desmarets,
Préf. du Poème de Clovis.)

⁴   *Les gens sans bruit sont dangereux,*
    Il n'en est pas ainsi des autres.

Que les premiers soient dangereux, cela est hors de doute ;
mais que les seconds ne le soient pas, la proposition est
trop générale pour être vraie. Au reste, cette sentence est
prise des distiques de Caton :

> Demissos animo, et tacitos vitare memento :
> Quod flumen tacitum est, forsàn latet altiùs unda.

Ce qui a été ainsi traduit par un poète du douzième siècle
(Adam du Suel) :

> De tous chaus qui sont coi et moistes,
> Te gaites, c'on ne puet conoître,
> Chis mos ne fu mie dit en bades:
> Pire est coie iaue (eau) que la rade.

(De tous ceux qui sont tranquilles et froids il faut se
garder, parce qu'on ne peut les connoître ; ce mot ne fut
pas dit en vain : « Pire est l'eau dormante que celle qui
court. ») (*Rade,* du grec ρέω , *couler*).

> *Il n'est pire eau que l'eau qui dort.*

Voilà le proverbe. Il nous semble qu'on lui a donné par
la suite une trop grande extension quant on l'a appliqué,
par exemple, *aux buveurs d'eau.* C'est au reste dans ce sens-
là que César, pour éviter les tables de proscription de
Sylla, affectoit les mœurs et l'allure d'un débauché.

FABLE XXIV.

L'Éducation (*).

Laridon et César, frères dont l'origine
Venoit de chiens fameux, beaux, bien faits et hardis,
A deux maîtres divers échus au temps jadis,
Hantoient, l'un les forêts, et l'autre la cuisine.
Ils avoient eu d'abord chacun un autre nom :
  Mais la diverse nourriture [1]
Fortifiant en l'un cette heureuse nature,
En l'autre l'altérant, un certain marmiton
  Nomma celui-ci Laridon [2] :
Son frère ayant couru mainte haute aventure,
Mis maint cerf aux abois, maint sanglier abattu [3],
Fut le premier César que la gent chienne ait eu [4].
On eut soin d'empêcher qu'une indigne maîtresse [5]
Ne fît en ses enfans dégénérer son sang :
Laridon négligé temoignoit sa tendresse
  A l'objet le premier passant.
  Il peuple tout de son engeance :
Tourne-broches [6] par lui rendus communs en France
Y font un corps à part, gens fuyant les hasards,
  Peuple antipode des Césars [7].

On ne suit pas toujours ses aïeux ni son père :
Le peu de soin, le temps, tout fait qu'on dégénère.
Faute de cultiver la nature et ses dons;
O combien de Césars deviendront Laridons !

(*) Ésope, fab. 92.—Plutarque.

OBSERVATIONS DIVERSES.

« Lycurgus, au rapport de Plutarque, prit un jour deux jeunes chiens nez de mesme père et de mesme mère, et les nourrit si diversement, qu'il en rendit un gourmand et goulu, ne scachant faire autre chose que mal, et l'autre bon à la chasse et à la queste ; puis un jour que les Lacédémoniens étoient tous assemblés sur la place, en conseil de ville, il leur parla en ceste manière : C'est chose de très grande importance, seigneurs Lacédémoniens, pour engendrer la vertu au cœur des hommes, que la nourriture, l'accoutumance et la discipline, comme je vous ferai voir tout à ceste heure. En disant cela, il amena devant toute l'assemblée les deux chiens, leur mettant au devant un plat de soupe et un lièvre vif. L'un des chiens s'encourut incontinent après le lièvre, et l'autre se jetta aussitôt sur le plat de soupe. Les Lacédémoniens n'entendoient point encore où il en vouloit venir, jusques à ce qu'il leur dit : Ces deux chiens sont nez de mesme père et de mesme mère ; mais ayant été nourris diversement, l'un est devenu gourmand et l'autre chasseur. » (*Traité comme il faut nourrir les enfans*, traduct. d'Amyot.)

    [1]   *Mais la diverse nourriture, etc.*

Non la nourriture physique qui donne la vie animale, mais la nourriture morale, qui fait l'éducation, qui dirige l'instinct ou façonne l'esprit. (Amyot.)

    [2]   *Nomma celui-ci Laridon, etc.*

L'étymologie de ce nom se reconnoît sans peine à la source d'où il sort. C'est le nom du cuisinier de Polyphème, dans une comédie du théâtre italien, donnée en 1722.

    [3] . . . . . . *Maint sanglier abattu, etc.*

« Quelques poètes de notre temps, dit un écrivain du siècle dernier, se sont avisés, de leur autorité privée, de faire de trois syllabes les mots d'*ouvrier, bouclier, sanglier, etc.*, pour les rendre de plus facile prononciation, quoique depuis que l'on parle françois on ne les ait faits que de deux syl-

labes, comme les mots *guerrier, courrier, dernier,* qui ne
sont pas plus faciles à prononcer. Mais ces poètes n'ont aucun droit ni aucune autorité suffisante pour établir une
loi nouvelle. » (Desmarets, *Préf. du poème de Clovis.*) On
voit combien de variations a subies notre langue françoise.

4 *Fut le premier César que la gent chienne ait eu.*

César, nom des anciens empereurs romains. Ils le tenoient
du fameux Jules César, dont l'ambition et le courage le
rendirent maître du monde. Nous avons déjà vu semblable application de ce mot *gent.*

5 . . . . . . *Qu'une indigne maîtresse, etc.*

Qu'une amante peu digne de lui.

6 *Tourne-broches, etc.* Chiens dressés à faire tourner une
roue dont le mouvement fait aller la broche. La pensée et
l'expression sont également piquantes.

7   *Peuple antipode des Césars.*

On appelle *antipodes* les contrées respectivement opposées
l'une à l'autre par tout le diamètre de la terre. Ici l'opposition n'est qu'en métaphore : d'un naturel directement
contraire à celui des premiers braves et courageux comme
César.

Cette fable peut soutenir la comparaison avec les meilleures de ce recueil, tant pour l'excellence de la morale
que pour la facilité et l'élégance du style. Les quatre derniers vers surtout sont admirables. D'ailleurs c'est une
triste vérité, que rarement les enfans d'un père illustre s'é-
lèvent à sa hauteur. L'histoire offre bien peu d'exemples
de deux illustrations consécutives, le génie étant chose
trop rare pour qu'un père le puisse transmettre à ses enfans comme une part de son héritage ; trop heureux quand
on peut dire comme Voltaire, du fils de Jean Racine :
Le grand versificateur Racine, fils du grand poète Racine!

FABLE XXV.

Les deux Chiens et l'Ane (*).

Les vertus devroient être sœurs [1],
    Ainsi que les vices sont frères :
Dès que l'un de ceux-ci s'empare de nos cœurs,
Tous viennent à la file, il ne s'en manque guères ;
  J'entends de ceux qui, n'étant pas contraires,
    Peuvent loger sous même toit.
A l'égard des vertus, rarement on les voit
Toutes en un sujet éminemment placées,
Se tenir par la main sans être dispersées.
L'un est vaillant mais prompt, l'autre est prudent mais froid.
Parmi les animaux, le chien se pique d'être
    Soigneux et fidèle à son maître ;
    Mais il est sot, il est gourmand :
Témoin ces deux mâtins, qui dans l'éloignement,
Virent un âne mort qui flottoit sur les ondes.
Le vent de plus en plus l'éloignoit de nos chiens.
Ami, dit l'un, tes yeux sont meilleurs que les miens,
Porte un peu tes regards sur ces plaines profondes.
J'y crois voir quelque chose : Est-ce un bœuf, un cheval ?
    Eh ! qu'importe quel animal ?
Dit l'un de ces mâtins : voilà toujours curée [2].
Le point est de l'avoir ; car le trajet est grand,
Et de plus il nous faut nager contre le vent.
Buvons toute cette eau ; notre gorge altérée
En viendra bien à bout : ce corps demeurera
    Bientôt à sec, et ce sera
    Provision pour la semaine.
Voilà mes chiens à boire ; ils perdirent l'haleine,

(*) Ésope, fab. 211.

Et puis la vie : ils firent tant,
Qu'on les vit crever à l'instant.
L'homme est ainsi bâti[3] : quand un sujet l'enflamme,
L'impossibilité disparoît à son âme.
Combien fait-il de vœux ! Combien perd-il de pas,
S'outrant[4] pour acquérir des biens ou de la gloire !
  Si j'arrondissois mes états !
Si je pouvois remplir mes coffres de ducats !
Si j'apprenois l'hébreu, les sciences, l'histoire[5] !
  Tout cela c'est la mer à boire[6] :
  Mais rien à l'homme ne suffit.
Pour fournir aux projets que forme un seul esprit,
Il faudroit quatre corps; encor, loin d'y suffire,
A mi-chemin je crois que tous demeureroient :
Quatre Mathusalem[7] bout à bout ne pourroient
  Mettre à fin ce qu'un seul désire.

OBSERVATIONS DIVERSES.

[1] *Les vertus devroient être sœurs, etc.*

Cet éloquent prologue est une réfutation du principe de
Zénon, que toutes les vertus ont un tel enchaînement
entre elles, qu'on n'en peut jamais posséder une sans les
posséder toutes. Ici l'expérience justifie notre poète
contre le philosophe. Au reste La Fontaine avoit puisé
dans Charron la doctrine qu'il expose dans ses beaux vers.
« L'on ne peut faire tout bien, ni exercer toute vertu;
d'autant que plusieurs vertus sont incompatibles et ne
peuvent demeurer ensemble... Bien souvent l'on ne peut
accomplir ce qui est d'une vertu sans le choc et offense
d'une autre vertu ou d'elle-mesme, d'autant qu'elles s'en-
trempeschent; d'où vient que l'on ne peut satisfaire à l'une
qu'aux despens de l'autre. » (*Sagesse*, liv.I, Chap. IV. n° 4.)

[2] . . . . . *Voilà toujours curée.*

Provisions. Nous avons vu et expliqué ce mot.

³ *L'homme est ainsi bâti*, *etc.* Cette fable est un traité de morale aussi sagement écrit qu'il est profondément pensé.

⁴ *S'outrant.* Une de ces expressions enlevées au langage françois. Étoit-il donc assez riche, pour avoir de quoi perdre impunément?

⁵ *Si j'apprenois l'hébreu*, *etc.* Ailleurs il demande avec sa délicieuse bonhomie :

> Hélas qui sait encor
> Si la science à l'homme est un si grand trésor?
> (*Épître à M. Huet* en lui envoyant un Quintilien.)

⁶   *Tout cela c'est la mer à boire*, *etc.*

« Voltaire critique ce vers comme *plat et trivial.* Il me semble que ce qui rend excusable ici cette expression populaire, c'est qu'elle fait allusion à une fable où il s'agit de boire une rivière. » (Champfort.)

⁷ *Quatre Mathusalem*, *etc.* Mathusalem fut celui des patriarches d'avant le déluge dont la vie se prolongea le plus. Il mourut âgé de 969 ans. Quadruplez cette somme; vous avez un total de 3876 années, au bout desquelles, selon le poète, il resteroit encore à l'homme bien des désirs à former.

FABLE XXVI.

Démocrite et les Abdéritains (*).

Que j'ai toujours haï les pensers du vulgaire ¹ !
Qu'il me semble profane, injuste et téméraire,
Mettant de faux milieux entre la chose et lui,
Et mesurant par soi ce qu'il voit en autrui !

Le maître d'Épicure ² en fit l'apprentissage.
Son pays le crut fou ³. Petits esprits! Mais quoi?

(*) Diogène-Laërce.

Aucun n'est prophète chez soi [4].
Ces gens étoient les fous, Démocrite le sage,
L'erreur alla si loin [5] qu'Abdère députa
        Vers Hippocrate, et l'invita
        Par lettres et par ambassade,
A venir rétablir la raison du malade.
Notre concitoyen, disoient-ils en pleurant,
Perd l'esprit : la lecture a gâté Démocrite.
Nous l'estimerions plus s'il étoit ignorant [6].
Aucun nombre, dit-il, les mondes ne limite [7] :
        Peut-être même ils sont remplis
        De Démocrites infinis.
Non content de ce songe, il y joint les atomes,
Enfans d'un cerveau creux, invisibles fantômes;
Et mesurant les cieux sans bouger d'ici-bas,
Il connoît l'univers, et ne se connoît pas [8].
Un temps fut qu'il savoit accorder les débats :
        Maintenant il parle à lui-même.
Venez, divin mortel, sa folie est extrême.
Hippocrate n'eut pas trop de foi pour ces gens :
Cependant il partit : et voyez, je vous prie,
        Quelles rencontres dans la vie
Le sort cause; Hippocrate arriva dans le temps
Que celui qu'on disoit n'avoir raison ni sens
        Cherchoit dans l'homme et dans la bête
Quel siége a la raison, soit le cœur, soit la tête.
Sous un ombrage épais, assis près d'un ruisseau,
        Les labyrinthes d'un cerveau [9]
L'occupoient. Il avoit à ses pieds maint volume,
Et ne vit presque pas son ami s'avancer,
        Attaché selon sa coutume.
Leur compliment fut court, ainsi qu'on peut penser :
Le sage est ménager du temps et des paroles [10].
Ayant donc mis à part les entretiens frivoles,
Et beaucoup raisonné sur l'homme et sur l'esprit,

Ils tombèrent sur la morale.
Il n'est pas besoin que j'étale
Tout ce que l'un et l'autre dit.

Le récit précédent suffit
Pour montrer que le peuple est juge récusable.
En quel sens est donc véritable
Ce que j'ai lu en certain lieu,
Que sa voix est la voix de Dieu?

OBSERVATIONS DIVERSES.

« Les Abdérites le voyant rire continuellement, man-
dèrent Hippocrate, le conviant à la cure de ce philosophe qu'ils croyoient insensé, selon que leur lettre porte,
d'autant qu'il parloit de l'enfer, des images qui sont en
l'air, d'une infinité de mondes, du langage des oiseaux et
d'autres choses semblables. Hippocrate s'étant entretenu
avec Démocrite, eut tant de vénération pour son esprit et
pour sa science, qu'il ne put s'empêcher de dire aux Abdérites, qu'à son avis, ceux qui s'estimoient les plus sains
étoient les plus malades. » (Moréry, *Dictionn.* art. *Démo-*
crite.)

[1] *Que j'ai toujours haï*, etc. Odi profanum vulgus et arceo.
(Horat. lib. III. Ode 1.)

[2] *Le maître d'Épicure*, etc. Démocrite apprit du philosophe Leucippe le système des atômes et du vide qu'il
transmit à Epicure. De là vient que Bayle l'appelle le pré-
curseur d'Epicure, et La Fontaine son maître. Les opinions de ce dernier ne diffèrent de celles de Démocrite,
que par les applications qui en ont été faites à la morale.

[3] *Son pays le crut fou.* « Combien de temps Démocrite
n'a-t-il pas été regardé comme un fou? » (Sénèque,
Lettre 79.)

4   *Aucun n'est prophète chez soi.* On a lu plus haut :

> Vous savez que nul n'est prophète
> En son pays.

5 *L'erreur alla si loin , qu'Abdère , etc.* Abdère, petite ville de Thrace, renommée par la stupidité de ses habitans. (V. Juvénal , *Sat.* X, v. 5o.)

6 *Nous l'estimerions plus s'il étoit ignorant.*

Ce vers est d'une naïveté charmante , comme vingt autres répandus dans cet apologue. Tel est l'effet de la prévention : on loue sans s'en douter , sans le vouloir; et les reproches mêmes que l'on se permet contre la vertu ou la science sont des hommages.

7 *Aucun nombre , dit-il , etc.* « L'univers est infini, disent Leucippe et Démocrite; il est peuplé d'une infinité de mondes et de tourbillons qui naissent, périssent et se reproduisent sans interruption... Voulez-vous savoir comment un de ces mondes peut se former? Concevez une infinité d'atômes éternels , indivisibles, inaltérables , de toute forme , de toute grandeur, entraînés dans un vide immense par un mouvement aveugle et rapide. Après des chocs multipliés et violens, les plus violens, les plus grossiers sont poussés et comprimés dans un point de l'espace qui devient le centre d'un tourbillon ; les plus subtils s'échappent de tous côtés, et s'élancent à différentes distances.... C'est de l'union des atômes que se forme la substance des corps ; c'est de leur figure et de leur arrangement que résultent toutes les variétés de la nature... Tout, dans le physique comme dans le moral , peut s'expliquer par un semblable mécanisme, et sans l'intervention d'une cause intelligente. » (*Voyage du jeune Anacharsis*, t. III.)

8 *Il connoît l'univers et ne se connoît pas.*

Voilà de ces jets de lumière qui montrent dans La Fontaine le profond observateur, autant que la précision de son style prouve l'écrivain supérieur. On a appliqué ce vers a l'homme en général.

9 *Les labyrinthes d'un cerveau , etc.*

Ces fibres tellement multipliées , qu'elles donnent à cette partie de la tête la forme d'un labyrinthe.

10 *Le sage est ménager du temps et des paroles.*

On ne sauroit trop recommander l'emploi de cette proposition devenue proverbe.

~~~~~~

FABLE XXVII.

Le Loup et le Chasseur (*).

Fureur d'accumuler, monstre de qui les yeux
Regardent comme un point tous les bienfaits des dieux,
Te combattrai-je en vain sans cesse en cet ouvrage [1] ?
Quel temps demandes-tu pour suivre mes leçons?
L'homme, sourd à ma voix, comme à celle du sage [2],
Ne dira-t-il jamais : C'est assez, jouissons?
Hâte-toi, mon ami : tu n'as pas tant à vivre.
Je te rebats ce mot, car il vaut tout un livre.
Jouis. - Je le ferai. - Mais quand donc? - Dès demain [3].
- Eh ! mon ami, la mort te peut prendre en chemin.
Jouis dès aujourd'hui : redoute un sort semblable
A celui du chasseur et du loup de ma fable.

Le premier, de son arc avoit mis bas un daim.
Un faon de biche passe , et le voilà soudain
Compagnon du défunt; tous deux gisent sur l'herbe.
La proie étoit honnête, un daim avec un fan;
Tout modeste chasseur en eût été content :
Cependant un sanglier [4], monstre énorme et superbe,
Tente encor notre archer, friand de tels morceaux.
Autre habitant du Styx : la Parque et ses ciseaux

(*) Phèdre , liv. IV, fab. 20.

Avec peine y mordoient [5] : la déesse infernale
Reprit à plusieurs fois l'heure au monstre fatale.
De la force du coup pourtant il s'abattit.
C'étoit assez de biens; mais quoi? Rien ne remplit
Les vastes appétits d'un faiseurs de conquêtes [6].
Dans le temps que le porc revient à soi, l'archer
Voit le long d'un sillon une perdrix marcher,
 Surcroît chétif aux autres têtes.
De son arc toutefois il bande les ressorts.
Le sanglier rappelant les restes de sa vie,
Vient à lui, le décoût [7], meurt vengé sur son corps;
 Et la perdrix le remercie.

Cette part du récit s'adresse aux convoiteux [8].
L'avare aura pour lui le reste de l'exemple.

Un loup vit en passant ce spectacle piteux [9] :
O Fortune! dit-il, je te promets un temple.
Quatre corps étendus! que de biens! Mais pourtant
Il faut les ménager [10]; ces rencontres sont rares.
 [Ainsi s'excusent les avares.]
J'en aurai, dit le loup, pour un mois, pour autant.
Un, deux, trois, quatre corps, ce sont quatre semaines,
 Si je sais compter, toutes pleines.
Commençons dans deux jours; et mangeons cependant
La corde de cet arc : il faut que l'on l'àit faite
De vrai boyau : l'odeur me le témoigne assez.
 En disant ces mots, il se jette [11]
Sur l'arc qui se détend, et fait de la sagette [12]
Un nouveau mort : mon loup a les boyaux percés.
Je reviens à mon texte : il faut que l'on jouisse;
Témoin ces deux gloutons punis d'un sort commun :
 La convoitise perdit l'un,
 L'autre périt par l'avarice.

OBSERVATIONS DIVERSES.

[1] *Te combattrai-je en vain sans cesse, etc.* Le crime de l'a-
varice est un de ceux que notre poète ait attaqué avec le
plus de force et de persévérance. Hélas ! on sait trop que
la voix du sage est un vain son perdu dans l'air, et qui
frappe à peine l'âme du coupable ; mais si les réclamations
de la philophie n'ajoutent pas beaucoup aux conquêtes
de la vertu, du moins elles empêchent la prescription
du vice.

[2] *L'homme sourd à ma voix, comme à celle du sage, etc.*

« Remarquons comme La Fontaine évite toujours de se
donner pour un sage. » Cette observation délicate est de
Champfort.

[3] *Jouis.* — *Je le ferai.* Dialogue imité de Perse :

> Mane piger stertis ; surge, inquit, avaritia ; eia,
> Surge ; negas, instat ; surge, inquit, etc.
> (Sat. V, v. 142.)

Boileau l'a ainsi traduit :

> Le sommeil sur ses yeux commence à s'épancher,
> Debout, dit l'Avarice, il est temps de marcher.
> —Eh ! laissez-moi.—De bout.—Un moment.—Tu répliques ?
> —A peine le soleil fait ouvrir les boutiques.

[4] *Cependant un Sanglier, etc.* Nous avons vu déjà *sanglier*
de deux syllabes, parce que c'était l'usage de nos anciens
poètes d'écrire *sangler*.

[5] . . . . . . *La Parque et ses ciseaux,*
  Avec peine y mordoient : la déesse infernale, etc.

Le poète pouvoit se borner à dire : L'animal lutta long-
temps contre la mort ; cette image avait de la force, de la
noblesse. Mais ce n'est point assez pour l'Homère de l'apologue : c'est *la Parque et ses ciseaux* qui font de vains efforts pour entamer cette vie, dont le dur tissu leur
échappe à plusieurs reprises. Nous avons peu de descriptions senties et exprimées avec autant d'énergie.

[6] *Les vastes appétits d'un faiseur de conquêtes.*

Tels que cet Alexandre à qui un monde entier ne suffisoit pas, et ce Pyrrhus dont la satire a joué la folle ambition. Ce mot *faiseur de conquêtes* a dans sa simplicité quelque chose de fier, qui ressemble fort à ce nom de *ravageurs* que Bossuet donne aux conquérans.

[7] *Le décout, etc.* Le déchire avec ses défenses.

[8] . . . . . . *Aux convoiteux.*

« Un convoiteux est un homme qui souhaite avec ardeur, désordonnément; la convoitise a toujours été mise au nombre des vices, et même des crimes, parce qu'elle s'entend d'une ardeur criminelle de posséder des biens, et de parvenir à ses fins à quelque prix que ce soit. » (Barbazan)

[9] . . . . . . *Piteux, etc.*

Pitoyable, faisant compassion. Charles d'Orléans a dit : soupirs *piteux;* et Marot : en chants *piteux,* en chants mélancoliques, etc. Il faut laisser ce mot aux écrivains de ces temps-là.

[10] *Il faut les ménager, etc.* Ainsi dans les anciens fabliaux, un usurier forme ce vœu : Quand est-ce que je me verrai un monceau d'or ? Oui, mon Dieu! je vous promets de n'y point toucher de ma vie, etc. (*Fabliaux de* Le Grand, t. II, p. 414.)

[11]   *En disant ces mots, il se jette, etc.*

Selon Champfort, ce loup qui, devant quatre corps, se jette sur une corde d'arc, n'est pas d'une invention bien heureuse. Qu'importe? l'avare sait-il choisir?

[12] . . . . . . *De la sajette, etc.*

Autre vieux mot tiré du latin, *sagitta,* flèche.

Champfort regrette que La Fontaine n'ait pas pris pour lui-même ce conseil, et se hâte de prévenir ses lecteurs que, dans la seconde partie de ses Fables, il s'éclipsera souvent à leurs yeux. Après les chefs-d'œuvre qui remplissent le septième livre, cette longue suite de fables charmantes dont se compose le huitième prouve-t-elle que le génie du poète ait dégénéré?

FIN DU HUITIÈME LIVRE.

LIVRE NEUVIÈME.

FABLE PREMIÈRE.

Le Dépositaire infidèle (*).

Grâce aux filles de mémoire,
J'ai chanté des animaux :
Peut-être d'autres héros
M'auroient acquis moins de gloire.
Le loup, en langue des dieux,
Parle au chien dans mes ouvrages :
Les bêtes, à qui mieux mieux,
Y font divers personnages :
Les uns fous, les autres sages;
De telle sorte pourtant
Que les fous vont l'emportant;
La mesure en est plus pleine.
Je mets aussi sur la scène
Des trompeurs, des scélérats,
Des tyrans et des ingrats,
Mainte imprudente pécore,
Force sots, force flatteurs.
Je pourrois ici joindre encore
Des légions de menteurs,
Tout homme ment, dit le sage.
S'il n'y mettoit seulement
Que les gens du bas étage ¹
On pourroit aucunement ²
Souffrir ce défaut aux hommes :
Mais que tous tant que nous sommes,

_____

(*) Pilpay, Contes indiens, t. II, p. 186.

Nous mentions, grand et petit,
Si quelque autre l'avoit dit,
Je soutiendrois le contraire.
Et même qui mentiroit
Comme Ésope, et comme Homère,
Un vrai menteur ne seroit.
Le doux charme de maint songe
Par leur bel art inventé,
Sous les habits du mensonge
Nous offre la vérité.
L'un et l'autre a fait un livre
Que je tiens digne de vivre
Sans fin, et plus s'il se peut :
Comme eux ne ment pas qui veut.
Mais mentir comme sut faire
Un certain dépositaire
Payé par son propre mot,
Est d'un méchant et d'un sot.
Voici le fait : Un trafiquant de Perse
Chez son voisin s'en allant en commerce,
Mit en dépôt un cent de fer un jour.
Mon fer? dit-il, quand il fut de retour.
—Votre fer! Il n'est plus : j'ai regret de vous dire
    Qu'un rat l'a mangé tout entier [5].
J'en ai grondé mes gens; mais qu'y faire? Un grenier
A toujours quelque trou. Le trafiquant admire
Un tel prodige, et feint de le croire pourtant.
Au bout de quelques jours il détourne [5] l'enfant
Du perfide voisin, puis à souper convie
Le père qui s'excuse, et lui dit en pleurant :
    Dispensez-moi, je vous supplie;
    Tous plaisirs pour moi sont perdus.
    J'aimois un fils plus que ma vie :
Je n'ai que lui; que dis-je? hélas! je ne l'ai plus!
On me l'a dérobé. Plaignez mon infortune.

Le marchand repartit : Hier au soir sur la brune,
Un chat-huant s'en vint votre fils enlever :
Vers un vieux bâtiment je le lui vis porter.
Le père dit : Comment voulez-vous que je croie
Qu'un hibou pût jamais emporter cette proie?
Mon fils, en un besoin, eût pris le chat-huant.
Je ne vous dirai point, reprit l'autre, comment;
Mais enfin, je l'ai vu, vu de mes yeux, vous dis-je,
　　　Et ne vois rien qui vous oblige
D'en douter un moment, après ce que je dis.
　　　Faut-il que vous trouviez étrange
　　　Que les chats-huans d'un pays
Où le quintal de fer [6] par un seul rat se mange,
Enlèvent un garçon pesant un demi-cent?
L'autre vit où tendoit cette feinte aventure.
　　　Il rendit le fer au marchand,
　　　Qui lui rendit sa géniture [7].

Même dispute avint entre deux voyageurs.
　　　L'un d'eux étoit de ces conteurs
Qui n'ont jamais rien vu qu'avec un microscope [8].
Tout est géant chez eux : écoutez-les, l'Europe
Comme l'Afrique aura des monstres à foison [9].
Celui-ci se croyoit l'hyperbole permise.
J'ai vu, dit-il, un chou plus grand qu'une maison.
Et moi, dit l'autre, un pot aussi grand qu'une église.
Le premier se moquant, l'autre reprit : Tout doux;
　　　On le fit pour cuire vos choux.

L'homme au pot fut plaisant : l'homme au fer fut habile.
Quand l'absurde est outré, l'on lui fait trop d'honneur
De vouloir, par raison, combattre son erreur :
Enchérir est plus court, sans s'échauffer la bile.

II.   11

OBSERVATIONS DIVERSES.

¹   *Que les gens du bas étage, etc.*

Des dernières conditions de la société, toujours sous le
joug du besoin ou de la peur. Aussi dit-on que *le mensonge
est le vice des laquais.* Les Anglais ont un proverbe qu'il
faut citer à l'appui de cette fable . « Montrez-moi un
menteur, je vous montrerai un voleur. »

² *Aucunement*, par fois, comme *aucuns* étoit jadis employé pour *quelques-uns.*   ₄

³ *Qui mentiroit comme Esope, etc. :*

  Le mensonge et les vers de tout temps sont amis.

⁴   *Qu'un rat l'a mangé tout entier.*

Dans *l'Apocolokintosis* de Sénèque, Hercule s'adressant à
Claude, lui dit : « Te voici dans un séjour où le rat mange
le fer. »

⁵ . . . . *Détourne l'enfant.*

Ne prétendant point l'enlever, mais seulement le garder
en ôtage, et le faire chercher.

⁶ *Quintal.* Poids de cent livres.

⁷ *Géniture.* Celui qu'il avoit *engendré*, son fils. Marot
appelle le dauphin, fils de françois Ier, « royale *géniture.* »

⁸ . . . . *Qu'avec un microscope.*

Verres qui grossit les objets.

⁹ . . . . *L'Europe*
    Comme l'Afrique aura des monstres à foison.

S. Jérôme dit, en parlant d'une des principales contrées
de l'Europe, que l'on n'y connoissoit point les monstres
dont l'Afrique est peuplée.

Il faudroit peut-être que cette fable inspirât d'avantage
encore l'horreur du mensonge en lui même, et le peignit
énergiquement comme le plus grand avilissement où puisse
descendre un galant homme.

FABLE II.

Les deux Pigeons (*).

Deux pigeons s'aimoient d'amour tendre [1] :
L'un d'eux s'ennuyant au logis,
Fut assez fou [2] pour entreprendre
Un voyage en lointain pays.
L'autre lui dit : Qu'allez-vous faire?
Voulez-vous quitter votre frère [3]?
L'absence est le plus grand des maux :
Non pas pour vous, cruel [4]! Au moins que les travaux [5],
Les dangers, les soins du voyage,
Changent un peu votre courage [6].
Encor si la saison s'avançoit davantage!
Attendez les zéphyrs : qui vous presse? Un corbeau [7]
Tout à l'heure annonçoit malheur à quelque oiseau.
Je ne songerai plus que rencontre funeste,
Que faucons, que réseaux. Hélas! dirai-je, il pleut :
Mon frère a-t-il tout ce qu'il veut,
Bon soupé, bon gîte, et le reste [8]?
Ce discours ébranla le cœur
De notre imprudent voyageur :
Mais le désir de voir, et l'humeur inquiète
L'emportèrent enfin. Il dit : Ne pleurez point;
Trois jours au plus [9] rendront mon âme satisfaite
Je reviendrai dans peu conter de point en point
Mes aventures à mon frère.
Je le désennuîrai : quiconque ne voit guère,
N'a guère à dire aussi. Mon voyage dépeint
Vous sera d'un plaisir extrême.
Je dirai : J'étois là; telle chose m'avint :

(*) Pilpay, fab. 1re.

11.

    Vous y croirez être vous-même.
A ces mots, en pleurant, ils se dirent adieu.
Le voyageur s'éloigne [10] : et voilà qu'un nuage
L'oblige de chercher retraite en quelque lieu.
Un seul arbre [11] s'offrit, tel encor que l'orage
Maltraita le pigeon en dépit du feuillage [12].
L'air devenu serein, il part tout morfondu,
Sèche du mieux qu'il peut son corps chargé de pluie ;
Dans un champ à l'écart voit du blé répandu,
Voit un pigeon auprès, cela lui donne envie,
Il y vole, il est pris [13] ; ce blé couvroit d'un las [14]
    Les menteurs et traîtres appâts.
Le las étoit usé ; si bien que de son aile,
De ses pieds, de son bec, l'oiseau le rompt enfin.
Quelque plume y périt ; et le pis du destin
Fut qu'un certain vautour à la serre cruelle,
Vit notre malheureux, qui, traînant la ficelle [15]
Et les morceaux du las qui l'avoit attrapé,
    Sembloit un forçat échappé.
Le vautour s'en alloit le lier [16], quand des nues
Fond à son tour un aigle aux ailes étendues [17].
Le pigeon profita du conflit des voleurs,
S'envola, s'abattit auprès d'une masure,
    Crut, pour ce coup, que ses malheurs
    Finiroient par cette aventure :
Mais un fripon d'enfant (cet âge est sans pitié)
Prit sa fronde, et d'un coup, tua plus d'à moitié
    La volatile malheureuse,
  Qui, maudissant sa curiosité,
    Traînant l'aile, et tirant le pié,
    Demi-morte et demi-boiteuse,
    Droit au logis s'en retourna :
    Que bien que mal [18] elle arriva,
    Sans autre aventure fâcheuse.

Voilà nos gens rejoints ; et je laisse à juger
De combien de plaisirs ils payèrent leurs peines.

Amans, heureux amans, voulez-vous voyager,
　　Que ce soit aux rives prochaines.
Soyez-vous l'un à l'autre un monde toujours beau,
　　Toujours divers [19], toujours nouveau :
Tenez-vous lieu de tout, comptez pour rien le reste.
J'ai quelquefois aimé : je n'aurois pas alors,
　　Contre le Louvre et ses trésors,
Contre le firmament et sa voûte céleste,
　　Changé les bois, changé les lieux,
Honorés par les pas, éclairés par les yeux [20]
　　De l'aimable et jeune bergère,
　　Pour qui, sous le fils de Cythère,
Je servis engagé par mes premiers sermens.
Hélas! quand reviendront de semblables momens!
Faut-il que tant d'objets si doux et si charmans,
Me laissent vivre au gré de mon âme inquiète?
Ah! si mon cœur osoit encor se renflammer!
Ne sentirai-je plus de charme qui m'arrète?
　　Ai-je passé le temps d'aimer?

OBSERVATIONS DIVERSES.

Nous avons déjà loué cette fable, en la citant à côté de celle des *deux Amis*. Peut-être même lui est-elle supérieure par la naïveté du récit, l'aimable simplicité des personnages, la variété des tableaux, la douce et touchante sensibilité qui y domine ; enfin, par le charme de la versification. Ici l'éloge de l'ouvrage est l'éloge de l'écrivain. Qui ne voudroit être l'ami de l'homme qui a fait la fable des *deux pigeons*.

M. de La Mothe reproche à cette fable le défaut d'unité. Il voudroit apparemment qu'un voyageur restât en place. Une' semblable observation est bien digne de l'homme qui ne savoit apercevoir dans Homère que ses défauts. M. de La Harpe met plus de bonne foi dans le jugement qu'il porte sur cette fable : il se livre sans réserve au plaisir de la vanter.

¹ *Deux Pigeons s'aimoient d'amour tendre, etc.*

L'exposition est claire et précise. C'est là le premier ornement du récit familier.

² *Fut assez fou, etc.* Il y a donc *de la folie* à s'éloigner de ce qu'on aime? Oui, parce que c'est courir au-devant des regrets et des hasards.

³ . . . . . *Votre frère.*

Quel mot heureux, pour dire votre ami! Aussi le verra-t-on répété plus d'une fois dans le cours de cet apologue.

⁴ *Non pas pour vous, cruel.* Ce mot *cruel* rejeté à la fin, est d'une sensibilité exquise. C'est le *crudelis* de Didon, dans ses plaintes à Énée; c'est le *dure* d'Ovide, dans sa belle élegie sur la trahison d'un ami.

> Ut neque respiceres, nec solarere jacentem.
> *Dure,* etc.
>
> (Élégie VII, vers 13.)

⁵ . . . . . *Au moins que les travaux, etc.*

Autre raisonnement. Si l'intérêt de l'amitié n'est pas écouté, peut-on être sensible à ses propres dangers? *Au moins* dit tout cela. Le sentiment est bien autrement précis que la logique.

⁶ *Changent un peu votre courage.*

L'expression est bien adoucie : pourquoi? Quand il parle à la sensibilité de son ami, le reproche se mêle à la prière : *non pas pour vous, cruel;* maintenant c'est la raison qu'il invoque : et la raison est un ennemi qu'il faut caresser en l'attaquant. *Votre courage,* au lieu de *vos projets insensés.*

⁷ . . . . . *Un corbeau, etc.*

L'amitié est toujours superstitieuse :

> Sæpè sinistra cavâ prædixit ab ilice cornix.

⁸   *Bon soupé, bon gîte, et le reste.*

Ces détails paroîtront minutieux; et cependant il n'y a
que le génie qui pût les trouver. Le génie n'est donc autre
chose que l'expression fidèle de la nature. — « Quelle
grâce, quelle finesse sous-entendues dans ce petit mot, *et
le reste*, caché comme négligemment au bout du vers! »
(Champfort.)

La réponse du voyageur ne le cède point en délicatesse
au discours de son ami. Il peut s'abuser; mais il ne trompe
pas : il compte rapporter de son absence une ample ré-
colte d'agrémens, non pour lui, mais pour son *frère*. Ainsi
les erreurs mêmes de l'amitié en sont de nouveaux témoignages. Que La Fontaine eût eu à décrire les *adieux d'Hector et d'Andromaque*, il eût été Homère; comme Homère
eût été La Fontaine s'il eût des pigeons pour héros.

⁹ *Trois jours au plus*, etc. Qu'est-ce que trois jours?
Mais « passer un jour dans l'attente de ce que l'on aime,
c'est vieillir dans la peine. » (Théocrite, Idylle XII.)

¹⁰ *Le voyageur s'éloigne; et voilà*, etc. Remarquez la rapidité du rapprochement; il n'a fait que s'éloigner, et
déjà les sinistres pressentimens commencent à se réaliser;
tous les malheurs vont s'accumuler sur l'infidèle.

¹¹ *Un seul arbre*, etc. Point de choix; il est dans un
désert.

¹² . . . . . . *En dépit du feuillage.*
Ce seul trait vaut une description.

¹³ *Il y vole; il est pris*, etc. Séparez cette double action,
de manière que ces mots, *il est pris*, ne se trouvent qu'après
la description du piége, vous détruisez l'image et l'intérêt.

¹⁴ . . . . . . *D'un las*, etc.
Lacet, filet; vieux. « J'en avois mille autres, et mille *las*
que j'avais tendus autour de tes pieds ». (*Décamer.*)

¹⁵ *Vit notre malheureux qui, traînant la ficelle*, etc.
Malheureux conserve ici son double sens. *Traînant la ficelle
et les morceaux du las*, est pittoresque. *Sembloit un forçat*

échappé. Malfaiteur échappé des galères en rompant sa chaîne. La comparaison réunit la justesse à l'énergie. On voit l'infortuné fugitif; on s'indigne, on s'attendrit à la fois sur lui.

[16] *Lier*, *etc.* Terme de chasse ; enlever sa proie dans ses serres.

[17] . . . . . . *Un aigle aux ailes étendues.*

Comme il a dit : *un vautour à la serre cruelle, un héron au long bec.* La poésie vit d'images et de fictions.

[18] *Que bien que mal*, *etc.* Pour *tant bien que mal*, n'est plus d'usage. On en trouve pourtant encore quelques exemples dans les modernes.

[19] *Toujours divers*, *etc.* Nous avons eu déjà l'occasion de parler de ce mot. (V. liv. II, fab. 13, note dernière.) Il n'est pas de l'invention de notre poète. Héroët, dans son poème *de la parfaicte Amye*.

> Amour n'est pas enchanteur *si divers.*

[20] . . . . . *. Eclairés par les yeux*, *etc.*

Je ne vois dans toute cette tirade que ce seul mot à reprendre, comme trop hyperbolique. Bon pour les Eglé de Ronsard et de Voiture. Tout le reste est d'une beauté achevée. La Fontaine n'eût-il fait que cette fable, elle suffisoit pour rendre son nom immortel, comme le seul hymne qui nous reste de Sapho a consacré sa mémoire pour tous les siècles à venir.

FABLE III.

Le Singe et le Léopard (*).

Le singe avec le léopard
 Gagnoient de l'argent à la foire.
 Ils affichoient chacun à part [1].
L'un d'eux disoit : Messieurs, mon mérite et ma gloire
Sont connus en bon lieu : le roi m'a voulu voir,
 Et si je meurs, il veut avoir
Un manchon de ma peau ; tant elle est bigarrée,
 Pleines de taches, marquetée,
 Et vergetée [2], et mouchetée.
La bigarrure plaît : partant chacun le vit.
Mais ce fut bientôt fait, bientôt chacun sortit.
Le singe de sa part disoit : Venez, de grace,
Venez, Messieurs : je fais cent tours de passe-passe.
Cette diversité dont on vous parle tant,
Mon voisin léopard l'a sur soi seulement :
Moi je l'ai dans l'esprit : votre serviteur Gille [3],
 Cousin et gendre de Bertrand,
 Singe du pape en son vivant,
 Tout fraîchement en cette ville,
Arrive en trois bateaux [4] exprès pour vous parler ;
Car il parle, on l'entend [5] ; il sait danser, baler [6],
 Faire des tours de toute sorte,
Passer en des cerceaux, et le tout pour six blancs ;
Non, Messieurs, pour un sou : si vous n'êtes contens,
Nous rendrons à chacun son argent à la porte [7].

Le singe avoit raison : ce n'est pas sur l'habit
Que la diversité me plaît ; c'est dans l'esprit :

(*) Ésope, fab. 162.—Plutarque, Banquet des sept Sages.

L'une fournit toujours des choses agréables;
L'autre, en moins d'un moment, lasse les regardans.
O que de grands seigneurs, au léopard semblables,
    N'ont que l'habit pour tout talent[8].

OBSERVATIONS DIVERSES.

[1] *Ils affichoient , etc.* Le grand mérite de cette fable est de saisir le ton plaisamment présomptueux des charlatans. A lire leurs pompeuses affiches, ou bien à les entendre, on croiroit que leur réputation s'étend par tous pays, qu'ils ont mérité les suffrages des souverains , et cela par toutes les belles choses qu'ils ont à montrer au public pour son argent. Voilà ce que le poète a parfaitement rendu.

[2] *Et vergetée* , du latin *virgatus* , tacheté, moucheté, de différentes couleurs. *Bigarré* en vient aussi , par l'analogie du *b* et du *v*. De-là *bigarrure* , *bizarre* , sujet à changer.

[3] . . . . . *Votre serviteur Gille* ,
    Cousin et gendre de Bertrand,
    Singe du pape en son vivant.

On suppose d'ordinaire un commencement de mérite à l'héritier d'un grand nom , ou simplement à une alliance imposante. Il est naturel de croire que celui en qui s'est trouvé assez de talent pour commencer son illustra-tion , s'est assez aimé lui-même pour bien instruire ou pour bien choisir. Aussi notre singe a-t-il soin non seule-de se faire connoître : *votre serviteur Gille;* mais de citer ses parens et leurs titres : *cousin et gendre, etc.*

[4] *Arrive en trois bateaux, etc.* Proverbe populaire dont voici l'origine : Quand nous avions la guerre avec les Anglais on faisoit escorter les bateaux de pêcheurs de deux bâtimens de guerre et le poisson devenoit plus cher.

[5] *Car il parle, on l'entend, etc.* Expression ordinaire aux charlatans, pour achalander les animaux qu'ils exposent aux regards des curieux. Mais ici, à quoi bon affirmer

que le singe *parle*, *qu'on l'entend*, puisque cette harangue est de lui? Le poète affecte de l'oublier, pour mieux faire ressortir le niais fanfaronnage de tous ces démonstrateurs de tréteaux.

6 *Baler*. Expression commune dans Babelais, Hamilton, etc. Clément Marot :

> *Dansez, balez, solemnisez la fête.*

De-là les mots *bal, ballet, balladin, ballade*; en italien, *balare.*

7 *Nous rendrons à chacun son argent à la porte.*

Pour attraper aussi bien le style des tréteaux, notre poète avoit-il été se mêler à ces groupes d'oisifs dont ils sont toujours entourés? On peut bien le croire de La Fontaine, puisqu'on l'assure du philosophe Bayle. — Florian a imité ces vers dans sa fable du *Singe montrant la lanterne magique,* où il dit :

> Entrez, messieurs, entrez, crioit notre Jacqueau :
> C'est ici, c'est ici qu'un spectacle nouveau
> Vous charmera gratis; oui, messieurs à la porte, etc.

8   *N'ont que l'habit pour tous talens.*

C'est peut-être cette jolie épigramme qui a inspiré la charmante épître de M. Sédaine : *A mon habit.*

~~~~~~

FABLE IV.

Le Gland et la Citrouille (*).

Dieu fait bien ce qu'il fait. Sans en chercher la preuve
En tout cet univers, et l'aller parcourant,
    Dans les citrouilles je la treuve [1].

    Un villageois considérant
Combien ce fruit est gros et sa tige menue,
A quoi songeoit, dit-il, l'auteur de tout cela [2]?

_____

(*) Desbillons, liv. 1, fab. 14.

Il a bien mal placé cette citrouille là !
    Eh ! parbleu ! je l'aurois pendue
    A l'un des chênes que voilà.
    C'eût été justement l'affaire :
    Tel fruit, tel arbre, pour bien faire.
C'est dommage, Garo, que tu n'es point entré
Au conseil de celui que prêche ton curé[3] :
Tout en eût été mieux : car pourquoi, par exemple,
Le gland qui n'est pas gros comme mon petit doigt,
    Ne pend-il pas en cet endroit?
    Dieu s'est mépris : plus je contemple
Ces fruits ainsi placés, plus il semble à Garo
    Que l'on a fait un quiproquo[4].
Cette réflexion embarrassant notre homme :
On ne dort point, dit-il, quand on a tant d'esprit.
Sous un chêne aussitôt il va prendre son somme.
Un gland tombe : le nez du dormeur en pâtit.
Il s'éveille; et portant la main sur son visage,
Il trouve encor le gland pris au poil du menton,
Son nez meurtri[5] le force à changer de langage :
Oh, oh! dit-il, je saigne! Et que seroit-ce donc
S'il fût tombé de l'arbre une masse plus lourde,
    Et que ce gland eût été gourde?
Dieu ne l'a pas voulu[6] : sans doute il eut raison;
    J'en vois bien à présent la cause.
    En louant Dieu de toute chose[7],
    Garo retourne à la maison.

OBSERVATIONS DIVERSES.

[1] . . . . *Je le treuve.* Ronsard :

> De son doux nectar j'abreuve
> Le plus grand roi qui se *treuve.*

Du temps de Ménage, c'étoit encore un point de critique

de savoir lequel des deux étoit le mieux, de *treuver* ou *trou-*
ver. L'usage plus hardi que les grammairiens, a terminé
la contestation en faveur du dernier.

2 . . . . *L'auteur de tout cela, etc.*

Marque bien le caractère niais du bonhomme, qui ne sait
pas appeler les choses par leur nom.

En mettant sur la scène un villageois, le poète a dû
craindre de compromettre ou la simplicité du personnage,
par un style trop relevé, ou la dignité de la langue, par
un style trop familier. Admirons avec quelle habileté il a
su marcher entre ce double écueil. Des proverbes populaires, *tel fruit, tel arbre;* et plus bas : *On ne dort point,*
dit-il, quand on a tant d'esprit; des objets de comparaison
qui ne sortent point du cercle des sens : *Le gland qui n'est*
pas gros comme mon petit doigt; ce ton impertinent de nos
demi-savans qui osent traiter Dieu d'égal à égal, et re-
grettent pour l'auteur des choses qu'il n'ait pas appelé à
son *conseil* M. *Garo;* un mélange soutenu de rusticité et de
hardiesse, qui conclut par ce mot : *Dieu s'est mépris;* il
n'y a rien là qui soit au-dessus ou au-dessous de la logique d'un paysan . — On a fait à notre poète le reproche
de tomber quelquefois dans le trivial. Voici un procédé
auquel on pourra reconnoître la justesse de ce reproche.
« Si l'expression est basse, il s'en présentera sans peine à
votre esprit un grand nombre de semblables; mais si elle
est simple, faites les efforts qu'il vous plaira, vous n'en
trouverez point de plus belles, si ce n'est que vous soyiez
d'un esprit beaucoup supérieur, ou d'une expérience dans
l'art d'écrire bien plus avancée que celle de l'auteur. »
(S. Evremond, *OEuv. mêlées.*)

3 *Au conseil de celui que prêche ton curé.*

Rabelais : Mais vous me remettez au conseil de Dieu, en
la chambre de ses menus plaisirs (*Pantagr.*, liv. III.)

4 . . . . . *Un quiproquo.*

Mot emprunté du latin, pour exprimer une méprise.

5 *Son nez meurtri, etc.*

   Oh , oh! dit-il, je saigne ! etc.

Si la chose est possible , il faut au moins convenir qu'elle
n'est pas vraisemblable ; c'est pourtant sur cette supposition qu'est fondé tout l'intérêt de la fable ; mais l'irrégularité du dessin est bien rachetée par la fraîcheur du coloris.

   6 *Dieu ne l'a pas voulu, etc.* Malherbe avoit dit de même
dans un sujet plus grave :

> Vouloir ce que Dieu veut est la seule science
>   Qui nous met en repos.

   7   *En louant Dieu de toutes choses, etc.*

De ce qu'un gland , et non pas une citrouille, tombe sur
le nez de Garo, s'en suit-il, demande M. Marmontel,
que tout soit bien ? (*Poétiq.* ch. 17, t. II.)

   Aussi la pensée du poëte n'a-telle pas cette extension.
Louer Dieu de toutes choses, ce n'est pas prononcer que
tout soit bien ; et quel mal y auroit il encore ? Pope l'a bien
cru ; si c'est là une erreur, c'étoit celle de Fénélon. C'est
glorifier le Créateur dans l'universalité de ses œuvres, c'est
rendre hommage à la sagesse de ses desseins impéné-
trables, immenses comme lui ; c'est l'adorer en silence
jusques dans les objets dont notre foible vue n'aperçoit
point le rapport immédiat avec l'intérêt de nos besoins ou
de nos plaisirs. M. Marmontel aimerait-il mieux que La
Fontaine eût fait le procès à la divinité, en disant *qu'elle a
fait mal bien des choses?*

> Mathieu *Garo* chez nous eut l'esprit plus flexible,
> Il *loua Dieu de tout ,* etc.   (Voltaire.)

D'ailleurs nous sommes rentrés là sans nous en douter,
dans ce texte si fertile de controverses au moyen duquel
les sophistes de la fin du xviiie siècle passaient leur vie
dans mille débats oisifs pour savoir si tout étoit bien
en sortant des mains de Dieu, si tout dégénéroit entre
les mains de l'homme.

FABLE V.

L'Écolier, le Pédant et le Maître d'un Jardin (*).

Certain enfant qui sentoit son collége [1],
Doublement sot et doublement fripon,
Par le jeune âge et par le privilége
Qu'ont les pédans de gâter la raison [2];
Chez un voisin déroboit, ce dit-on,
Et fleurs et fruits. Ce voisin en automne
Des plus beaux dons que nous offre Pomone,
Avoit la fleur, les autres le rebut.
Chaque saison apportoit son tribut :
Car au printemps il jouissoit encore
Des plus beaux dons que nous présente Flore.
Un jour dans son jardin il vit notre écolier,
Qui grimpant, sans égard, sur un arbre fruitier,
Gâtoit jusqu'aux boutons, douce et frêle espérance,
Avant-coureurs des biens que promet l'abondance [3].
Même il ébranloit l'arbre; et fit tant à la fin,
 Que le possesseur du jardin
Envoya faire plainte au maître de la classe.
Celui-ci vint suivi d'un cortége d'enfans.
 Voilà le verger plein de gens
Pires que le premier. Le pédant, de sa grâce [4],
 Accrut le mal en amenant
 Cette jeunesse mal instruite :
Le tout, à ce qu'il dit, pour faire un châtiment
Qui pût servir d'exemple, et dont toute sa suite [5]
Se souvînt à jamais, comme d'une leçon.
Là-dessus il cita Virgile et Cicéron,
 Avec force traits de science.

(*) Le *Jardiner et son Seigneur*, liv. IV, fab. 4.

Son discours dura tant, que la maudite engeance
Eut le temps de gâter en cent lieux le jardin.

   Je hais les pièces d'éloquence
  Hors de leur place, et qui n'ont point de fin ;
    Et ne sais bête au monde pire
   Que l'écolier, si ce n'est le pédant.
Le meilleur de ces deux pour voisin, à vrai dire,
   Ne me plairoit aucunement.

OBSERVATIONS DIVERSES.

1 . . . . . . *Qui sentoit son collége, etc.*

En parlant d'un renard : *Sentant son renard* d'une lieue.
(Liv. V, fab. 5.)

2 . . . . . . *Et par le privilége, etc.*

Epigramme fine et trop fondée en raison. L'esprit s'en
retrouve dans Montaigne, un des écrivains favoris de
notre poète.

3 *Gâtoit jusqu'aux boutons, douce et frêle espérance,*
  Avant-coureurs des biens que promet l'abondance.

Ces deux vers sont bien loin de se ressembler pour la justesse et le charme de l'expression. Le premier n'a pas besoin de commentaire : il prouve encore avec qu'elle douce
effusion de sensibilité La Fontaine s'intéresse à tout ce
qui souffre. L'autre me paroît obscur : *l'abondance* ne *promet* pas ; elle est arrivée à la suite des *biens.*

4 . . . . . . *De sa grace, etc.*

On dit, grace à ses bienfaits, à ses soins ; on ne dit plus
de sa grace.

5 . . . . . . *Et dont toute sa suite, etc.*

Devient languissant, inutile après cet hémistiche : *qui pût
servir d'exemple.*

FABLE VI.

Le statuaire et la statue de Jupiter.

Un bloc de marbre étoit si beau,
Qu'un statuaire en fit l'emplette [1].
Qu'en fera, dit-il, mon ciseau [2]?
Sera-t-il dieu, table ou cuvette [3]?

Il sera dieu [4] : même je veux
Qu'il ait en sa main un tonnerre.
Tremblez, humains, faites des vœux :
Voilà le maître de la terre [5]!

L'artisan [6] exprima si bien
Le caractère de l'idole,
Qu'on trouva qu'il ne manquoit rien
A Jupiter que la parole [7].

Même l'on dit que l'ouvrier [8]
Eut à peine achevé l'image,
Qu'on le vit frémir le premier,
Et redouter son propre ouvrage [9].

A la foiblesse du sculpteur,
Le poëte autrefois n'en dut guère [10],
Des dieux dont il fut l'inventeur
Craignant la haine et la colère.

Il étoit enfant en ceci;
Les enfans n'ont l'âme occupée
Que du continuel souci
Qu'on ne fâche point leur poupée.

(*) Ésope, fab. 90. — Plutarque, *Vie de Fabius Maximus.*

II.   12

Le cœur suit aisément l'esprit [11] :
De cette source est descendue
L'erreur païenne qui se vit
Chez tant de peuples répandue.

Ils embrassoient violemment
Les intérêts de leur chimère.
Pygmalion devint amant
De la Vénus dont il fut père.

Chacun tourne en réalités,
Autant qu'il peut, ses propres songes :
L'homme est de glace aux vérités,
Il est de feu pour les mensonges [12].

OBSERVATIONS DIVERSES.

[1] L'antiquité n'a fourni au poëte français que le germe de cet apologue. C'étoit à lui à faire un dieu, du bloc informe.

[2]   *Qu'en fera, dit-il, mon ciseau?*
Est bien plus poétique, que s'il eût dit : qu'en ferai-je? C'est là le vrai style d'Homère : chez lui ce n'est pas Vulcain qui opère ; il commande à ses fourneaux ; et ses fourneaux obéissent.

[3]   *Sera-t-il dieu, table ou cuvette?*
Ces derniers ouvrages sont-ils assez nobles pour venir se placer dans l'imagination de l'artiste, à côté de ce qu'il y a de plus grand?

[4] *Il sera dieu, etc*. Est sublime. Que d'intermédiaires il faut franchir, avant d'arriver à l'idée qu'un morceau de marbre devienne un dieu !

[5]   *Tremblez, humains ; faites des vœux,*
        Voilà le maître de la terre.
Donatello, fameux sculpteur, donnant à une statue le dernier coup de maillet, lui cria : Parle.

⁵ *L'artisan*, *etc.* Nous avons déjà vu ce mot au lieu *d'artiste*. Ils ne sont pas synonymes.

⁷   *Qu'on trouva qu'il ne manquoit rien*
              A Jupiter que la parole.

Oserons - nous le dire? cette idée affoiblit l'image. Ce n'est pas à la parole que Phidias, et Homère son maître, distinguoient leur Jupiter Olympien. A la seule majesté de son front, au seul mouvement de sa tête auguste, ils laissent reconnoître le souverain des Dieux :

    Annuit et totum nutu tremefecit Olympum.

⁸   . . . . . *L'ouvrier* , *etc.*

N'est pas plus noble qu'*artisan*. Ce mot n'étoit pas encore tombé en roture au dernier siècle. M. Rollin appelle ainsi Phidias.

⁹   . . . . . . *Frémir le premier* ,
              Et redouter son propre ouvrage.

Encore sublime, encore marqué au coin de l'enthousiasme, l'unique foyer du génie ; tant le poète a pris fortement l'empreinte de l'objet qu'il a conçu! Tout cela justifie le mot d'Aristote : « Que le génie n'est que l'imitation fidèle de la nature dans son beau. »

Remarquons que La Fontaine a composé cette fable de stances d'égale mesure. Au lieu de vers irréguliers, bien plus analogues au génie du poète et au genre qu'il traite ; ce sont, en quelque sorte, des strophes lyriques ; sans doute parce que l'élévation des pensées et des expressions donne à cet apologue l'air d'une ode.

¹⁰   *Le poète autrefois n'en dut guère* , *etc.*

Pour dire *ne le céda pas*. Expression surannée et vicieuse. *Poète* est ici de deux syllabes, comme dans la fable intitulée *l'Horoscope :*

    Même précaution nuisit au *poète* Eschyle.

On a dit à tort que le satirique Régnier étoit le premier qui l'eût employé ainsi. Baïf avoit dit dans un de ses sonnets, bien avant Régnier.

    Amour est tel que *les poètes* le feignent.

¹¹   *Le cœur suit aisément l'esprit, etc.*

Il y aurait plus de vérité peut-être à dire que c'est *l'esprit
qui suit le cœur.*

¹²   *L'homme est de glace aux vérités,
      Il est de feu pour les mensonges.*

Vers devenus proverbes. On en fit plusieurs fois l'épi-
graphe des fables de notre poète.

FABLE VII.

La Souris métamorphosée en Fille (*).

Une souris tomba du bec d'un chat-huant :
   Je ne l'eusse pas ramassée ;
Mais un bramin ¹ le fit : je le crois aisément,
   Chaque pays a sa pensée ².
   La souris étoit fort froissée :
   De cette sorte de prochain
Nous nous soucions peu ; mais le peuple bramin
   Le traite en frère. Ils ont en tête
   Que notre âme, au sortir d'un roi,
Entre dans un ciron, ou dans telle autre bête
Qu'il plaît au sort : c'est là l'un des points de leur loi.
Pythagore ³ chez eux a puisé ce mystère.
Sur un tel fondement le bramin crut bien faire
De prier un sorcier qu'il logeât la souris
Dans un corps qu'elle eût eu pour hôte au temps jadis.
   Le sorcier en fit une fille
De l'âge de quinze ans, et telle et si gentille,
Que le fils de Priam ⁴ pour elle auroit tenté
Plus encor qu'il ne fit pour la grecque beauté.
Le bramin fut surpris de chose si nouvelle.

(*) Ésope, fab. 172.

Il dit à cet objet si doux :
Vous n'avez qu'à choisir, car chacun est jaloux
    De l'honneur d'être votre époux.
    En ce cas, je donne, dit-elle,
    Ma voix au plus puissant de tous.
Soleil, s'écria lors le bramin à genoux,
    C'est toi qui seras notre gendre.
    Non, dit-il, ce nuage épais
Est plus puissant que moi, puisqu'il cache mes traits,
    Je vous conseille de le prendre.
Et bien, dit le bramin au nuage volant,
Es-tu né pour ma fille? Hélas! non; car le vent
Me chasse à son plaisir de contrée en contrée :
Je n'entreprendrai point sur les droits de Borée.[5]
    Le bramin fâché s'écria :
    O vent donc, puisque vent y a[6],
    Viens dans les bras de notre belle!
Il accouroit : un mont en chemin l'arrêta.
    L'éteuf[7] passant à celui-là,
Il le renvoie et dit : J'aurois une querelle
    Avec le rat; et l'offenser
Ce seroit être fou, lui qui peut me percer.
    Au mot de rat, la damoiselle
    Ouvrit l'oreille. Il fut l'époux.
    Un rat! Un rat : c'est de ces coups
    Qu'amour fait, témoin telle et telle :
    Mais ceci soit dit entre nous.

On tient toujours du lieu dont on vient : cette fable
Prouve assez bien ce point : mais à la voir de près,
Quelque peu de sophisme entre parmi ses traits :
Car quel époux n'est point au soleil préférable
En s'y prenant ainsi? Dirai-je qu'un géant
Est moins fort qu'une puce? elle le mord pourtant.
Le rat devoit aussi renvoyer, pour bien faire,

La belle au chat, le chat au chien,
Le chien au loup. Par le moyen
De cet argument circulaire,
Pilpay jusqu'au soleil eût enfin remonté;
Le soleil eût joui de la jeune beauté.
Revenons, s'il se peut, à la métempsycose :
Le sorcier du bramin fit sans doute une chose
Qui, loin de la prouver, fait voir sa fausseté.
Je prends droit là-dessus contre le bramin même :
    Car il faut, selon son système,
Que l'homme, la souris, le ver, enfin chacun
Aille puiser son âme en un trésor commun.
    Toutes sont donc de même trempe;
    Mais agissant diversement,
    Selon l'organe seulement,
    L'une s'élève et l'autre rampe.
D'où vient donc que ce corps, si bien organisé,
    Ne put obliger son hôtesse
De s'unir au soleil? Un rat eut sa tendresse.

    Tout débattu, tout bien pesé,
Les âmes des souris et les âmes des belles
    Sont très-différentes entre elles.
Il en faut revenir toujours à son destin,
C'est-à-dire à la loi par le ciel établie :
    Parlez au diable, employez la magie,
Vous ne détournerez nul être de sa fin.

OBSERVATIONS DIVERSES.

Cette fable a beaucoup de rapports avec la fable 18 du second Livre.

¹ *Un Bramin*, *etc.* Prêtre ainsi nommé de *Brama*, la principale Divinité adorée dans l'Inde et dans la Perse.

¹   *Chaque pays a sa pensée.*

Pensée n'est pas la même chose que *façon de penser*. Pensée est la conception subite d'une idée ou d'un sentiment. *Façon de penser* indique la manière habituelle de voir telle idée.

³ *Pythagore, etc.* Célèbre philosophe grec, né à Samos, dont la réputation et les disciples ont singulièrement accrédité le dogme de la métempsycose ou transmigration des âmes en d'autres corps; dogme qu'il avoit puisé à l'école des philosophes Indiens, connus alors sous le nom de Brachmanes ou Gymnosophistes.

⁴ *Que le fils de Priam, etc.* Pâris, fils de Priam, roi de Troie, étant à Sparte, enleva Hélène, femme de Ménélas qui régnoit sur cette contrée, et l'emmena dans les états de son père qui paya de sa couronne et de sa vie les téméraires amours de son fils.

⁵ . . . . . *; Borée.*

On a vu dans la fable de *Phébus et Borée* (l. VI. fab. 3) ce qu'étoit ce personnage mythologique.

6.   . . . . . . *Puisque vent y a, etc.*

Par respect pour le génie, nous n'insisterons pas sur ce que cet *hiatus* a de défectueux et de mal sonnant.

7 *Éteuf, etc.* On dit proverbialement *repousser l'éteuf*, pour dire : repliquer vertement. « (*Dictionn. de Trévoux*) : On dit encore : recevoir la balle; c'est le même sens. *Éteuf*, est proprement la balle du jeu de longue paume. » On lit dans Montaigne : « Un de mes frères jouant à la paulme, receut un coup *d'éteuf* un peu au-dessous de l'oreille droite. »

Dans tout le reste de cette fable, l'auteur se livre à une discussion philosophique, pour prouver ce qu'on ne lui conteste pas. C'est traiter trop au sérieux un sujet dont l'écrivain oriental, qui lui en a forni l'idée, n'avoit sans doute prétendu faire qu'un jeu d'esprit. On peut bien mêler un trait de fable à une discussion; mais convertir en dissertation la morale de la fable, c'est faire perdre à l'apologue la brièveté, qui est une de ses qualités les plus essentielles.

~~~~~~

FABLE VIII.

Le Fou qui vend la Sagesse (*).

Jamais auprès des fous ne te mets à portée :
Je ne te puis donner un plus sage conseil.
    Il n'est enseignement pareil
A celui-là de fuir une tête éventée.
    On en voit souvent dans les cours [1] :
Le prince y prend plaisir; car ils donnent toujours
Quelque trait aux fripons, aux sots, aux ridicules.

Un fol alloit criant par tous les carrefours
Qu'il vendoit la sagesse; et les mortels crédules
De courir à l'achat; chacun fut diligent.
    On essuyoit forces grimaces;
    Puis, on avoit pour son argent,
Avec un bon soufflet, un fil long de deux brasses.
La plupart s'en fàchoient; mais que leur servoit-il?
C'étoient les plus moqués : le mieux étoit de rire,
    Ou de s'en aller sans rien dire
    Avec son soufflet et son fil.
    De chercher du sens à la chose,
On se fùt fait siffler ainsi qu'un ignorant.
    La raison est-elle garant
De ce que fait un fou? Le hasard est la cause
De tout ce qui se passe en un cerveau blessé.
Du fil et du soufflet pourtant embarrassé,
Un des dupes [2] un jour alla trouver un sage,
    Qui, sans hésiter davantage,

(*) Abstemius, fab. 184.

Lui dit : Ce sont ici hiéroglyphes tout purs [3].
Les gens bien conseillés, et qui voudront bien faire,
Entre eux et les gens fous mettront [4], pour l'ordinaire,
La longueur de ce fil : sinon, je les tiens sûrs
    De quelque semblable caresse.
Vous n'êtes point trompé, ce fou vend la sagesse.

OBSERVATIONS DIVERSES.

[1]   *On en voit souvent dans les cours, etc.*

Et ce n'est pas le phénomène le moins extraordinaire que présente l'histoire moderne. Dès le 9ᵉ siècle on parle d'un fou nommé *Dandery*, à la cour de l'empereur Théophile. Après les croisades, la mode en devint générale dans l'Europe. En France, l'emploi de fou de cour étoit un office important, même auprès du sage Charbes V. Celui de François Iᵉʳ, nommé *Triboulet*, a laissé quelque réputation ; mais le plus célèbre de tous est ce *l'Angely*, que Boileau a associé à l'immortalité du grand Alexandre, dans ses satires.

[2] *Un des dupes, etc.* Il faudrait : *une des dupes*, puisque ce mot est féminin.

[3] . . . . . . *Ce sont ici Hiéroglyphes tout purs.*

Figures emblématiques qui, sous des signes sensibles, cachent un sens ou religieux ou moral.

[4] *Entre eux et les gens fous mettront, etc.* Traduction littérale de cette phrase d'Abstémius, auteur de l'apologue : *Eris sapiens, si quousquè hoc filum protenditur, ab insanis et furiosis abfueris.*

Le dernier trait de cette fable rappelle parfaitement le mordant d'une épigramme bien faite ; l'épigramme étant aussi dans son genre une leçon de morale qui n'est pas toujours sans effet.

FABLE IX.

L'Huître et les Plaideurs (*).

Un jour deux pèlerins sur le sable rencontrent
Une huître que le flot y venoit d'apporter :
Ils l'avalent des yeux, du doigt ils se la montrent;
A l'égard de la dent il fallut contester.
L'un se baissoit déjà pour amasser la proie;
`L'autre le pousse, et dit : Il est bon de savoir
  Qui de nous en aura la joie.
Celui qui le premier a pu l'apercevoir
En sera le gobeur; l'autre le verra faire.
  Si par là l'on juge l'affaire,
Reprit son compagnon, j'ai l'œil bon, dieu merci.
  Je ne l'ai pas mauvais aussi,
Dit l'autre, et je l'ai vue avant vous, sur ma vie.
Eh bien! vous l'avez vue, et moi je l'ai sentie.
  Pendant tout ce bel incident
Perrin-Dandin arrive : ils le prennent pour juge.
Perrin, fort gravement, ouvre l'huître, et la gruge,
  Nos deux messieurs le regardant.
Ce repas fait, il dit d'un ton de président :
Tenez, la cour vous donne à chacun une écaille
Sans dépens, et qu'en paix chacun chez soi s'en aille.

Mettez ce qu'il en coûte à plaider aujourd'hui :
Comptez ce qu'il en reste à beaucoup de familles;
Vous verrez que Perrin tire l'argent à lui,
Et ne laisse aux plaideurs que le sac et les quilles.

(*) Fabliaux du XIIᵉ et XIIIᵉ siècles. — Boileau. — Desbillons
liv. VI, fab. 16.

OBSERVATIONS DIVERSES.

On lit cette note dans l'ancien commentateur de Boileau: « M. Despréaux avoit appris cette fable de son père, auquel il l'avoit ouï conter dans sa jeunesse. Elle est tirée d'une ancienne comédie italienne. »

Voici la fable de Despréaux :

> Un jour, dit un auteur, n'importe en quel chapitre,
> Deux voyageurs à jeûn rencontrèrent une huître.
> Tous deux la contestoient, lorsque dans leur chemin
> La justice passa, la balance à la main.
> Devant elle à grand bruit ils expliquent la chose :
> Tous deux avec dépens veulent gagner leur cause.
> La justice pesant ce droit litigieux,
> Demande l'huître, l'ouvre et l'avale à leurs yeux;
> Et par ce bel arrêt, terminant la bataille :
> Tenez, voilà, dit-elle, à chacun une écaille !
> Des sottises d'autrui nous vivons au palais.
> Messieurs, l'huître étoit bonne. Adieu. Vivez en paix.

Cette narration ne manque point de détails agréables, aussi son auteur n'a-t-il pas oublié d'instruire la postérité qu'un très grand prince (le prince Condé) l'avoit trouvée *très bien contée*, et que plusieurs *la louoient avec excès :* il vante lui-même encore *la correction qu'il y a mise;* et si *pour ne pas se brouiller avec le premier capitaine du siècle*, il a consenti à l'ôter de sa première épître au roi, où elle étoit d'abord insérée, c'a été pour la réunir à la seconde, avec la précaution de donner à son tableau un cadre mieux assorti ; ce qui prouve qu'il ne regardoit pas cette pièce comme indifférente. (V. *Avertissement en tête de la* 2e *édition* de Boileau, t., I p. 311. *Notes.*) De tels aveux seroient mieux placés sous une autre plume, sans doute ; mais ils n'ôtent pas le droit de l'examen et de la comparaison.

Le début a de la sécheresse auprès de celui de La Fontaine :

> *Un jour deux pèlerins sur le sable rencontrent*
> *Une huître que le flot y venoit d'apporter.*
> *Tous deux la contestoient, lorsque, etc.*

Boileau est l'historien ; La Fontaine sera peintre :

> *Ils l'avalent des yeux, du doigt ils se la montrent :*
> *A l'égard de la dent, il fallut contester.*
> *L'un se baissoit déja pour amasser la proie ;*
> *L'autre le pousse et dit, etc.*

Combien ces mouvemens animent la scène ! On voit les pèlerins, on entend leurs débats, on est avec eux sur la rive, on va se croire au barreau.

> *Eh bien, vous l'avez vue, et moi je l'ai sentie !*

dira l'un des prétendans ; et cette naïveté exquise, pleine à la fois de finesse et de naturel, eût à coup sûr échappé à Boileau.

> *. . . . . . . Lorsque dans leur chemin*
> *La Justice passa la balance à la main.*

Il n'est plus nécessaire d'avertir que c'est ce dernier qui qui parle. Il blâmoit le fabuliste d'avoir mis *au lieu de la Justice, un juge, sous le nom de Perrin-Dandin, qui avale l'huître :* en quoi, dit-il, *La Fontaine a manqué de justesse ; car ce ne sont pas les juges seuls qui causent des frais aux plaideurs, ce sont tous les officiers de justice.* Le défaut de justesse est dans la critique comme dans les vers de Despréaux, et non dans ceux de La Fontaine. 1° Qu'importe que ce ne soient pas les juges seuls qui ruinent les plaideurs ? La Fontaine ne prétend pas exclure de cet homicide emploi les *officiers de justice.* 2° La spoliation des plaideurs vient sur-tout de la sentence : or c'est le juge qui la rend, et le juge seul. 3° La personne de Perrin-Dandin représente assez bien la justice tout entière, pour la vouer au ridicule. Ce nom rappelle les sarcasmes de Rabelais, et les traits plus enjoués et plus profonds de la comédie. Le masque hideux dont La Fontaine le couvre serait un outrage pour la *justice* elle-même, que Boileau confond mal adroitement avec les Perrin-Dandin et les Chicanneau, qui n'ont point de *balance à la main.*

> *Tous deux avec dépens veulent gagner leur cause.*

(Boileau.) Il pouvoit avoir lu dans La Fontaine :

Tenez la cour vous donne à chacun une écaille
Sans dépens.

L'imitation est froide, le trait original est une sanglante ironie.

La justice pesant ce droit litigieux.

De quel droit parle-t-on? L'auteur avoit dit quelques lignes avant sa fable :

Allumoit dans ton cœur l'humeur litigieuse.
Et par ce bel arrêt terminant la bataille.

Mauvais vers, préambule languissant. Relisez La Fontaine ; quelle différence !

Messieurs, l'huître étoit bonne. Adieu. Vivez en paix.

Le premier hémistiche est ce qu'il y a de mieux dans la pièce. L'éloge du mets, pour tout fruit de ces longs débats, est d'un bon comique : on ne plaint pas les dupes qui le sont par leur faute. L'autre hémistiche est imité de La Fontaine :

Et qu'en paix chacun chez soi s'en aille.

La Mothe semble aussi avoir imité cet apologue dans la fable *le Fromage* (liv. II, fab. 11.)

* * *

FABLE X.

Le Loup et le Chien maigre (*).

Autrefois ¹ carpillon fretin,
Eut beau prêcher, il eut beau dire,
On le mit dans la poêle à frire.
Je fis voir que lâcher ce qu'on a dans la main,
Sous espoir de grosse aventure,
Est imprudence toute pure.
Le pêcheur eut raison : carpillon n'eut pas tort.

(*) Ésope, fab. 35.

Chacun dit ce qu'il peut pour défendre sa vie.
Maintenant il faut que j'appuie
Ce que j'avançai lors [2], de quelque trait encor.

Certain loup, aussi sot que le pêcheur fut sage,
Trouvant un chien hors du village,
S'en alloit l'emporter : le chien représenta
Sa maigreur. Jà ne plaise à votre seigneurie
De me prendre en cet état-là;
Attendez, mon maître marie
Sa fille unique; et vous jugez
Qu'étant de noce il faut malgré moi que j'engraisse.
Le loup le croit, le loup le laisse.
Le loup, quelques jours écoulés,
Revient voir si son chien n'est point meilleur à prendre.
Mais le drôle étoit au logis.
Il dit au loup par un treillis :
Ami, je vais sortir; et si tu veux attendre,
Le portier du logis et moi
Nous serons tout à l'heure à toi.
Ce portier du logis étoit un chien énorme,
Expédiant les loups en forme [3].
Celui-ci s'en douta. Serviteur au portier,
Dit-il; et de courir. Il étoit fort agile,
Mais il n'étoit pas fort habile :
Ce loup ne savoit pas encor bien son métier.

OBSERVATIONS DIVERSES.

[1] *Autrefois, etc.* Voyez livre V, fable 3.

[2] *Ce que j'avançai lors,* etc. Pour *alors.* Vieux langage,
comme quelques vers plus bas, *jà* pour *déjà.* Il y a nom-
bres de négligences dans cette fable.

[3]   *Expédiant les loups en forme.*

C'est-à-dire, *en bonne forme, de la bonne manière.* Avec

quel avantage on relèveroit dans tout autre écrivain ces
vers :

> *Le loup le croit , le loup le laisse ,*
> *Le loup , quelques jours écoulés ,*
> *Revient voir,* etc.

Et celui-ci qui termine la fable d'une manière si plaisante :

> *Ce loup ne savoit pas encor bien son métier.*

~~~~~~~~~~~~~~~~~~~~~~~~~~~~~~~~~~

FABLE XI.

Rien de trop (*).

Je ne vois point de créature
Se comporter modérément.
Il est certain tempérament [1]
Que le maître de la nature
Veut que l'on garde en tout. Le fait-on? Nullement.
Soit en bien, soit en mal, cela n'arrive guère.
Le blé, riche présent de la blonde Cérès,
Trop touffu bien souvent épuise les guérets :
En superfluité s'épandant [2] d'ordinaire,
Et poussant trop abondamment,
Il ôte à son fruit l'aliment.
L'arbre n'en fait pas moins : tant le luxe sait plaire.
Pour corriger le blé, Dieu permit aux moutons
De retrancher l'excès des prodigues moissons.
Tout au travers ils se jetèrent,
Gâtèrent tout, et tout broutèrent :
Tant que le ciel permit aux loups
D'en croquer quelques uns : ils les croquèrent tous ;
S'ils ne le firent pas, du moins ils y tâchèrent.
Puis le ciel permit aux humains

(*) Terence , *Andrienne* , acte I, sc. I.—Phèdre , liv. II, fab. 5.

De punir ces derniers : les humains abusèrent
    A leur tour des ordres divins.
De tous les animaux, l'homme a le plus de pente
    A se porter dedans l'excès.
    Il faudroit faire le procès
Aux petits comme aux grands. Il n'est âme vivante
Qui ne pèche en ceci. *Rien de trop* [3] est un point
Dont on parle sans cesse, et qu'on n'observe point.

OBSERVATIONS DIVERSES.

Il n'y a point ici d'action, donc point d'apologue. En effet, oubliez le nom de l'ouvrage où se trouve cette pièce, et le caractère de son auteur, vous n'y verrez qu'une moralité du genre de celles qui composent le recueil de madame Deshoulières.

[1]   *Il est certain tempérament*, etc.

. . . . Sunt certi denique fines
Quos ultrà, citràque nequit consistere rectum.

[2] *S'épandant*, etc. Dans la fable antique du *Datillier et de la Courge :* « laquelle courge dedans pou de jours, monta à plus hault du datillier (palmier), et par tous les angles et branches de ce datillier, se commença à espandre. » (*Mss. de la biblioth. du Roi n° 7202.*)

[3] *Rien de trop*, etc. Il est peu de maximes aussi célèbres dans l'antiquité que celle-ci : Poëmes et théâtre, philosophes et orateurs, et le portique, et le lycée, et l'académie, tout depuis Bias, à qui on la rapporte; depuis Homère lui-même, en qui l'on en trouve le sens; tout a retentit de ce mot dont les modernes ont bien soutenu la réputation, mais sans être plus fidèles que leurs pères à l'observer.

FABLE XII.

Le Cierge (*).

C'est du séjour des dieux [1] que les abeilles viennent.
Les premières, dit-on, s'en allèrent loger
    Au mont Hymette [2], et se gorger
Des trésors qu'en ce lieu les Zéphyrs entretiennent.
Quand on eut des palais de ces filles du ciel ·
Enlevé l'ambroisie en leurs chambres enclose;
  . Ou, pour dire en françois la chose,
    Après que les ruches sans miel
N'eurent plus que la cire, on fit mainte bougie :
    Maint cierge aussi fut façonné.
Un d'eux voyant la terre en brique au feu durcie
Vaincre l'effort des ans, il eut la même envie;
Et nouvel Empédocle [3] aux flammes condamné
    Par sa propre et pure folie,
Il se lança dedans. Ce fut mal raisonné :

Ce cierge ne savoit grain de philosophie.
Tout en tout est divers : ôtez-vous de l'esprit
Qu'aucun être ait été composé sur le vôtre.
L'Empédocle de cire au brasier se fondit :
    Il n'étoit pas plus fou que l'autre.

OBSERVATIONS DIVERSES.

[1] *C'est du séjour des dieux, etc.* Si l'auteur immortel des Géorgiques ne partageoit point cette opinion, il l'a du moins accréditée par ces beaux vers dans lesquels il l'exprime :

    His quidam signis atque, etc.

(*) Ésope, fab. 243.

que M. Delisle a traduit :

> Frappés de ces grands traits, des sages ont pensé
> Qu'un céleste rayon dans leur sein fut versé, etc.

² *Au mont Hymette*, *etc.* Montagne de l'Attique, célèbre
par ses fleurs odoriférantes et le miel que l'on y recueil-
loit. C'est aujourd'hui *Monte-Metto* ou *Lamproboni*, dans la
Livadie, entre Setines et le cap Colonne. Il y a encore des
abeilles, sur tout dans un monastère que les Turcs appellent *Cosbachi*.

³ *Et nouvel Empédocle*, *etc.* Philosophe célèbre de l'école
d'Italie. On a dit que, pour exciter l'admiration par une
action hardie qui l'élevât au-dessus du vulgaire, il s'étoit
précipité dans les flammes de l'Etna par une des ouver-
tures de ce mont embrasé. Diogène Laërce, qui écrivit
son histoire, rapporte plusieurs opinions sur sa mort,
lesquelles font bien présumer qu'elle ne fut pas naturelle,
mais non pas qu'elle ait été volontaire. Quoi qu'il en soit,
il est vrai de dire d'Empédocle, qu'il illustra sa patrie par
ses lois, et la philosophie par ses écrits. Ses ouvrages en
vers fourmillent de beautés qu'Homère n'auroit pas dé-
vouées, dit l'auteur du *Voyage d'Anacharsis*.

FABLE XIII.

Jupiter et le Passager (*).

O combien le péril enrichiroit les dieux ¹,
Si nous nous souvenions des vœux qu'il nous fait faire !
Mais le péril passé ², l'on ne se souvient guère
　　De ce qu'on a promis aux cieux :
On compte seulement ce qu'on doit à la terre.
Jupiter, dit l'impie, est un bon créancier :
　　Il ne se sert jamais d'huissier.
　　Eh ! qu'est-ce donc que le tonnerre ³ ?

(*) Esope, fab. 18 et 47.

Comment appelez–vous ces avertissemens?

    Un passager, pendant l'orage,
Avoit voué cent bœufs [4] au vainqueur des Titans;
Il n'en avoit pas un : vouer cent éléphans [5]
    N'auroit pas coûté davantage.
Il brûla quelques os quand il fut au rivage.
Au nez de Jupiter la fumée en monta.
Sire Jupin, dit-il, prends mon vœu; le voilà :
C'est un parfum de bœuf que ta grandeur respire.
La fumée est ta part : je ne te dois plus rien.
    Jupiter fit semblant de rire :
Mais après quelques jours le dieu l'attrapa bien,
    Envoyant un songe [6] lui dire
Qu'un tel trésor étoit en tel lieu. L'homme au vœu
    Courut au trésor comme au feu.
Il trouva des voleurs; et n'ayant dans sa bourse
    Qu'un écu pour toute ressource,
    Il leur promit cent talens d'or [7],
    Bien comptés et d'un tel trésor :
On l'avoit enterré dedans telle bourgade.
L'endroit parut suspect aux voleurs, de façon
Qu'à notre prometteur l'un dit : Mon camarade,
Tu te moques de nous, meurs; et va chez Pluton
    Porter tes cent talens en don.

––––––

OBSERVATIONS DIVERSES.

[1] *O combien le péril enrichiroit les dieux!*
Borderie, poète françois, à la fin du quinzième siècle.

    Tous en effet faisoient riches les saints,
    Mais qu'à bon port pussent arriver sains.

[2] *Mais le péril passé*, etc. Les italiens disent de même :
Passato el periculo , gabato el santo ; le péril passé, adieu le
saint.

3   *Eh! qu'est-ce donc que le tonnerre ?*

L'impression de la foudre sur tous les êtres animés, et
l'opinion empreinte au fond des cœurs, que le bruit du
tonnerre et les éclairs qui l'accompagnent sont des *avertis-*
semens que le ciel envoie à la terre, ont fourni de tous temps
à la poésie comme à la peinture des tableaux sublimes.
On se rappelle ces beaux vers des Géorgiques, dans lesquels le traducteur se montre l'égal de son modèle ?

> Ipse pater mediâ nimborum, etc.

> Dans cette nuit affreuse, environné d'éclairs,
> Le roi des dieux s'assied sur le trône des airs :
> La terre tremble au loin sous son maître qui tonne,
> Les animaux ont fui ; l'homme éperdu frissonne :
> L'univers ébranlé s'épouvante. . . . Le Dieu
> De Rhodope ou d'Athos réduit la cime en cendre, etc.
>   (*Géorg.*, liv. I.)

4 *Avoit voué cent bœufs au vainqueur des Titans. Cent bœufs:*
Les jeunes gens sauront que ce nombre de victimes faisoit ce
qu'on nomme un hecatombe. *Le vainqueur des Titans* est
Jupiter, qui dut la tranquille possession du Ciel à sa victoire sur ces monstrueux enfans de la terre.

5 . . . . . . *Vouer cent Éléphans*
           N'auroit pas coûté davantage.

On lit dans les Facéties du Pogge l'historiette suivante.
« Un capitaine de vaisseau prêt à faire naufrage, voue à la
vierge un cierge gros comme un mât de vaisseau. On lui
fait des représentations : Bon, dit-il, si nous échappons,
il faudra bien qu'elle se contente d'un petit cierge. »
Cette plaisanterie rappelle celle de Panurge, qui pendant
une tempête, voue à S. Nicolas, une chapelle. Echappé au
naufrage, il soutient qu'il a entendu parler d'une *chapelle*
d'eau rose, (*Pantagr.*, liv. IV.) jouant sur le mot chapelle,
qui veut dire dans ce sens *un alambic*. Ainsi l'homme,

> Toujours dans le péril au ciel levant les mains,
> Dès que l'air est calmé, rit des foibles humains.

6 *Envoyant un songe*, etc. Les songes étoient, dans les
idées mythologiques des anciens, ce qu'ils sont encore sur
le théâtre, les agens des dieux auprès des hommes. Les

songes dit le poète théologien de l'antiquité, nous viennent de Jupiter; et il faut convenir que des témoignages bien respectables et bien nombreux semblent déposer en faveur de cette doctrine. Reste à expliquer comment les droits de la vérité, caractère essentiel à un Dieu, peuvent s'accorder avec ceux de la vengeance.

7 . . . . . *Cent talens d'or*, etc. On évalue le talent d'or à 33,900 liv. de notre monnoie. Cette somme centuplée produit, comme on voit, un total immense.

FABLE XIV.

Le Chat et le Renard (*).

Le chat et le renard, comme beaux petits saints [1],
   S'en alloient en pèlerinage.
C'étoient deux vrais tartuphes, deux archipatelins [2],
Deux francs pate-pelus, qui, des frais du voyage,
Croquant mainte volaille, escroquant maint fromage,
   S'indemnisoient à qui mieux mieux.
Le chemin étant long, et partant ennuyeux,
   Pour l'accourcir ils disputèrent.
   La dispute est d'un grand secours [3] :
   Sans elle on dormiroit toujours.
   Nos pèlerins s'égosillèrent.
Ayant bien disputé, l'on parla du prochain.
   Le renard au chat dit enfin :
   Tu prétends être fort habile;
En sais-tu tant que moi? J'ai cent ruses au sac.
Non, dit l'autre, je n'ai qu'un tour dans mon bissac;
   Mais je soutiens qu'il en vaut mille.
Eux de recommencer la dispute à l'envi.
Sur le que-si, que-non [4]; tous deux étant ainsi,

(*) Érasme. — Desbillons, liv. V, p. 37.

Une meute apaisa la noise.
Le chat dit au renard : Fouille en ton sac, ami;
    Cherche en ta cervelle matoise
Un stratagème sûr : Pour moi, voici le mien.
A ces mots, sur un arbre il grimpa bel et bien.
    L'autre fit cent tours inutiles,
Entra dans cent terriers, mit cent fois en défaut
    Tous les confrères de Brifaut.
    Partout il tenta des asiles;
    Et ce fut partout sans succès;
La fumée y pourvut ainsi que les bassets [5].
Au sortir d'un terrier, deux chiens aux pieds agiles
    L'étranglèrent du premier bond.

Le trop d'expédiens peut gâter une affaire :
On perd du temps au choix, on tente, on veut tout faire :
    N'en ayons qu'un; mais qu'il soit bon.

———————

OBSERVATIONS DIVERSES.

[1] . . . . . . *Comme beaux petits saints, etc.*

Clém. Marot (dans son *Temple de Cupido.*) « *Sainctes* et
Saincts qu'on y va réclamer, etc. » Dès le temps de Guillaume de Lorris et Jean de Meun la poésie s'étoit accou-
tumée à transporter dans ses calendriers profanes ces épithètes consacrées à la religion. Ces abus des mots ne sont
tolérables que dans un style familier.

[2] *C'étoient deux vrais tartuphes, deux archipatelins, etc.*
Observez que la manière dont La Fontaine écrit *Tartuphes*
alonge le vers d'une syllabe, et rend la césure vicieuse.
On ne peut ignorer ce que c'est qu'un *tartufe*, depuis que
le génie de la comédie a voué à l'exécration des siècles l'o-
dieux caractère qu'il désigne. *Archipatelins*, le type de ce
mot étoit connu depuis la farce si célèbre de l'*Avocat Patelin.*

³ *La dispute est d'un grand secours, etc.*

L'érudition n'est pas le seul champ auquel La Fontaine ait dû ses plus riches récoltes. La société, dans laquelle il portoit le coup d'œil impartial du spectateur au théâtre, lui laissoit voir à nu ses mœurs et ses ridicules, qu'il venoit ensuite reproduire dans ses tableaux avec autant de fidélité que d'élégance.

⁴ *Sur le que-si, que-non, etc.* Dans la fable *de la Discorde* (L. VI. fab. 20.) *Elle, que-si que-non, etc.*

⁵ *La fumée y pourvut, ainsi que les bassets.*

Quand le Renard est dans son terrier, on l'y *enfume* pour l'en chasser. *Bassets*, petits chiens dressés à poursuivre le gibier au fond des trous où il s'enferme.

FABLE XV.

Le Mari, la Femme et le Voleur (*).

Un mari fort amoureux,
Fort amoureux de sa femme,
Bien qu'il fût jouissant, se croyoit malheureux.
Jamais œillade de la dame,
Propos flatteur et gracieux,
Mot d'amitié, ni doux sourire
Défiant le pauvre sire,
N'avoient fait soupçonner qu'il fût vraiment chéri;
Je le crois, c'étoit un mari.
Il ne tint point à l'hyménée
Que, content de sa destinée,
Il n'en remerciât les dieux;
Mais quoi? si l'amour n'assaisonne
Les plaisirs que l'hymen nous donne,

(*) Pilpay, t. II, p. 355.

Je ne vois pas qu'on en soit mieux.
Notre épouse étant donc de la sorte bâtie,
Et n'ayant caressé son mari de sa vie,
Il en faisoit sa plainte une nuit. Un voleur
    Interrompit la doléance.
    La pauvre femme eut si grand'peur,
    Qu'elle chercha quelque assurance
    Entre les bras de son époux.
Ami voleur, dit-il, sans toi, ce bien si doux
Me seroit inconnu. Prends donc en récompense
Tout ce qui peut chez nous être à ta bienséance,
Prends le logis aussi. Les voleurs ne sont pas
    Gens honteux ni fort délicats :
Celui-ci fit sa main. — J'infère de ce conte [1]
    Que la plus forte passion,
C'est la peur : elle fait vaincre l'aversion ;
Et l'amour quelquefois ; quelquefois il la dompte :
    J'en ai pour preuve cet amant,
Qui brûla sa maison pour embrasser sa dame [2],
    L'emportant à travers la flamme.
    J'aime assez cet emportement :
Le conte m'en a plu toujours infiniment :
    Il est bien d'une âme espagnole,
    Et plus grande encore que folle.

OBSERVATIONS DIVERSES.

[1] . . . . . . J'infère de ce conte, etc.

Malgré tout l'agrément répandu dans cette narration, dit
M. Dardenne, on sent que l'essentiel y manque, je veux
dire l'instruction ; car que peut-on recueillir de cette fable
sinon que la peur est la plus forte des passions ? maxime
qu'on pourroit contester, mais qui, fût-elle généralement
adoptée, ne peut être d'aucune utilité. D'ailleurs, ne dit-
on pas communément qu'on ne guérit pas de la peur ? La

Fontaine lui-même nous l'a appris dans sa fable *du Lièvre et les Grenouilles.*

> Corrigez-vous, dira quelque sage cervelle.
>   Eh! la peur se corrige-t-elle?

Il étoit donc inutile que La Fontaine fît une fable pour nous apprendre que la peur est la plus forte des passions, et qu'il faut travailler à en guérir, dès qu'il la tient incurable. (*Disc. prélim. des fabl.* p. 64.) Cette fable, ou plutôt ce conte, n'en est pas moins semé de traits charmans: entre autres ceux-ci :

> *Mais quoi? si l'amour n'assaisonne,*
> *Les plaisirs que l'hymen nous donne,*
> *Je ne vois pas qu'on en soit mieux.*

> 2 . . . . *Cet amant,*
> *Qui brûla sa maison pour embrasser sa dame, etc.*

S. Evremond en parle aussi dans une de ses lettres à madame la Duchesse de Mazarin : « Si vous permettez à mylord Montaigu de se trouver chez lui, quand vous y logerez, je ne doute pas qu'il ne brûle sa maison, comme le Comte de Villa-Mediana brûla la sienne pour un sujet de moindre mérite. » (*OEuvr.* t. V. p. 163) Je croirois plutôt que notre poète avoit en vue un ancien fabliau dont voici l'idée. Un chevalier amoureux d'une dame, envoie vers elle son perroquet pour lui présenter une requête d'amour. La dame accepte l'offre de son cœur; mais il s'agit de s'introduire auprès d'elle, et l'amant embarrassé n'en imagine aucun moyen. L'oiseau propose un expédient, c'est de mettre le feu au château, dans l'espérance que le trouble d'un pareil événement permettra peut-être à la belle de s'échapper. Il exécute son projet avec du feu grégeois qu'il porte sur la charpente dans sa pate. La dame s'échappe en effet; elle vient au rendez-vous, et trouve que ce tour est le plus joli qui ait jamais été joué.

FABLE XVI.

Le Trésor et les deux Hommes (*).

Un homme n'ayant plus ni crédit, ni ressource,
    Et logeant le diable en sa bourse [1],
    C'est-à-dire n'y logeant rien;
    S'imagina qu'il feroit bien
De se pendre, et finir lui-même sa misère,
Puisque aussi bien sans lui la faim le viendroit faire :
    Genre de mort qui ne duit pas [2]
A gens peu curieux de goûter le trépas.
Dans cette intention une vieille masure
Fut la scène où devoit se passer l'aventure :
Il y porte une corde, et veut avec un clou
Au haut d'un certain mur attacher le licou.
    La muraille vieille et peu forte,
S'ébranle aux premiers coups, tombe avec un trésor.
Notre désespéré le ramasse et l'emporte,
Laisse là le licou, s'en retourne avec l'or,
Sans compter [3] : ronde ou non, la somme plut au sire.
Tandis que le galant à grands pas se retire,
L'homme au trésor arrive, et trouve son argent
           Absent [4].
Quoi, dit-il, sans mourir je perdrai cette somme?
Je ne me pendrai pas? Et vraiment si ferai,
    Ou de corde je manquerai.
Le lacs étoit tout prêt, il n'y manquoit qu'un homme :
Celui-ci se l'attache, et se pend bien et beau.
    Ce qui le consola peut-être,
Fut qu'un autre eût pour lui fait les frais du cordeau.
Aussi bien que l'argent le licou trouva maître.

(*) Ausone. — Desbillons, liv. VIII, fab. 13.

L'avare rarement finit ses jours sans pleurs[5] :
Il a le moins de part au trésor qu'il enserre,
    Thésaurisant pour les voleurs,
    Pour ses parens, ou pour la terre.
Mais que dire du troc que la fortune fit?
Ce sont là de ses traits : elle s'en divertit.
Plus le tour est bizarre, et plus elle est contente.
    Cette déesse inconstante
    Se mit alors en l'esprit
    De voir un homme se pendre :
    Et celui qui se pendit,
    S'y devoit le moins attendre.

OBSERVATIONS DIVERSES.

1   *Et logeant le diable en sa bourse , etc.*

Saint-Gelais a développé cette expression proverbiale dans son épigramme connue :

    Un charlatan disoit en plein marché
    Qu'il montreroit le diable à tout le monde,
    S'il n'y en eut, tant fût-il empêché,
    Qui ne courût pour voir l'esprit immonde :
    Lors une bourse assez large et profonde
    Il leur déploie, et leur dit : Gens de bien,
    Ouvrez vos yeux, voyez; y a-t-il rien?
    Non , dit quelqu'un des plus près regardans ,
    Et c'est, dit-il, le diable , oyez-vous bien,
    Ouvrir sa bourse et ne rien voir dedans!

2   . . . . . . *Ne duit pas , etc.*

Duire , plaire; comme *déduire*, divertir. La Fontaine :
(*A madame la duchesse de Bouillon.*)

    Tout vous *duit*, l'histoire et la fable.

C'est-à-dire, tout vous plaît : il avoit emprunté ce terme des anciens poètes. Marot :

    Qui la servoient de tout cela qui *duit*.

³ *Sans compter : ronde ou non, etc.* L'enjouement peut se répandre en toutes sortes de sujets, quelque sérieux, quelque tristes qu'ils soient ; il y a toujours une manière de les présenter avec grâce. (Batteux).

⁴ . . . . . . *Et trouve son argent,*
         Absent.

Il n'est permis d'employer qu'avec la plus sévère retenue ces petits vers mutilés, appelés avec raison de vrais avortons de la poésie : l'exemple de La Fontaine lui-même ne pourroit en justifier l'abus.

⁵ *L'avare rarement finit ses jours sans pleurs, etc.* Morale excellente et parfaitement exprimée. Cet éloge ne doit pourtant pas s'étendre à ce qui est dit ici de la fortune.

FABLE XVII.

Le Singe et le Chat (*).

Bertrand avec Raton, l'un singe, et l'autre chat ¹,
Commensaux d'un logis, avoient un commun maître.
D'animaux malfaisans c'étoit un très bon plat :
Ils n'y craignoient tous deux aucun, quel qu'il pût être.
Trouvoit-on quelque chose au logis de gâté ;
L'on ne s'en prenoit point aux gens du voisinage.
Bertrand déroboit tout : Raton de son côté,
Étoit moins attentif aux souris qu'au fromage.

Un jour, au coin du feu, nos deux maîtres fripons
       Regardoient rôtir des marrons :
Les escroquer étoit une très bonne affaire ;
Nos galans ² y voyoient double profit à faire ³,
Leur bien premièrement, et puis le mal d'autrui.

(*) Hésiode.

Bertrand dit à Raton : Frère, il faut aujourd'hui
  Que tu fasses un coup de maître.
Tire-moi ces marrons; si Dieu m'àvoit fait naître
  Propre à tirer marrons du feu,
  Certes, marrons verroient beau jeu.
Aussitôt fait que dit : Raton avec sa pate [4],
  D'une manière délicate,
Écarte un peu la cendre, et retire les doigts,
  Puis les reporte à plusieurs fois,
Tire un marron, puis deux, et puis trois en escroque;
  Et cependant Bertrand les croque.
Une servante vient : adieu mes gens. Raton
  N'étoit pas content, ce dit-on.

Aussi ne le sont pas la plupart de ces princes
  Qui, flattés d'un pareil emploi,
  Vont s'échauder en des provinces
  Pour le profit de quelque roi.

OBSERVATIONS DIVERSES.

[1] *Bertrand avec Raton , etc.* Madame de Sévigné envoyant à sa fille les fables de La Fontaine encore dans leur nouveauté, lui cite celle-ci, dont elle transcrit les premiers vers, comme un avant-goût du plaisir qu'elle lui promettoit à lire le reste. *Cela peint*, lui dit-elle. Tout autre éloge seroit froid après le jugement d'une femme telle que madame de Sévigné. (V. *ses Lettres* 52 et 54.)

[2] *Nos galans , etc.* Revenons sur ce mot. Le père Du Cerceau le dérive du vieux mot *gallé*. Villon dans son *grand testament*, pag. 17 :

  Je plaings le temps de ma jeunesse,
  Auquel j'ai plus qu'autre *gallé*.

C'est apparemment de cet ancien mot gaulois *galé*, qui signifie *se donner du bon temps*, ajoute le célèbre jésuite, que nous est resté le terme de *galant*. (*Lettr. sur les poésies*

de Villon, dans son édit. de ce poète, p. 29.) Dans d'autres
écrivains il a une signification bien plus expressive, et
c'est celle que La Fontaine lui a conservée; celle de drôle,
voleur, escroc. « Ce *galand* estant ja descouvert, » dit
H. Etienne (*Apol.* t. II, p. 235.) d'un voleur qui avoit pris
le déguisement du cardinal Sermonette; et Villon lui-
même :

> Pour trouver quelque tromperie,
> *Le gallant* se voulut haster.

3 . . . . . . *Y voyoient double profit à faire,*
> *Leur bien premièrement, et puis le mal d'autrui.*

Faut-il s'étonner que ces jolis vers soient devenus proverbes ? Il y a dans la société tant de *Bertrands*, tant de *Ratons* qui ne résistent point à l'appât de ce double profit à
faire !

4 . . . . . . *Raton avec sa pate, etc.*

M. Dardenne louant dans La Fontaine son talent de
peindre d'après nature, en cite pour exemple ces vers.
La peinture qui s'est souvent emparée de ce même sujet
n'a rien de plus vrai, de plus fini; je répéterai encore que
la poésie a sur elle l'avantage du machiniste sur le déco-
rateur. Elle donne à ses figures plus que la vie; elle leur
imprime le mouvement et l'action.

Quant à la morale de cette fable, elle est vieille comme
le monde, on la retrouve textuellement dans le poème
d'Hésiode dont elle rompt la froide monotonie. C'est là
proprement dit, le triomphe des plus habiles, le grand
art consistant à savoir profiter du fait d'autrui; aussi
dans le monde que de ratons pour un bertrand !

FABLE XVIII.

Le Milan et le Rossignol (*).

Après que le milan, manifeste voleur,
Eut répandu l'alarme en tout le voisinage,
Et fait crier sur lui les enfans du village [1],
Un rossignol tomba dans ses mains, par malheur [2].
Le héraut du printemps [3] lui demande la vie.
Aussi bien, que manger en qui n'a que le son?
　　Écoutez plutôt ma chanson :
Je vous raconterai Terée et son envie [4].
— Qui, Terée? Est-ce un mets propre pour les milans?
— Non pas; c'étoit un roi, dont les feux violens
Me firent ressentir leur ardeur criminelle :
Je m'en vais vous en dire une chanson si belle
Qu'elle vous ravira ; mon chant plaît à chacun.
　　Le milan alors lui réplique :
Vraiment, nous voici bien, lorsque je suis à jeun,
　　Tu me viens parler de musique.
— J'en parle bien aux rois. — Quand un roi te prendra,
　　Tu peux lui conter ces merveilles :
　　Pour un milan, il s'en rira.
　　Ventre affamé n'a pas d'oreilles [5].

OBSERVATIONS DIVERSES.

[1] *Et fait crier sur lui les enfans du village, etc.*

L'image s'affoiblit au lieu de s'accroître; ce qui est contre
les règles du goût.

(*) Hésiode.

² . . . . . . *Tomba dans ses mains, par malheur.*

Mettez *tomba par malheur dans ses mains.* Ce sont les
mêmes mots, ce n'est plus le même sentiment. Rejeté à
la fin, ce mot appelle et fixe l'attention du lecteur, qui
s'attendrit avec le poète sur le sort de l'innocence. —
Mains au lieu de *griffes.* Son secret lui échappe, c'est que
tous les milans ne sont pas oiseaux.

³ *Le héraut du printemps, etc.* La Fontaine a dit en un seul
mot ce que M. de Saint-Lambert a délayé dans plusieurs
vers; mais ces vers sont assez beaux pour ne pas déplaire
même après ceux de La Fontaine.

> Déjà le rossignol fait retentir les bois,
> Il sait précipiter et ralentir sa voix;
> Ses accens variés sont suivis d'un silence
> Qu'interrompt avec grâce une juste cadence.
> Immobile sous l'arbre où l'oiseau s'est placé,
> Souvent j'écoute encor quand le chant a cessé.

⁴ *Je vous raconterai Térée et son envie.*

Térée, roi de Thrace, avoit pour épouse Progné, sœur
de Philomèle, pour laquelle il conçut une passion inces-
tueuse. Rendu plus furieux après son criminel attentat
par le regret de n'avoir pas eu de complice, il punit
Philomèle en l'enfermant dans une tour, et lui faisant
arracher la langue, de peur qu'elle ne révélât le forfait
de son barbare assassin. La princesse trouva cependant
le moyen d'instruire sa sœur de ses infortunes, et de
l'intéresser à sa vengeance, en lui faisant passer une tapisserie où étoit représentée sa tragique histoire.

⁵   *Ventre affamé n'a pas d'oreilles.*

Proverbe qui des Grecs a passé chez les Latins, et de-là
dans les autres nations. Panurge en a fait un usage plaisant dans quelques endroits du *Pantagruel.* C'est l'exorde
d'un discours très grave de Caton le censeur au peuple
romain sur la loi agraire. Telle fut toujours la morale des
loups et des milans de tous les pays.

 Dans une des fables de Cammermeister, un épervier
qui a saisi les petits d'un rossignol, s'apprête à les dévo-

rer, lorsque leur mère éperdue offre à leur bourreau de lui
chanter une belle chanson ; celui-ci refuse, et les dévore.
Il est bientôt après surpris par un oiseleur qui venge
ainsi le rossignol.

FABLE XIX.

Le Berger et son Troupeau (*).

Quoi! toujours il me manquera[1]
Quelqu'un de ce peuple imbécille!
Toujours le loup m'en gobera!
J'aurai beau les compter : ils étoient plus de mille,
Et m'ont laissé ravir notre pauvre Robin!
    Robin-Mouton, qui par la ville
    Me suivoit pour un peu de pain,
Et qui m'auroit suivi jusques au bout du monde.
Hélas! de ma musette il entendoit le son :
Il me sentoit venir de cent pas à la ronde.
    Ah, le pauvre Robin-Mouton!
Quand Guillot[2] eut fini cette oraison funèbre,
Et rendu de Robin la mémoire célèbre,
    Il harangua tout le troupeau,
Les chefs, la multitude, et jusqu'au moindre agneau,
    Les conjurant de tenir ferme :
Cela seul suffiroit pour écarter les loups.
Foi de peuple d'honneur, ils lui promirent tous
    De ne bouger non plus qu'un terme[3].
Nous voulons, dirent-ils, étouffer le glouton[4]
    Qui nous a pris Robin-Mouton[5].
    Chacun en répond sur sa tête.
    Guillot les crut, et leur fit fête.

(*) Desbillons, liv. VII, fab. 12.
II.   14

Cependant, devant qu'il fût nuit,
Il arriva nouvel encombre :
Un loup parut, tout le troupeau [6] s'enfuit.
Ce n'étoit pas un loup, ce n'en étoit que l'ombre.

Haranguez de méchans soldats,
Ils promettront de faire rage :
Mais au moindre danger, adieu tout leur courage;
Votre exemple et vos cris ne les retiendront pas.

OBSERVATIONS DIVERSES.

[1]   *Quoi ! toujours il me manquera , etc.*

Nous avons vu de ces exordes où le discours a une forme
directe et dramatique. Tout ce début est remarquable par
le naturel des images, par le désordre de l'expression,
quelqu'un *de ce peuple*..... J'aurai beau *les* compter ; *ils
étoient plus de mille;* désordre qui convient bien au ton de
la douleur, par le sentiment dont il est animé, et les
idées gracieuses que la muse du poète a su mêler à son
récit.

Hélas ! de ma musette il entendoit le son :
Il me sentoit venir, etc.

[2] *Quand Guillot, etc.* C'est le même sans doute que celui
de sa fable du *loup devenu berger : Guillot , le vrai Guillot ,*
(liv. III, fab. 3.)

Guillot ou *Guillaume, Guillielmum ,* « *Guillotum vulgus
cognominat.* » Jean de la Bruyère Champier (*de re cibariâ*),
Rabelais donne ce nom à un songeur , (t. III , p. 76.)

[3]   . . . . . . *Non plus qu'un terme.*

Espèce de statue ou borne qu'on met dans les campagnes
pour diviser les possessions.

[3] . . . . . . *Étouffer le glouton , etc.*

Ainsi le présomptueux promet toujours plus qu'on lui de-

mande. Les vœux du harangueur se bornoient à désirer
une contenance ferme :

Cela seul suffiroit pour écarter les loups.

5   . . . . . . *Robin-Mouton.*

Panurge à Dindenaud : « Vous avez, ce crois-je, nom *Ro-*
bin-Mouton. (*Pantagr.* liv. IV, chap. 6.) » Appeler quelqu'un plaisant robin; c'est le traiter d'animal, aussi sot
que l'est le mouton, qui passe pour le plus niais de tous
les quadrupèdes. A l'égard de *robin* dans la signification
de *mouton*, ce mot pourroit bien venir de *rupinus*. Les
moutons doivent avoir la tête dure en quelque manière
comme la roche, pour se heurter aussi rudement qu'ils le
font, lorsqu'ils se battent entre eux; et à Metz, lorsqu'en
badinant, on donne à un enfant de petites croquignoles
sur le front, on appelle cela lui toquer sur le *robin* » (Le
Duchat, *notes sur Rabel.* t. IV, p. 23.)

5   *Un loup parut, tout le troupeau s'enfuit.*
     Ce n'étoit pas un loup, ce n'en étoit que l'ombre.

« Voyez quel effet de surprise produit ce dernier vers, et
avec quelle force, quelle vivacité, ce tour peint la fuite
et la timidité des moutons. » (Champfort.) Le même auteur blâme dans cette fable le *défaut* de moralité. Ce jugement nous paroît bien sévère. L'apologue ne borne pas
ses leçons à offrir des préceptes de vertu; il fronde les
vices et les ridicules de la société. Or, n'en est-ce pas un
bien commun que cette vaine jactance de nos faux braves
que rien n'intimide, à les en croire, pourvu, qu'ils
soient loin du danger.

> Respicere exemplar morum vitæque jubebo
> Doctum imitatorem.

FIN DU NEUVIÈME LIVRE.

LIVRE DIXIÈME.

~~~~~~

FABLE PREMIÈRE.

Les deux Rats, le Renard et l'Œuf.

DISCOURS A MADAME DE LA SABLIÈRE [1].

Iris, je vous louerois ; il n'est que trop aisé ;
Mais vous avez cent fois notre encens refusé [2],
En cela peu semblable au reste des mortelles,
Qui veulent tous les jours des louanges nouvelles.
Pas une ne s'endort à ce bruit si flatteur.
Je ne les blâme point [3]; je souffre cette humeur,
Elle est commune aux dieux, aux monarques, aux belles.
Ce breuvage vanté [4] par le peuple rimeur,
Le nectar, que l'on sert au maître du tonnerre,
Et dont nous enivrons tous les dieux de la terre,
C'est la louange, Iris, vous ne la goûtez point.
D'autres propos chez vous récompensent ce point,
    Propos, agréables commerces,
Où le hasard fournit cent matières diverses :
    Jusque là qu'en votre entretien
Et bagatelle à part, le monde n'en croit rien.
    Laissons le monde et sa croyance,
    La bagatelle, la science,
Les chimères, le rien, tout est bon : je soutiens
    Qu'il faut de tout aux entretiens :
   C'est un parterre où Flore épand [5] ses biens :
Sur différentes fleurs l'abeille s'y repose,
    Et fait du miel de toute chose [6].
Ce fondement posé, ne trouvez pas mauvais
Qu'en ces fables aussi j'entremêle des traits

De certaine philosophie
    Subtile, engageante et hardie.
On l'appelle nouvelle[7]. En avez-vous ou non
    Ouï parler ? Ils disent donc
    Que la bête est une machine,
Qu'en elle tout se fait sans choix et par ressorts :
Nul sentiment, point d'âme, en elle tout est corps ;
    Telle est la montre qui chemine[8],
A pas toujours égaux, aveugle et sans dessein.
    Ouvrez-la, lisez dans son sein :
Mainte roue y tient lieu de tout l'esprit du monde.
    La première y meut la seconde,
Une troisième suit ; elle sonne à la fin.
Au dire de ces gens, la bête est toute telle :
    L'objet la frappe en un endroit :
    Ce lieu frappé s'en va tout droit,
Selon nous, au voisin en porter la nouvelle ;
Le sens de proche en proche aussitôt la reçoit.
L'impression se fait. Mais comment se fait-elle ?
    Selon eux, par nécessité,
    Sans passion, sans volonté :
    L'animal se sent agité
De mouvemens que le vulgaire appelle
Tristesse, joie, amour, plaisir, douleur cruelle,
    Ou quelque autre de ces états :
Mais ce n'est point cela, ne vous y trompez pas.
Qu'est-ce donc ? Une montre. Et nous ? C'est autre chose.
Voici de la façon[9] que Descartes l'expose,
Descartes, ce mortel dont on eût fait un dieu
    Chez les païens[10], et qui tient le milieu
Entre l'homme et l'esprit, comme entre l'huître et l'homme
Le tient tel de nos gens, franche bête de somme.
Voici, dis-je, comment raisonne cet auteur.
Sur tous les animaux, enfans du Créateur,
J'ai le don de penser, et je sais que je pense.

Or vous savez, Iris, de certaine science,
   Que quand la bête penseroit,
   La bête ne réfléchiroit
   Sur l'objet ni sur sa pensée.
Descartes va plus loin, et soutient nettement
   Qu'elle ne pense nullement [11].
   Vous n'êtes point embarrassée
De le croire, ni moi. Cependant, quand aux bois [12]
   Le bruit des cors, celui des voix
N'a donné nul relâche à la fuyante proie,
   Qu'en vain elle a mis ses efforts
   A confondre et brouiller la voie,
L'animal chargé d'ans, vieux cerf, et de dix cors,
En suppose un plus jeune, et l'oblige, par force,
A présenter aux chiens une nouvelle amorce.
Que de raisonnemens pour conserver ses jours!
Le retour sur ses pas, les malices, les tours,
   Et le change, et cent stratagèmes
Dignes des plus grands chefs, dignes d'un meilleur sort!
   On le déchire après sa mort :
   Ce sont tous ses honneurs suprêmes [13].

     Quand la perdrix [14]
     Voit ses petits
En danger, et n'ayant qu'une plume nouvelle,
Qui ne peut fuir encor par les airs le trépas,
Elle fait la blessée, et va traînant de l'aile,
Attirant le chasseur et le chien sur ses pas,
Détourne le danger, sauve ainsi sa famille;
Et puis quand le chasseur croit que son chien la pille,
Elle lui dit adieu, prend sa volée, et rit
De l'homme qui, confus, des yeux en vain la suit.

     Non loin du nord il est un monde
     Où l'on sait que les habitans
     Vivent ainsi qu'aux premiers temps

Dans une ignorance profonde :
Je parle des humains; car quant aux animaux [15],
     Ils y construisent des travaux,
Qui des torrens grossis arrêtent le ravage,
Et font communiquer l'un et l'autre rivage.
L'édifice résiste, et dure en son entier;
Après un lit de bois, est un lit de mortier;
Chaque castor agit; commune en est la tâche :
Le vieux y fait marcher le jeune sans relâche [16].
Maint maître d'œuvre y court, et tient haut le bâton.
          La république de Platon
          Ne seroit rien que l'apprentie
          De cette famille amphibie.
Ils savent en hiver élever leurs maisons,
          Passent les étangs sur des ponts,
          Fruit de leur art, savant ouvrage;
          Et nos pareils ont beau le voir,
          Jusqu'à présent tout leur savoir
          Est de passer l'onde à la nage.

Que ces castors ne soient un corps vide d'esprit,
Jamais on ne pourra m'obliger à le croire;
Mais voici beaucoup plus : écoutez ce récit,
          Que je tiens d'un roi plein de gloire.
Le défenseur du Nord vous sera mon garant :
Je vais citer un prince ami de la victoire :
Son nom seul est un mur à l'empire ottoman;
C'est le roi polonais [17]; jamais un roi ne ment [18].
          Il dit donc que sur sa frontière
Des animaux entre eux ont guerre de tout temps :
Le sang qui se transmet des pères aux enfans
          En renouvelle la matière.
Ces animaux, dit-il, sont germains du Renard [19].
          Jamais la guerre avec tant d'art [20]
          Ne s'est faite parmi les hommes,

Non pas même au siècle où nous sommes.
Corps de garde avancé, védettes, espions,
Embuscades, partis, et mille inventions.
D'une pernicieuse et maudite science,
    Fille du Styx, et mère des Héros,
    Exercent de ces animaux
    Le bon sens et l'expérience.
Pour chanter leurs combats, l'Achéron nous devroit
    Rendre Homère. Ah! s'il le rendoit,
Et qu'il rendît aussi le rival d'Épicure [2],
Que diroit ce dernier sur ces exemples-ci?
Ce que j'ai déjà dit : qu'aux bêtes la nature
Peut par les seuls ressorts opérer tout ceci [22];
    Que la mémoire est corporelle;
Et que, pour en venir aux exemples divers
    Que j'ai mis en jour dans ces vers,
    L'animal n'a besoin que d'elle.
L'objet, lorsqu'il revient, va dans son magasin
    Chercher par le même chemin
    L'image auparavant tracée,
Qui sur les mêmes pas revient pareillement,
    Sans le secours de la pensée,
    Causer un même événement.
    Nous agissons tout autrement :
    La volonté nous détermine,
Non l'objet, ni l'instinct. Je parle, je chemine :
    Je sens en moi certain agent;
    Tout obéit dans ma machine
    A ce prince intelligent.
Il est distinct du corps, se conçoit nettement,
    Se conçoit mieux que le corps même :
De tous nos mouvemens c'est l'arbitre suprême.
    Mais comment le corps l'entend-il?
    C'est là le point. Je vois l'outil
Obéir à la main; mais la main, qui la guide?

Eh ! qui guide les cieux, et leur course rapide ?
Quelque ange est attaché peut-être à ce grand corps.
Un esprit vit en nous, et meut tous nos ressorts.
L'impression se fait : le moyen, je l'ignore [13];
On ne l'apprend qu'au sein de la Divinité;
Et s'il faut en parler avec sincérité,
    Descartes l'ignoroit encore.
Nous et lui, là-dessus, nous sommes tous égaux.
Ce que je sais, Iris, c'est qu'en ces animaux
    Dont je viens de citer l'exemple,
Cet esprit n'agit pas, l'homme seul est son temple.
Aussi faut-il donner à l'animal un point :
    Que la plante après tout n'a point.
    Cependant la plante respire :
Mais que répondra-t-on à ce que je vais dire ?

Deux rats cherchoient leur vie [14] : ils trouvèrent un œuf.
Le dîné suffisoit à gens de cette espèce :
Il n'étoit pas besoin qu'ils trouvassent un bœuf [15].
    Pleins d'appétit et d'alégresse,
Ils alloient de leur œuf manger chacun sa part,
Quand un quidam parut. C'étoit maître renard,
    Rencontre incommode et fâcheuse :
Car comment sauver l'œuf ? Le bien empaqueter,
Puis des pieds de devant ensemble le porter,
    Ou le rouler, ou le traîner,
C'étoit chose impossible autant que hasardeuse.
    Nécessité l'ingénieuse
    Leur fournit une invention.
Comme ils pouvoient gagner leur habitation,
L'écornifleur étant à demi-quart de lieue [16],
L'un se mit sur le dos, prit l'œuf entre ses bras,
Puis, malgré quelques heurts [17] et quelques mauvais pas,
    L'autre le traîna par la queue.

Qu'on m'aille soutenir, après un tel récit,

Que les bêtes n'ont point d'esprit.

Pour moi, si j'en étois le maître,
Je leur en donnerois aussi bien qu'aux enfans.
Ceux-ci pensent-ils pas dès leurs plus jeunes ans?
Quelqu'un peut donc penser ne se pouvant connoître.
Par un exemple tout égal,
J'attribuerois à l'animal,
Non point une raison selon notre manière,
Mais beaucoup plus aussi qu'un aveugle ressort.
Je subtiliserois [18] un morceau de matière,
Que l'on ne pourroit plus concevoir sans effort,
Quintessence d'atome, extrait de la lumière,
Je ne sais quoi plus vif, et plus mobile encor
Que le feu : car enfin, si le bois fait la flamme,
La flamme, en s'épurant, peut-elle pas de l'âme
Nous donner quelqu'idée, et sort-il pas de l'or
Des entrailles du plomb? Je rendrois mon ouvrage
Capable de sentir, juger rien d'avantage,
Et juger imparfaitement;
Sans qu'un singe jamais fît le moindre argument.
A l'égard de nous autres hommes,
Je ferois notre lot infiniment plus fort :
Nous aurions un double trésor :
L'un, cette âme pareille en tous tant que nous sommes;
Sages, fous, enfans, idiots,
Hôtes de l'univers, sous le nom d'animaux :
L'autre, encore une autre âme [29], entre nous et les anges,
Commune en un certain degré;
Et ce trésor à part créé,
Suivroit parmi les airs les célestes phalanges,
Entreroit dans un point sans en être pressé,
Ne finiroit jamais quoiqu'ayant commencé;
Choses réelles quoiqu'étranges.
Tant que l'enfance dureroit,

Cette fille du ciel en nous ne paroîtroit
    Qu'une tendre et foible lumière.
L'organe étant plus fort , la raison perceroit
    Les ténèbres de la matière ,
    Qui toujours envelopperoit
   ·   L'autre âme imparfaite et grossière.

OBSERVATIONS DIVERSES.

¹ « Comment nommer madame de La Sablière, sans
bénir la mémoire de l'excellente amie de La Fontaine, de
sa digne bienfaitrice, qui s'étoit fait un devoir et un plaisir d'écarter loin de lui tous les soins, tous les embarras? »
M. de la Harpe (*Éloge de La Fontaine* 2ᵉ part.) Un goût
éclairé pour les lettres et la philosophie l'avoit rapprochée de notre poète. C'est pour madame de la Sablière que
Bernier fit l'abrégé de Gassendi.

² . . . . . . *Notre encens refusé , etc.*

Depuis que les règles de notre poésie sont invariablement
fixées, on ne se permettroit plus de telles inversions.

³ *Je ne les blâme point ; etc.*

    Qui veut être loué mérite qu'on le loue.

           (M. de La Harpe. *Réponse d'Horace à Voltaire.*)

³ *Ce breuvage vanté , etc.*

    Le nectar , etc.

C'est un point de critique encore indécis; malgré toutes
les recherches de l'érudition, que de savoir si le nectar
étoit un breuvage ou un aliment solide. Anaximandre,
ancien poète cité par Athénée, le Varron des Grecs,
dit que les dieux buvoient l'ambroisie, et *mangoient le
nectar*. Il y joint le témoignage d'un écrivain que lui seul
nous a fait connoître et celui de Sapho, dont l'autorité
seroit bien puissante, si les partisans de l'opinion contraire n'avoient pas devers eux Lucien, Suidas, Horace,

et sur tout le divin Homère. C'est là la source de la tradition qui faisoit dire à Malherbe :

> Quand son Henri, de qui la gloire
> Est une merveille à mes yeux,
> Loin des hommes s'en alla *boire*
> *Le nectar* avecque les dieux.

Le marquis de la Fare, dans ses jolies stances *sur la vieillesse
d'un philosophe :*

> *Nectar* qu'on *avale* à longs traits.

Et Rabelais : « L'ordre du service feut tel que la dame ne
mangea rien fors céleste embroisie, rien ne *beut* que *nectar* divin. » (*Pantagr.*, t. V, p. 23.) , etc. etc.

   5 *Épand.* Clément Marot :

> Toutes sur lui de leurs yeux *espandirent*
> Nouvelles eaux.

   6 . . . . . *L'abeille s'y repose,*
> *Et fait du miel de toutes choses.*

Boileau a dit :

> Comme on voit au printemps la diligente abeille ,
> Qui du butin des fleurs va composer son miel.

   7 *On l'appelle nouvelle ,* etc. Tous la nommoient ainsi : les
ennemis du philosophe , pour la déprécier , comme opposée
à la doctrine depuis si long-temps régnante des péripatéticiens; ses partisans, par honneur pour des opinions dont l'é-
tonnante singularité commandoit au moins l'admiration , et
ne redoutoit pas l'examen. Le magistrat d'Utrecht écrivant
au professeur Emilius, pour le charger de l'oraison funèbre de M. Reneri, un des premiers disciples de Descartes , lui donnoit l'ordre exprès d'y faire entrer l'éloge
du philosophe encore vivant, et de la *nouvelle* philosophie.

   8   *Telle est la montre qui chemine ,* etc.

Il a paru en 1732 un poème en vers libres, par M. Mor-
fouan de Beaumont , sous ce titre : *Apologie des bêtes*
(vol. in-8°). C'est un traité complet sur cette matière ,
écrit avec assez de facilité. Voici comme l'auteur présente
la même comparaison :

Vous ne faites de nous que des montres sonnantes
    Dont, lorsque le timbre est frappé,
    Les machines retentissantes
Rendent le même son qui nous est échappé.
Eh bien, nous voilà donc transformés en pendules? etc.
                              (Page 19.)

On répond par des faits tirés de l'histoire des animaux.
C'est le procédé de La Fontaine.

9 *Voici de la façon, etc.* Cela se dit encore dans quelques
provinces, mais ne s'écrit pas.

10 *Descartes, ce mortel dont on eût fait un dieu, etc.*

L'éloge est magnifique : mais il est vrai et mérité. On
nous saura gré de faire connoître cet autre portrait du
philosophe, moins précis, mais aussi éloquent :

Vils tyrans qui teniez l'univers en enfance,
Fuyez : Descartes naît, et le doute avec lui ;
La méthode le suit, la vérité s'avance ;
Sur une base enfin j'aperçois l'évidence.
Descartes l'y plaça. Cieux, terres, élémens,
Et la matière et l'âme, et l'espace et le temps,
Descartes soumet tout à son puissant génie,
Tout s'épure au creuset de sa philosophie.
Du centre de la terre à la voûte des cieux,
Rien ne peut arrêter cet aigle audacieux ;
Il franchit la nature : ainsi les dieux d'Homère
Touchent en un clin d'œil l'un et l'autre hémisphère.
Descartes s'égara dans ce vaste contour :
On l'a dit, je le sais ; mais, dans son vol sublime,
Il a mis un fanal sur les bords de l'abîme :
Il a guidé Newton qui nous guide à son tour.

11 *Descartes va plus loin, et soutient nettement,*
    Qu'elle ne pense nullement.

Avant Descartes, d'autres philosophes avoient soutenu la
même doctrine. En 1554, un médecin espagnol publia à
Medina del Campo un ouvrage intitulé *Antoniana Marga-
rita,* où il avance que les animaux ne pensent pas. C'est
le premier auteur que l'on sache qui ait soutenu ce système ; il s'appeloit Gomerius Pereira. Il avoit pour ad-
versaires entre autres Michel de Palacios. Les mêmes ar-

gumens dont il se sert ont été employés par Descartes ;
mais Furetière doute que cet écrivain ait été connu de
Descartes qui lisoit peu.

12 . . . . . . *Cependant quand aux bois, etc.*

Quelle distance, dit M. de La Harpe, du corbeau qui laisse
tomber son fromage, à cette fable, si pourtant on ne doit
pas donner un titre plus relevé à un ouvrage beaucoup
plus étendu que ne doit l'être un simple apologue (*), à un
véritable poème plein d'idées et de raison ; mais dans lequel la raison parle toujours le langage de l'imagination
et du sentiment ! » (*Éloge de La Fontaine.*)

13 *Dignes des plus grands chefs, dignes d'un meilleur sort !*
    On le déchire après sa mort :
    Ce sont tous ses honneurs suprêmes.

Quelle touchante sensibilité ! La Fontaine n'est pas simplement un avocat qui plaide une cause avec éloquence ;
c'est un ami qui s'affectionne, qui s'attendrit sur la perte
de ce qui lui fut cher.

14   *Quand la perdrix, etc.*

« Je demande s'il existe en poésie un tableau plus parfait ;
si le plus habile peintre me montreroit sur la toile plus
que je n'en vois dans les vers du poète ? Comme le chasseur et le chien suivent pas à pas la perdrix qui *se traîne*
avec le vers ? Comme un hémistiche rapide et prompt vous
montre le chien *qui pille !* ... Ce dernier mot est un élan,
un éclair ; et avec quel art l'autre vers est suspendu,
quand la perdrix *prend sa volée !* Elle est en l'air, et vous
voyez long-temps l'homme immobile, qui, *confus, des
yeux en vain* la suit ; le vers se prolonge avec l'étonnement. » M. de La Harpe (*Éloge de La Fontaine*). Au reste
Plutarque avoit fait sur les perdrix la même observation,
pour en faire honneur à la tendresse maternelle. (Voyez
Traité de l'Amour des pères et mères pour leurs enfans. Cette
touchante description est encore conforme au témoi-

_____

(*) Observez qu'en effet le poète donne à cette composition le
titre de *Discours.*

gnage de tous les naturalistes.—M. de Buffon le plus habile ou du moins le plus studieux peintre de la nature, a consacré à la perdrix une de ses plus belles pages.

¹⁵ *Je parle des humains ; car quant aux animaux*, etc.

« Voilà un excellent trait de satire déguisé en bonhomie. Swift ou Lucien, voulant mettre les hommes au-dessous des animaux, ne s'y seroient pas mieux pris. » (Champfort.) Parmi les animaux qu'il oppose *aux humains*, le poète a choisi le castor, quadrupède amphibie, qui dans les déserts se réunit en société. Cet animal est doux, familier, un peu triste, même un peu plaintif, sans passions violentes, sans appétits véhémens ; cependant occupé sérieusement de l'amour de sa liberté. C'est dans les mois de juin et de juillet que les castors commencent à se rassembler pour vivre en société. Ils arrivent de tous côtés, et forment bientôt une troupe de deux ou trois cents. Rien de plus intéressant que de les voir abattre des arbres gros comme des hommes, en tailler des pieux avec leurs seules dents incisives. Voici d'assez mauvais vers sur les castors :

> Ils sont en même temps maçons et charpentiers :
> Leurs dents taillent le bois, leur queue est leur truelle,
> Et leurs pieds sont leur manivelle.

¹⁶ *Le vieux y fait marcher*, etc. Un poète rapporte la même circonstance :

> Tous les chasseurs ont observé
> Qu'à ce rude travail un vieux castor préside,
> Jusqu'à ce qu'il soit achevé,
> Et qu'il sert aux jeunes de guide.

On trouve dans le voyage en Amérique de M. Chateaubriand (*Édition Ladvocat*) un morceau plein de grâce et de génie sur une peuplade de Castors. Nous n'avons pas de poète qui refusât d'avouer cette prose-là.

¹⁷ *C'est le roi polonois*, etc. Cet immortel Sobieski, vainqueur des Turcs à Chotzin, en 1673, et sous les murs de Vienne en 1683. Il parloit presque toutes les langues de l'Europe, et avoit autant d'esprit que de bravoure.

¹⁸ . . . . . . *Jamais un roi ne ment.*

Plaisante observation que l'on s'étonne de voir sortir du
milieu de ces idées si graves et si philosophiques.

¹⁹ . ₄ . . . . . *Sont germains du renard.*

Expression latine : en français ce mot ne se dit qu'au substantif. Il a le *germain* sur vous.

²⁰   *Jamais la guerre avec tant d'art , etc.*

Tout ce récit est conforme à ce qu'en raconte le cardinal
de Polignac, dans son poème de l'Anti-Lucrèce, comme
témoin oculaire.

> Vidi quà turbidus ire Danustris
> Incipit, ac patulos Dacorum adlambere campos,
> Ukraniâ in pingui. . . .
> Vidi belligeras acies et castra ferarum,
> Quels color haud cunctis unus; nigrantia terga
> Sunt aliis, fulvæque aliis per corpora setæ.
> Bubaces patriâ dixerunt voce Poloni,
> Vulpinum genus, etc.

Certes on ne peut pas dire, après avoir lu ce morceau,
que Lucrèce et Virgile ont emporté avec eux le secret
des beaux vers latins.

²¹ *Et qu'il rendît aussi le rival d'Epicure , etc.*

Descartes, mort en 1650; plus de trente ans avant la publication de ces fables. Il est appelé ici le *rival d'Epicure*,
à cause de l'analogie de ses tourbillons avec ceux du philosophe de Gargetium, ou peut-être parce qu'il eut pour
principal antagoniste le célèbre Gassendi, qui fit revivre
Epicure et sa doctrine.

L'opinion que les bêtes étoient de simples automates,
ne fut qu'un fruit de l'extrême jeunesse de l'auteur, auquel ses amis et ses ennemis donnèrent plus d'importance
que lui-même. (V. *Vie de Descartes*, par Baillet , p. 55.)
Les uns ont voulu qu'il ait emprunté ce système de l'espagnol Pereira, mais Descartes ne l'avoit pas lu; d'autres
n'y voient qu'un système créé au besoin de son principe
sur la distinction de la substance pensante et de la substance étendue; d'autres enfin , une déduction immédiate ,

nécessaire du dogme de la spiritualité de l'âme et de la
bonté de Dieu ; comme si toutes ces questions n'étoient
pas ainsi indépendantes l'une de l'autre, qu'elles sont
réellement étrangères à la gloire du philosophe.

²² . . . . . . *Qu'aux bêtes la nature, etc.*

On lit dans le poème de l'*apologie des bêtes* (p. 23) :

> La machine automate et son arrangement
> N'a point la faculté d'agir par jugement :
> Avec tous ses ressorts d'une industrie extrême,
> Elle ne peut penser ni sentir par soi-même ;
> Mais la nature en nous formant, etc.

Quelle différence de ton ! cependant ce sont les mêmes
idées ; et l'on ne peut refuser au poème moderne quelque
verve, et de l'exactitude.

²³ *L'impression se fait ; le moyen, je l'ignore, etc.*

Comparez encore avec ces vers ceux du poème de l'*apologie
des bêtes* sur la même incertitude : *Je ne dispute point, etc.*
pag. 30.

²⁴ *Deux rats cherchoient leur vie, etc.* Voici des témoignages brillans en faveur de l'adresse dont le rat est doué.
L'anecdote que l'on va lire prouve quelque chose encore
de plus. « J'étois , dit le célèbre observateur Josèphe Par-
dewe , j'étois ce matin dans mon lit à lire : j'ai été inter-
rompu tout-à-coup par un bruit semblable à celui que
font les rats qui grimpent entre une double cloison, et qui
tâchent de la percer. Le bruit cessoit quelques momens
et recommençoit ensuite. Je n'étois qu'à deux pieds de la
cloison : j'observois attentivement ; je vis paroître un rat
sur le bord d'un trou ; il regarde sans faire aucun bruit, et
ayant aperçu ce qui lui convenoit, il se retire. Un instant
après, je le vis reparoître ; il conduisoit par l'oreille un
autre rat plus gros que lui , et qui paroissoit vieux.
L'ayant laissé sur le bord du trou, un autre jeune rat
se joint à lui : ils parcourent la chambre, ramassent des
miettes de biscuit qui, au souper de la veille, étoient
tombées de la table, et les portent à celui qu'ils avoient
laissé au bord du trou. Cette attention dans ces animaux

m'étonna. J'observois toujours avec plus de soin; j'aperçus que l'animal auquel les deux autres portoient à manger, étoit aveugle, et ne trouvoit qu'en tâtonnant le biscuit qu'on lui présentoit. Je ne doutai plus que les deux jeunes ne fussent ses petits, qui étoient les pourvoyeurs fidèles et assidus d'un père aveugle.... J'étois dans une rêverie agréable, admirant toujours ces petits animaux, que je craignois qu'on n'interrompît. Une personne entra dans ce moment; les deux jeunes rats firent un cri, pour avertir l'aveugle; et malgré leur frayeur, ne voulurent pas se sauver, que le vieux ne fût en sûreté. Ils rentrèrent à sa suite, et ils lui servirent, pour ainsi dire, d'arrière-garde. »

25 . . . . . . *Qu'ils trouvassent un bœuf.*

Ce vers et le précédent ne sont là que pour le besoin de la rime.

26 *L'écornifleur n'étant qu'à demi-quart de lieue , etc.*

On demande comment les rats ont pu sentir leur ennemi à une distance si éloignée? *écornifleur*, parasite qui cherche à vivre aux dépens d'autrui. (Ménage, Trévoux, etc.)

27 *Quelques heurts*, *etc.* Chocs. La Fontaine. *Un heurt survient.* (L. VII. f. 11.) Vieux mot. On dit encore *heurter.* Ménage le dérive de l'italien *urtare*, ou du flamand *hurten*, qui viennent du latin *ortare*, qui se trouve dans la loi Salique en la même signification.

28 *Je subtiliserois*, *etc.* Quelque vague, quelque chimérique que soit une pareille transaction, toujours est-elle moins dure que le système des *bêtes machines*, et moins déraisonnable que la transformation des diables en bêtes, imaginée par le célèbre Père Bougeant.

29 *L'autre encore une autre âme*, *etc.* Il y a dans ce rêve du bonhomme un composé d'Enpedocle et de Platon qui fait honneur à son cœur, sans faire tort à son esprit. Nous avons, disoit le philosophe d'Agrigente, deux âmes, l'une sensitive, grossière, corruptible, composée des quatre élémens; l'autre, intelligente, indissoluble, émanée de la Divinité même. Tout le monde connoît les brillantes spé-

culations du disciple de Socrate sur l'âme ; et voilà la
mine où La Foutaine a puisé son trésor.

FABLE II.

L'Homme et la Couleuvre.

Un homme vit une couleuvre :
Ah ! méchante, dit-il, je m'en vais faire une œuvre
    Agréable à tout l'univers.
    A ces mots, l'animal pervers
    [C'est le serpent ' que je veux dire,
Et non l'homme, on pourroit aisément s'y tromper] ;
A ces mots, le serpent se laissant attraper,
Est pris, mis en un sac ; et ce qui fut le pire,
On résolut sa mort, fût-il coupable ou non.
Afin de le payer toutefois de raison,
    L'autre lui fit cette harangue.
Symbole des ingrats ² ! être bon aux méchans,
C'est être sot ; meurs donc : ta colère et tes dents
Ne me nuiront jamais. Le serpent, en sa langue,
Reprit du mieux qu'il put : S'il falloit condamner
    Tous les ingrats qui sont au monde,
    A qui pourroit-on pardonner ?
Toi-même tu te fais ton procès ; je me fonde
Sur tes propres leçons : jette les yeux sur toi.
Mes jours sont en tes mains, tranche-les : ta justice,
C'est ton utilité, ton plaisir, ton caprice :
    Selon ces lois condamne-moi ;
    Mais trouve bon qu'avec franchise
    En mourant au moins je te dise
    Que le symbole des ingrats
Ce n'est point le serpent, c'est l'homme. Ces paroles
Firent arrêter l'autre : il recula d'un pas.

                15.

Enfin il repartit : Tes raisons sont frivoles;
Je pourrois décider, car ce droit m'appartient;
Mais rapportons-nous-en. Soit fait, dit le reptile.
Une vache étoit là [3] : l'on l'appelle, elle vient;
Le cas est proposé. C'étoit chose facile :
Falloit-il pour cela, dit-elle, m'appeler?
La couleuvre a raison, pourquoi dissimuler?
Je nourris celui-ci depuis longues années :
Il n'a, sans mes bienfaits, passé nulles journées :
Tout n'est que pour lui seul; mon lait et mes enfans
Le font à la maison revenir les mains plaines;
Même j'ai rétabli sa santé que les ans
      Avoient altérée; et mes peines
Ont pour but son plaisir ainsi que son besoin.
Enfin, me voilà vieille [4]; il me laisse en un coin
Sans herbe : s'il vouloit encor me laisser paître!
Mais je suis attachée; et si j'eusse eu pour maître
Un serpent, eût-il su jamais pousser si loin
L'ingratitude? Adieu; j'ai dit ce que je pense.
L'homme, tout étonné d'une telle sentence,
Dit au serpent : Faut-il croire tout ce qu'elle dit?
C'est une radoteuse; elle a perdu l'esprit.
Croyons ce bœuf [5]? Croyons, dit la rampante bête.
Ainsi dit, ainsi fait. Le bœuf vient à pas lents [6] :
Quand il eut ruminé tout le cas en sa tête [7],
      Il dit que du labeur [8] des ans
Pour nous seuls il portoit les soins les plus pesans,
Parcourant sans cesser ce long cercle de peines [9]
Qui, revenant sur soi, ramenoit dans nos plaines
Ce que Cérès nous donne [10] et vend aux animaux;
      Que cette suite de travaux
Pour récompense avoit, de tous tant que nous sommes,
Force coups, peu de gré [11] : puis quand il étoit vieux,
On croyoit l'honorer chaque fois que les hommes
Achetoient de son sang l'indulgence des dieux [12].

Ainsi parla le bœuf. L'homme dit : Faisons taire
      Cet ennuyeux déclamateur :
Il cherche de grands mots, et vient ici se faire,
      Au lieu d'arbitre, accusateur.
Je le récuse aussi. L'arbre étant pris pour juge,
Ce fut bien pis encore. Il servoit de refuge,
Contre le chaud, la pluie, et la fureur des vents :
Pour nous seuls il ornoit les jardins et les champs.
L'ombrage n'étoit pas le seul bien qu'il sût faire :
Il courboit sous les fruits ; cependant pour salaire
Un rustre l'abattoit, c'étoit là son loyer [13] ;
Quoique, pendant tout l'an, libéral il nous donne
Ou des fleurs au printemps, ou du fruit en automne,
L'ombre l'été, l'hiver les plaisirs du foyer.
Que ne l'émondoit-on, sans prendre la cognée?
De son tempérament il eût encor vécu.
L'homme trouvant mauvais que l'on l'eût convaincu [14],
Voulut à toute force avoir cause gagnée.
Je suis bien bon, dit-il, d'écouter ces gens-là !
Du sac et du serpent aussitôt il donna
      Contre les murs, tant qu'il tua la bête.

      On en use ainsi chez les grands :
La raison les offense ; ils se mettent en tête
Que tout est né pour eux, quadrupèdes et gens,
      Et serpens.
      Si quelqu'un desserre les dents,
C'est un sot. J'en conviens. Mais que faut-il donc faire?
      Parler de loin, ou bien se taire [15].

OBSERVATIONS DIVERSES.

[1]   . . . . . . L'animal pervers,
      C'est le serpent, etc.

Ainsi dans la fable précédente, accusant l'ignorance des
habitans du nord :

> Je parle des humains; car quant aux animaux, etc.

« Voilà de ces traits auxquels on reconnoît dans La Fontaine un mélange unique de finesse et de naïveté; une
simplicicité qui donne de la grâce à sa finesse ; une finesse
qui rend sa simplicité piquante. » (Marmontel.)

² *Symbole des ingrats!* On reproche au serpent de piquer
le sein qui le réchauffe. (V. fab. X.)

³ *Une vache étoit là, etc.* Au lieu d'une vache, un fabuliste latin admet un cheval pour arbitre. La différence est
à l'avantage du fabuliste français. L'homme ne ménage
pas plus l'un que l'autre de ces animaux; mais du moins
il ne plonge pas le couteau dans le sein du cheval pour
se repaître de sa chair après l'avoir égorgé.

⁴ *Enfin me voilà vieille, etc.* « Quel langage! Peut-on
n'en être pas ému? Le cœur ne vous parle-t-il pas en faveur de l'animal qui se plaint? » (M. de La Harpe, *Éloge
de La Fontaine,*) L'harmonie de l'expression seconde
parfaitement la sensibilité de la pensée. Et la suite : *Il me
laisse en un coin sans herbe.* Ce mot *sans herbe* rejeté avec
tant d'art au vers suivant, et qui marque si bien le délais-
sement auquel on la condamne; cet abandon absolu, qui
va jusqu'à refuser à la nourrice de l'homme ces pâturages
que la nature prodigue même aux ennemis de l'homme; *S'il
vouloit encore me laisser paître!* tout cela émeut, attendrit;
tout cela fait bénir la mémoire de l'écrivain qui l'a dicté.

⁵ *Croyons ce bœuf?* Ce n'est pas là non plus l'animal
que Camérarius met en scène; c'est un chien. Ici encore,
la préférence est due à La Fontaine : les torts de l'homme
envers le bœuf sont bien plus graves qu'envers le Chien.

⁶ . . . . . . *Le bœuf vient à pas lents, etc.*
Vaut le célèbre *d'un pas tranquille et lent* du Lutrin.

⁷ *Quand il eut ruminé tout le cas, etc.* L'emploi du mot
ruminer est ici d'autant plus heureux, qu'il conserve à la
métaphore toute la vérité de l'action qu'elle peint.

⁸ *Du labeur, etc.* ne se dit plus en prose ; mais en vers il est fort bon , et ne sauroit être remplacé par le mot *tra-vail.* (Batteux.)

> Donc un nouveau *labeur* à ta gloire s'apprête.
>
> (Malberbe.)

9 *Parcourant sans cesse ce long cercle de peine, etc.*

Cette image est belle : elle a passé de la poésie au style noble de la conversation.

10 *Ce que Cérès nous donne et vend aux animaux, etc.*

Antithèse empruntée de Sénèque et de Voiture , puis imitée par La Fontaine dans son charmant poème de *Philémon et Baucis :*

> Il lit au front de ceux que le luxe environne,
> Que la Fortune *vend* ce qu'on croit *qu'elle donne.*

Ce n'est pas là un jeu de mots, c'est une opposition de pensées qui réunit la force à la précision.

11 *Peu de gré, etc.* L'emploi de ce mot , comme substantif, est borné à quelques cas précis. *Bon gré,* aller *de gré*, etc.

12 *Achetoient de son sang, etc.* Dans les sacrifices où on l'immole comme victime expiatoire. Un style aussi relevé , dans la bouche, de qui? d'un simple animal , d'un bœuf ! cela ne semble-t-il pas tenir de la déclamation? Aussi l'ennemi ne manque-t-il pas de s'en prévaloir; relisez ce qui suit.

13 *Un rustre l'abattoit, c'étoit là son loyer, etc.*

Loyer , prix , récompense.

> L'amant dans ce verger pour loyer des traverses ,
> Qu'il passe constamment, etc.   (Baïf.)

14 . . . . . . *Que l'on l'eût convaincu, etc.*
Plus haut :

> Une vache étoit *là* ; *l'on l'appelle, elle* vient.

Un écrivain vulgaire ne se permettroit pas ces cacophonies, et il auroit raison; on ne les pardonne qu'à La Fontaine.

¹⁵ *Parler de loin, ou bien se taire.*

C'est le mot d'Ésope à la Cour de Crésus. « Ou il ne faut
pas s'approcher des rois, disoit-il à Solon, ou il ne faut
leur dire que des choses agréables. »

~~~~~~

FABLE III.

La Tortue et les deux Canards (*).

Une tortue étoit, à la tête légère,
Qui, lasse de son trou, voulut voir le pays.
Volontiers on fait cas d'une terre étrangère :
Volontiers gens boiteux haïssent le logis.
    Deux canards, à qui la commère
    Communiqua ce beau dessein,
Lui dirent qu'ils avoient de quoi la satisfaire :
    Voyez-vous ce large chemin ¹?
Nous vous voiturerons par l'air en Amérique :
    Vous verrez mainte république,
Maint royaume, maint peuple, et vous profiterez
Des différentes mœurs que vous remarquerez.
Ulysse en fit autant ². On ne s'attendoit guère
    De voir ³ Ulysse en cette affaire.
La tortue écouta la proposition.
Marché fait, les oiseaux forgent une machine
    Pour transporter la pèlerine.
Dans la gueule en travers on lui passe un bâton.
Serrez bien, dirent-ils : gardez de lâcher prise.
Puis chaque canard prend ce bâton par un bout.
La tortue enlevée, on s'étonne partout
    De voir aller en cette guise
    L'animal lent, et sa maison,

(*) Pilpay.—Ésope, fab 62.—Desbillons, liv. VII, fab. 24.

Justement au milieu de l'un et l'autre oison.
Miracle! crioit-on : venez voir dans les nues
　　Passer la reine des tortues.
— La reine! Vraiment oui : je la suis en effet[4] :
Ne vous en moquez point! Elle eût beaucoup mieux fait
De passer son chemin sans dire aucune chose ;
Car lâchant le bâton en desserrant les dents ,
Elle tombe, elle crève aux pieds des regardans.
Son indiscrétion de sa perte fut cause.

Imprudence, babil, et sotte vanité,
　　Et vaine curiosité,
　　Ont ensemble étroit parentage[5] :
　　Ce sont enfans tous d'un lignage[6].

———

OBSERVATIONS DIVERSES.

[1] *Volontiers gens boiteux, etc.* Si La Fontaine a créé des proverbes, il n'est pas moins heureux dans l'emploi des proverbes qu'il a trouvés. Témoin ces deux vers :

Volontiers on fait cas d'une terre étrangère ;
Volontiers gens boiteux haïssent le logis.

[2] *Ulysse en fit autant.* L'abbé Batteux cite ce passage comme un modèle de finesse dans les allusions, lorsque l'on rapporte quelques traits qui figurent sérieusement ou en grotesque avec ce qu'on raconte. (*Princip. de littér.* t. II, p. 20.)

[3] . . . . . . *On ne s'attendoit guère,*
　　　De voir, etc.

Il faudroit : *à voir.*

[4] *La reine! vraiment oui, etc.* Voilà un bien long discours, lorsqu'il ne faut à l'imprudente qu'un seul mot, que la seule action de desserrer les dents pour la précipiter et causer sa mort.

⁵ . . . . . . *Parentage, etc.*

Malherbe :

> Sans être issu du *parentage*,
> Ou de vous, ou, etc.

⁶ . . . . . . *Lignage.*

Parenté issue d'une même source. Il y a un vieux livre de généalogie sous le titre de *Royaux lignages.* Ce mot a vieilli; il n'est usité que dans le comique. (Trévoux.) Champfort trouve l'invention de cette fable un peu bizarre ; mais il lui fait grâce en faveur de l'exécution.

FABLE IV.

Les Poissons et le Cormoran (*).

Il n'étoit point d'étang dans tout le voisinage,
Qu'un cormoran n'eût mis à contribution :
Viviers et réservoirs lui payoient pension.
Sa cuisine alloit bien : mais lorsque le long âge
    Eut glacé le pauvre animal,
    La même cuisine alla mal.
Tout cormoran se sert de pourvoyeur lui-même.
Le nôtre un peu trop vieux pour voir au fond des eaux,
    N'ayant ni filets, ni réseaux,
    Souffroit une disette extrême.
Que fit-il? Le besoin, docteur en stratagême ¹,
Lui fournit celui-ci. Sur le bord d'un étang
    Cormoran vit une écrevisse.
Ma commère, dit-il, allez tout à l'instant
    Porter un avis important
    A ce peuple; il faut qu'il périsse :
Le maître de ce lieu dans huit jours pêchera.

(*) Pilpay.

L'écrevisse en hâte s'enva
Conter le cas : grande est l'émûte [2] :
On court, on s'assemble, on députe
A l'oiseau. Seigneur cormoran,
D'où vous vient cet avis ? Quel est votre garant?
Êtes-vous sûr de cette affaire?
N'y savez-vous remède ? Et qu'est-il bon de faire ?
Changer de lieu, dit-il. Comment le ferons nous !
N'en soyez point en soin : je vous porterai tous ,
L'un après l'autre , en ma retraite.
Nul que Dieu seul et moi n'en connoît les chemins ;
Il n'est demeure plus secrète.
Un vivier que nature [3] y creusa de ses mains,
Inconnu des traîtres humains,
Sauvera votre république.
On le crut. Le peuple aquatique
L'un après l'autre fut porté [4]
Sous ce rocher peu fréquenté.
Là , cormoran le bon apôtre [5] ,
Les ayant mis en un endroit
Transparent, peu creux, fort étroit,
Vous les prenoit sans peine, un jour l'un, un jour l'autre.
Il leur apprit à leurs dépens,
Que l'on ne doit jamais avoir de confiance
En ceux qui sont mangeurs de gens.
Ils y perdirent peu, puisque l'humaine engeance
En auroit aussi bien croqué sa bonne part.
Qu'importe qui vous mange? homme ou loup, toute panse
Me paroît une à cet égard :
Un jour plus tôt, un jour plus tard ,
Ce n'est pas grande différence.

OBSERVATIONS DIVERSES.

1 . . . . . . *Le besoin , docteur en stratagéme , etc.*
Dans la fable Ire de ce même livre : *Nécessité l'ingénieuse.*

Lémûte pour *émoy.* Ce mot se trouve deux fois dans les fables de La Fontaine; il y en a peu d'exemples ailleurs. Mais il ne manque pas de synonymes qui l'expliquent.

3 *Un vivier que nature, etc.* Malherbe :

C'est une œuvre où *nature* a fait tous ses efforts.

4 . . . . . . *Le peuple aquatique ,*
L'un après l'autre , etc.

Le peuple, nom collectif, ne peut pas être *porté l'un après l'autre;* il faudroit : *les habitans sont portés,* etc. « Mais si les libertés ne sont pas permises aux poètes, et surtout aux poètes de génie, il ne faut point faire de vers. » (Voltaire.)

5 *Là, Cormoran le bon apôtre, etc.*
Grippeminaud, le bon apôtre. (L. VII, f. 16.)

~~~~~~

FABLE V.

L'Enfouisseur et son Compère (*).

Un pincemaille [1] avoit tant amassé,
   Qu'il ne savoit où loger sa finance.
L'avarice, compagne et sœur de l'ignorance,
   Le rendoit fort embarrassé
   Dans le choix d'un dépositaire :
Car il en vouloit un ; et voici la raison.
L'objet tente : il faudra que ce monceau s'altère
   Si je le laisse à la maison ;
Moi-même de mon bien je serai le larron [2]. —
Le larron! Quoi! jouir, c'est se voler soi-même?
Mon ami, j'ai pitié de ton erreur extrême.

(*) Abstemius, fab. 169.—Desbillons, liv. VIII, fab. 21.

Apprends de moi cette leçon :
Le bien n'est bien qu'en tant que l'on s'en peut défaire ;
Sans cela, c'est un mal. Veux-tu le réserver
Pour un âge et des temps qui n'en ont plus que faire ?
La peine d'acquérir, le soin de conserver,
Otent le prix à l'or qu'on croit si nécessaire. —
    Pour se décharger d'un tel soin,
Notre homme eût pu trouver des gens sûrs au besoin ;
Il aima mieux la terre ; et prenant son compère,
Celui-ci l'aide. Ils vont enfouir le trésor.
Au bout de quelque temps l'homme va voir son or ;
    Il ne retrouva que le gîte.
Soupçonnant à bon droit le compère, il va vite
Lui dire : Apprêtez-vous, car il me reste encor
Quelque deniers ; je veux les joindre à l'autre masse.
Le compère aussitôt va remettre en sa place
    L'argent volé, prétendant bien
Tout reprendre à la fois, sans qu'il y manquât rien ;
    Mais pour ce coup l'autre fut sage :
Il retint tout chez lui, résolu de jouir,
    Plus n'entasser, plus n'enfouir ;
Et le pauvre voleur ne trouvant plus son gage,
    Pensa tomber de sa hauteur.

Il n'est pas mal aisé de tromper un trompeur.[1]

OBSERVATIONS DIVERSES.

[1] *Pincemaille*, *etc.* Avare qui ne dépenseroit pas *une maille*, une obole. Clément Marot :

> Car votre argent, très débonnaire prince,
> Sans point de faute est subject *à la pince.*

D'où il a fait le composé de *pincemaille.*

> Haut capitaine *Pincemaille.*

¹ *Moi-même de mon bien je serai le larron.*

Ce vers d'un excellent comique, rappelle le trait de l'avare de Molière, à qui l'on reproche de dérober la nuit l'avoine de ses chevaux, et par là d'être *le larron* de son propre bien. (Acte II, sc. 1.) Cette expression heureuse et due à Phèdre : *Ipsum te fraudas cibo.* (L. IV. f. 20.)

Peu d'observations à faire sur cet apologue, remarquable toutefois par la vivacité du dialogue, la philosophie des réflexions, et la sagesse de sa morale.

FABLE VI.

Le Loup et les Bergers (*).

Un loup rempli d'humanité
[S'il en est de tels dans le monde ¹]
Fit un jour sur sa cruauté,
Quoiqu'il ne l'exerçât que par nécessité,
Une réflexion profonde.
Je suis haï; dit-il; et de qui? de chacun.
Le loup est l'ennemi commun :
Chiens,chasseurs,villageois,s'assemblent pour sa perte;
Jupiter est là-haut étourdi de leurs cris :
C'est par là que de loups l'Angleterre est déserte ² :
On y mit notre tête à prix.
Il n'est hobereau ³ qui ne fasse
Contre nous tels bans publier ⁴;
Il n'est marmot osant crier ⁵,
Que du loup aussitôt sa mère ne menace.
Le tout pour un âne rogneux ⁶,
Pour un mouton pourri, pour quelque chien hargneux
Dont j'aurai passé mon envie.

(*) Pilpay. — Ésope.—Voltaire, *le loup moraliste.* — Desbillons, liv. I, fab. 15.

Eh bien! ne mangeons plus de chose ayant eu vie :
Paissons l'herbe, broutons, mourons de faim plutôt.
    Est-ce une chose si cruelle?
Vaut-il mieux s'attirer la haine universelle?
Disant ces mots, il vit des bergers, pour leur rôt,
    Mangeant un agneau cuit en broche.
    Oh, oh! dit-il, je me reproche
Le sang de cette gent : voilà ses gardiens
    S'en repaissant eux et leurs chiens;
    Et moi loup, j'en ferai scrupule [7]?
Non, par tous les dieux, non; je serois ridicule :
    Thibaut l'agnelet [8] passera
    Sans qu'à la broche je le mette;
Et non seulement lui, mais la mère qu'il tette,
    Et le père qui l'engendra.

Le loup avoit raison. Est-il dit qu'on nous voie
    Faire festin de toute proie,
Manger les animaux; et nous les réduirons
Aux mets de l'âge d'or [9] autant que nous pourrons?
    Ils n'auront ni croc ni marmite?
    Bergers, bergers, le loup n'a tort
    Que quand il n'est pas le plus fort :
    Voulez-vous qu'il vive en ermite?

OBSERVATIONS DIVERSES.

La fable de Pilpay présente avec celle-ci des différences que nous ne devons point dissimuler. C'est un bramine qui régente le loup, et le force à rougir de sa mauvaise conduite. Il n'y a point là ce contraste piquant entre le ferme propos du loup pénitent, et l'action qui va suivre. Cependant l'apologue oriental n'a pas été inutile à notre poète, surtout pour la composition de sa fable du loup et le renard, (liv. XII, f. 9.) qu'il a détachée adroitement de ce cadre, trop chargé pour en faire un tableau à part.

1 *S'il en est de tels*, *etc.* Il falloit ce correctif pour lier le début au dénouement.

2 *C'est par là que de loups l'Angleterre est déserte*, *etc.*

En 961, Edgar, roi de cette île, [la délivra des loups qui l'infestoient, « en changeant le tribut d'argent et de bétail que les Gallois lui devoient tous les ans, en 300 têtes de loup, et faisant publier une amnistie générale pour toutes sortes de crimes commis jusqu'à présent à condition que chaque criminel lui apporteroit dans un temps précis un certain nombre de langues de loups, selon la qualité du crime dont il étoit coupable. »

3 *Il n'est Hobereau*, *etc.* Hobereau ou *Hobreau* est originairement le nom d'un oiseau de proie plus petit que le Milan, le même qu'on voit écrit *Aubereau* dans les poésies de Gaston de Foix.

Dans quelques-unes de nos provinces, dit M. de Buffon, on donne ce nom aux petits seigneurs qui tyrannisent leurs paysans, et particulièrement au gentilhomme à lièvre, qui va chasser chez ses voisins sans être prié, et qui chasse moins pour son plaisir que pour son profit. Dans les poésies de J. J. Rousseau :

> Point de ces *houbereaux* champêtres,
> Tout fiers de quelques vains ayeux
> Presque aussi méprisables qu'eux.

4   . . . . . *Tels bans publier*, *etc.*

Ban, proclamation publique. (Pasquier.) Il vient de l'allemand, *ban*, qui signifie champ, territoire, parce que c'est en vertu de ce qu'on tient des fiefs, champs et héritages, qu'on est obligé au *ban* et *arrière-ban*. (Nicod.) Les princes d'Allemagne sont souvent assignés, mis *au ban* de l'Empire, et on confisque leurs fiefs, faute par eux de rendre l'hommage et le service dont ils sont tenus. (Trévoux.)

5 *Il n'est marmot*, *etc.* Allusion à la fable *le loup*, *la mère et l'enfant*. (L. IV, f. 16.)

6   . . . . . . *Pour un âne rogneux*,

Pour un mouton pourri, *pour quelque chien hargneux*, *etc.*

Il y a dans ces vers un choix d'expressions basses, et ce choix est fait à dessein. *Non tàm refert quid dicas quàm quo loco*. L'expression doit avoir la couleur de la pensée.

7 *Et moi, loup, j'en ferais scrupule ?*

« Voyez ce que c'est que le bonheur, disoit un loup à la vue d'un corbeau posé sur le dos d'un mouton ! Ce monstre de mauvais augure est porté là tranquillement; le berger ne lui dit rien, et moi, malheureux! si j'approchois seulement de ce mouton imbécille, tous les chiens galope-roient après moi. »

8 *Thibaut l'Agnelet, etc.* Nom du berger qui, dans la farce de l'avocat Patelin, est mis en justice par le drapier son maître, pour lui avoir friponné ses moutons.

9 *Aux mets de l'âge d'or, etc.* Les fruits, les racines, le laitage firent la première nourriture des hommes innocens. « Et puis, vous appelez les lions et les léopards bêtes sau-vages! dit Plutarque. » On s'étonne que le bon La Fon-taine ait pu ajouter qu'ils ont *raison de l'être*. Quelle rai-son, juste ciel, peut-il donc y avoir à être cruel et sangui-naire? Quoi! parce que les hommes furent si souvent des bêtes féroces, il faudra que les loups viennent prendre à leur école et la leçon et le droit de la férocité? Depuis quand l'exemple du crime en a-t-il été l'excuse ou le titre? Con-venons avec un littérateur philosophe, que, dans certaines fables de cette seconde partie, la conclusion n'est pas également heureuse. Le plus souvent profonde, lumi-neuse, intéressante, et amenée par un chemin de fleurs, quelquefois elle semble aussi commune, fausse et mal déduite.

Voyez sur les *mets de l'âge d'or*, un beau morceau de Plutarque traduit par Amyot, ou bien encore l'admirable traduction que J. J. Rousseau a faite de la prose d'Amyot. Ce sera toujours une étude fort utile que celle qui fera mesurer à un jeune rhétoricien l'abîme immense qui sépare, par exemple, Ovide et La Fontaine, Plutarque et Rousseau, dans le même sujet.

FABLE VII.

L'Araignée et l'Hirondelle (*).

O Jupiter, qui sus de ton cerveau,
Par un secret d'accouchement nouveau,
Tirer Pallas [1], jadis mon ennemie [2],
Entends ma plainte une fois en ta vie!
Progné [3] me vient enlever les morceaux :
Caracolant [4], frisant l'air et les eaux [5],
Elle me prend mes mouches à ma porte :
Miennes je puis les dire; et mon réseau
En seroit plein sans ce maudit oiseau :
Je l'ai tissu de matière assez forte [6].
    Ainsi, d'un discours insolent,
Se plaignoit l'araignée autrefois tapissière,
    Et qui lors étant filandière [7],
Prétendoit enlacer tout insecte volant.
La sœur de Philomèle, attentive à sa proie,
Malgré le bestion, happoit mouches dans l'air [8],
Pour ses petits, pour elle, impitoyable joie,
Que ses enfans gloutons, d'un bec toujours ouvert,
D'un ton demi-formé, bégayante couvée,
Demandoient par des cris encor mal entendus [9].
    La pauvre aragne [10] n'ayant plus
Que la tête et les pieds, artisans superflus,
    Se vit elle-même enlevée.
L'hirondelle en passant emporta toile et tout,
    Et l'animal pendant au bout.

Jupin pour chaque état mit deux tables au monde [11] :
L'adroit, le vigilant et le fort sont assis

(*) Abstemius, fab. 4. — Desbillons, liv. III, fab. 40.

A la première; et les petits
Mangent leur reste à seconde.

OBSERVATIONS DIVERSES.

[1] *O Jupiter! etc.* Ce dieu, incommodé d'un violent mal de tête, implora le secours de Vulcain, qui, d'un coup de hâche, lui ouvrit la tête. Il en sortit la déesse Pallas tout armée. Allégorie poétique pour signifier que la sagesse est émanée de la toute-puissance des dieux.

[2] . . . . . *Jadis mon ennemie, etc.*

Voyez dans Ovide (*Métam.*, liv. VI) l'histoire de la querelle d'Arachné avec Minerve ou Pallas.

[3] *Progné, etc.* L'hirondelle, selon la fable, étoit autrefois une femme, épouse de Térée, sous le nom de Progné, et sœur de Philomèle. On a cité plusieurs fois leurs aventures.

[4] *Caracolant.* Dansant, du vieux mot *carole*, conservé dans la langue italienne.

      Si tout ravi des sauts de vos *caroles*.   (Ronsard.)

[5] . . . . *Frisant l'air et les eaux, etc.*

L'aile de l'oiseau peut bien friser l'eau; mais l'air!

[6] *Je l'ai tissu de matière assez forte.*

M. Bon, premier président de la chambre des comptes de Montpellier, étoit parvenu à faire avec des toiles d'araignées différens ouvrages, tels que bas, mitaines, etc., aussi forts, et presque aussi beaux que les ouvrages faits avec la soie ordinaire.

[7] . . . . . . *Filandière.*

« Il ne savoit rien plus avant que dévider un écheveau, ou bien disputer avec une *filandière*. » (*Décameron troisième journée.*)

[8] *Malgré le bestion, happoit mouches dans l'air, etc.*

Bestion, vieux mot très peu usité, même dans les anciens.

16.

*Happoit mouches dans l'air. Sola avium non nisi in volatu pas-
citur*, a dit Pline. (*Hist. Nat.*, liv. X, ch. 4.)

9 *Pour ses petits, etc.*

> Ipsasque volantes
> Ore ferunt, dulcem nidis immitibus escam.

(Virg., Géorg., liv. IV.)

On ne peut guère douter que **La Fontaine** n'ait eu dessein d'imiter ce vers de Virgile. Mais ce dont il n'a trouvé
le modèle que dans la nature, et l'expression que dans
son génie, c'est la description qui suit :

> *Que ses enfans glottons, d'un bec toujours ouvert,*
> *D'un ton demi-formé, bégayante couvée,*
> *Demandoient par des cris encor mal entendus.*

Mal entendus n'est pourtant pas le terme propre. Ils le sont
trop bien pour le bonheur de l'araignée. Il falloit *mal ar-
ticulés.*

   10 *La pauvre Aragne*, etc. D'autres écrivoient autrefois
Araigne.

> De vous changer pour ces laides araignes, etc.

De là notre mot *araignée*, venu du grec *Arachné*, qui nous
a donné notre mot *argneux*, dit Barbazan. (*Orig. de la
lang. franç.*, p. 44.)

   11 *Jupin pour chaque état, etc.* « Rien n'est plus vrai;
mais cela ne suit point de l'exemple de l'araignée et de
l'hirondelle ; car l'araignée, quoique adroite et vigilante,
ne laisse pas de mourir de faim. Ne seroit-ce point pour
déguiser ce défaut de justesse, que, dans les vers que je
viens de citer, La Fontaine n'oppose que les petits à l'a-
droit, au vigilant et au fort? Si au lieu des *petits*, il eût
dit *le foible*, *le négligent et le mal adroit*, on eût senti que
les deux dernières de ces qualités ne convenoient point à
l'araignée. » (*Marmontel, poét. franç.*, t. II.)

FABLE VIII.

La Perdrix et les Coqs (*).

Parmi de certains coqs incivils, peu galans,
   Toujours en noise [1] et turbulens,
   Une perdrix étoit nourrie.
   Son sexe et l'hospitalité,
De la part de ces coqs, peuple à l'amour porté,
Lui faisoient espérer beaucoup d'honnêteté :
Ils feroient les honneurs de la ménagerie.
Ce peuple cependant fort souvent en furie,
Pour la dame étrangère ayant peu de respect,
Lui donnoit fort souvent d'horribles coups de bec.
   D'abord elle en fut affligée :
Mais sitôt qu'elle eut vu cette troupe enragée
S'entrebattre elle-même, et se percer les flancs,
Elle se consola. Ce sont leurs mœurs, dit-elle :
Ne les accusons point; plaignons plutôt ces gens [2] :
   Jupiter sur un seul modèle
   N'a pas formé tous les esprits :
Il est des naturels de coqs et de perdrix [3].
S'il dépendoit de moi, je passerois ma vie
   En plus honnête compagnie.
Le maître de ces lieux en ordonne autrement.
   Il nous prend avec des tonnelles [4],
Nous loge avec des coqs, et nous coupe les ailes :
C'est de l'homme qu'il faut se plaindre seulement.

(*) Ésope, fab. 10.

OBSERVATIONS DIVERSES.

¹ *Noise*, querelle.

> Onc ne mis *noise* ou discord entre amis.
>
> (Louise Labbé.

Ne se dit plus qu'en style bourgeois.

² *Ne les accusons point ; plaignons plutôt ces gens.*

Jamais il n'a été plus vrai de dire que l'âme de l'écrivain se peint dans ses ouvrages. L'onde la plus pure ne réfléchit point l'image avec plus de fidélité que ses fables le caractère de leur auteur. Le génie qui l'anime n'est, comme sa belle âme, ni méchant, ni misanthrope, mais ami délicat du vrai, du bon, prenant les hommes tels qu'ils sont, et les croyant plus souvent dignes de compassion que de haine.

³ *Il est des naturels de coqs et de perdrix.*

On a retenu ce vers comme proverbe. Et les précédens, depuis le vers

> *Elle se consola ; ce sont leurs mœurs , dit-elle :*

Quelle douce sensibilité! Que de naturel et de grâce tout à la fois !

⁴ *Tonnelles*, filets particuliers pour prendre les perdrix.

~~~~~~

FABLE IX.

Le Chien à qui l'on a coupé les oreilles.

Qu'ai-je fait pour me voir ainsi ¹
Mutilé par mon propre maître?
Le bel état où me voici!
Devant les autres chiens oserai-je paroître?
O rois des animaux, ou plutôt leurs tyrans,
Qui vous feroit choses pareilles !
Ainsi crioit Mouflar ², jeune dogue; et les gens,

Peu touchés de ses cris douloureux et perçans,
Venoient de lui couper sans pitié les oreilles.
Mouflar y croyoit perdre. Il vit avec le temps
Qu'il y gagnoit beaucoup : car étant de nature
A piller ses pareils, mainte mésaventure
    L'auroit fait retourner chez lui
Avec cette partie en cent lieux altérée :
Chien hargneux a toujours l'oreille déchirée.

Le moins qu'on peut laisser de prise aux dents d'autrui,
C'est le mieux. Quand on n'a qu'un endroit à défendre,
    On le munit, de peur d'esclandre [3] :
Témoin maître Mouflar armé d'un gorgerin [4];
Du reste ayant d'oreille autant que sur ma main :
    Un loup n'eût su par où le prendre.

OBSERVATIONS DIVERSES.

[1] *Qu'ai-je fait pour me voir ainsi ?*

« Après le sentiment de la douleur physique, vient celui de l'injustice qui lui fait subir un pareil traitement, et puis l'indignation contre l'ingratitude ; enfin l'amour-propre a son tour; *Devant les autres chiens oserai-je paroître ?* (Champfort.)

[2] *Mouflart* vient du mot *mufle*. On croiroit qu'un génie supérieur s'est présenté à La Fontaine pour lui dire : « Je vais amener devant toi les animaux, et tu leur donneras des noms. »

[3] . . . . *De peur d'esclandre* :

Il est douteux que le mot *esclandre* (*scandalum*) ait jamais été synonyme d'*accident*.

[4] *Gorgerin.* Gros collier hérissé de pointes de fer, dont on arme le col du chien contre les attaques du loup, qui

essaye de le prendre à la *gorge*. Villon écrivoit *Gorgery* et
Marot *Gorgerain*. Borel l'explique par *hausse-col*.

> Item, donne à maître François
> Ung hault *gorgery* d'Ecrossois.

~~~~~~

FABLE X.

Le Berger et le Roi (*).

Deux démons [1], à leur gré, partagent notre vie,
Et de son patrimoine ont chassé la raison.
Je ne vois point de cœur qui ne leur sacrifie :
Si vous me demandez leur état et leur nom,
J'appelle l'un Amour, et l'autre Ambition.
Cette dernière étend le plus loin son empire :
    Car même elle entre dans l'amour.
Je le ferois bien voir : mais mon but est de dire
Comme un roi fit venir un berger à sa cour.
Le conte est du bon temps [2], non du siècle où nous sommes.
Ce roi vit un troupeau qui couvroit tous les champs,
Bien broutant, en bon corps, rapportant tous les ans,
Grâce aux soins du berger, de très notables sommes.
Le berger plut au roi par ses soins diligens.
Tu mérites, dit-il, d'être pasteur de gens [3] :
Laisse là tes moutons, viens [4] conduire des hommes :
    Je te fais juge souverain.
Voilà notre berger la balance à la main.
Quoiqu'il n'eût guère vu d'autres gens qu'un ermite,
Son troupeau, ses mâtins, le loup [5], et puis c'est tout,
Il avoit du bon sens : le reste vient ensuite.
    Bref, il en vint fort bien à bout.
L'ermite son voisin accourut pour lui dire :
Veillé-je, n'est-ce point un songe que je vois ?

(*) Pilpay.—Fénélon , fables.—Desbillons , liv. IX , fab. 5.

Vous favori! vous grand! Défiez-vous des rois.
Leur faveur est glissante [6], on s'y trompe; et le pire,
C'est qu'il en coûte cher; de pareilles erreurs
Ne produisent jamais que d'illustres malheurs.
Vous ne connoissez pas l'attrait qui vous engage :
Je vous parle en ami; craignez tout. L'autre rit;
  Et notre ermite poursuivit :
Voyez combien déjà la cour vous rend peu sage.
Je crois voir cet aveugle [7], à qui, dans un voyage,
  Un serpent engourdi de froid,
Vint s'offrir sous la main : il le prit pour un fouet;
Le sien s'étoit perdu, tombant de sa ceinture.
Il rendoit grâce au ciel de l'heureuse aventure,
Quand un passant cria : Que tenez-vous? ô dieux!
Jetez cet animal traître et pernicieux,
Ce serpent.—C'est un fouet.—C'est un serpent, vous dis-je:
A me tant tourmenter quel intérêt m'oblige?
—Prétendez-vous garder ce trésor?—Pourquoi non?
Mon fouet étoit usé, j'en retrouve un fort bon :
  Vous n'en parlez que par envie.
  — L'aveugle enfin ne le crut pas;
  Il en perdit bientôt la vie :
L'animal dégourdi piqua son homme au bras.
  Quant à vous, jose vous prédire
Qu'il vous arrivera quelque chose de pire.
— Eh! que me sauroit-il arriver que la mort?
Mille dégoûts viendront, dit le prophète ermite.
Il en vint en effet : l'ermite n'eut pas tort.
Mainte peste de cour fit tant, par maint ressort,
Que la candeur du juge, ainsi que son mérite,
Furent suspects au prince. On cabale, on suscite
Accusateurs et gens grevés par ses arrêts :
De nos biens, dirent-ils, il s'est fait un palais.
Le prince voulut voir ses richesses immenses.
Il ne trouva partout que médiocrité,

Louanges du désert et de la pauvreté :
    C'étoient là ses magnificences.
Son fait, dit-on, consiste en des pierres de prix ;
Un grand coffre en est plein, fermé de dix serrures.
Lui-même ouvrit ce coffre, et rendit bien surpris
    Tous les machineurs [8] d'impostures.
Le coffre étant ouvert, on y vit des lambeaux,
    L'habit d'un gardeur de troupeaux,
Petit chapeau, jupon, panetière, houlette,
    Et, je pense, aussi sa musette.
Doux trésors ! se dit-il, chers gages, qui jamais
N'attirâtes sur vous l'envie et le mensonge,
Je vous reprends : sortons de ces riches palais
    Comme l'on sortiroit d'un songe !
Sire, pardonnez-moi cette exclamation.
J'avois prévu ma chute en montant sur le faîte [9].
Je m'y suis trop complu : mais qui n'a dans la tête
    Un petit grain d'ambition ?

OBSERVATIONS DIVERSES.

[1] *Deux démons, etc.*
    J'appelle l'un Amour, etc.

Phil. Desportes :

    Amour, puissant *démon*, qui, le premier des dieux,
    Avois franchi le sein du chaos, etc.

Ce mot a passé des Chaldéens chez tous les peuples, pour désigner les esprits ou génies, inspirations, sentimens qui influent sur les passions des hommes. — Voilà, dans quelques lignes, tout un traité de morale.

[2] *Ce conte est du bon temps, etc.* Oh ! le *bon temps* que le temps d'autrefois ! disent nos poètes. Si l'homme est *un enfant* toujours avide de l'avenir, c'est aussi le vieillard d'Horace regrettant sans cesse le passé.

³ . . . . *Pasteur de gens*, imité d'Homère, qui appelle ainsi les rois. Le type de cette belle expression se trouve dans l'Ecriture.

4 *Viens.* Voyez liv. XII, fab. 1. note 7.

⁵ *Le loup.* L'ennemi des troupeaux n'est point oublié dans la nomenclature que fait le poète du petit monde où son berger avoit jusque là vécu. Pourquoi ? c'est que dans le monde nouveau où il va être transplanté , il trouvera encore *le loup* , et avec des formes bien plus cruelles.

⁶ *Leur faveur est glissante, etc.* Ces vers ennobliroient le style le plus grave.

7 *Je crois voir cet aveugle, etc.* Apologue très connu. Il se trouve dans Esope , fab. 173 ; Phèdre, liv. IV , f. 16 ; Desbillons , liv. II , f. 43 , etc. , et rappelle un sujet à peu près semblable déjà traité par La Fontaine dans son sixième livre.

⁸ *Machineurs;* machinateur seroit plus exact.

9 *J'avois prévu ma chute en montant sur le faîte.*

> *Et monté* sur le faîte, il aspire à descendre,

avoit dit le grand Corneille.

Cet apologue, un de ceux auxquels notre poète ait le plus conservé le caractère oriental, est un modèle parfait du style historique dans le genre familier. Est-il rien de plus délicat que ce vers ,

> *Et je pense aussi sa musette?*

Rien de plus touchant que cet autre :

> *Doux trésors ! se dit-il , chers gages!*

Il se croit à la place du berger. La Fontaine et M. de Fénelon ont embelli dans leur imitation le dénouement de l'apologue indien ; mais l'imitation de La Fontaine est un chef-d'œuvre d'esprit, de grâce, de vérité, de style ; c'est l'idéal du naturel et de la perfection.

FABLE XI.

Les Poissons et le Berger qui joue de la flûte (*).

Tircis, qui pour la seule Annette
Faisoit résonner les accords
D'une voix et d'une musette
Capable de toucher les morts,
Chantoit un jour le long des bords
D'une onde arrosant des prairies
Dont Zéphyre habitoit les campagnes fleuries.
Annette cependant à la ligne pêchoit :
Mais nul poisson ne s'approchoit.
La bergère perdoit ses peines.
Le berger qui, par ses chansons,
Eût attiré des inhumaines,
Crut, et crut mal, attirer des poissons.
Il leur chanta ceci [1] : Citoyens de cette onde,
Laissez votre naïade [2] en sa grotte profonde ;
Venez voir un objet mille fois plus charmant.
Ne craignez point d'entrer aux prisons de la belle :
Ce n'est qu'à nous qu'elle est cruelle :
Vous serez traités doucement ;
On n'en veut point à votre vie.
Un vivier vous attend plus clair que fin cristal.
Et quand à quelques uns l'appât seroit fatal,
Mourir des mains d'Annette est un sort que j'envie.
Ce discours éloquent ne fit pas grand effet ;
L'auditoire étoit sourd aussi bien que muet.
Tircis eut beau prêcher : ces paroles miellées
S'en étant au vent envolées,

(*) Ésope, fab. 130.

Il tendit un long rets. Voilà les poissons pris ;
Voilà les poissons mis aux pieds de la bergère.

O vous, pasteurs d'humains, et non pas de brebis,
Rois, qui croyez gagner par raison les esprits
    D'une multitude étrangère,
Ce n'est jamais par là que l'on en vient à bout;
        Il y faut une autre manière :
Servez-vous de vos rets, la puissance fait tout.

OBSERVATIONS DIVERSES.

[1] *Il leur chanta ceci*, *etc.* Madame Deshoulières, Cou-
langes, l'abbé de Lattaignant lui-même, ont-ils de plus
jolies chansons ?

[2] *Votre naïade*, *etc.* Nymphe des eaux.

FABLE XII.

Les deux Perroquets, le Roi et son Fils (*).

Deux perroquets, l'un père et l'autre fils,
Du rôt d'un roi faisoient leur ordinaire ;
Deux demi-dieux, l'un fils et l'autre père,
De ces oiseaux faisoient leurs favoris.
L'âge lioit une amitié sincère
Entre ces gens [1]. Les deux pères s'aimoient ;
Les deux enfans, malgré leur cœur frivole,
    L'un avec l'autre aussi s'accoutumoient [2],
Nourris ensemble, et compagnons d'école,
C'étoit beaucoup d'honneur au jeune perroquet ;
Car l'enfant étoit prince, et son père monarque.

(*) Ésope, fab. 191.

Par le tempérament que lui donna la parque [3],
Il aimoit les oiseaux. Un moineau fort coquet,
Et le plus amoureux de toute la province [4],
Faisoit aussi sa part des délices du prince.
Ces deux rivaux [5] un jour ensemble se jouans,
 Comme il arrive aux jeunes gens,
 Le jeu devint une querelle.
 Le passereau, peu circonspect,
 S'attira de tels coups de bec,
 Que demi-mort, et traînant l'aile,
 On crut qu'il n'en pourroit guérir.
 Le prince indigné fit mourir
Son perroquet [6]. Le bruit en vint au père.
L'infortuné vieillard [7] crie et se désespère,
 Le tout en vain; ses cris sont superflus,
 L'oiseau parleur est déjà dans la barque :
 Pour mieux dire, l'oiseau ne parlant plus
 Fait qu'en fureur sur le fils du monarque,
Son père s'en va fondre, et lui crève les yeux.
Il se sauve aussitôt, et choisit pour asile
 Le haut d'un pin. Là, dans le sein des dieux,
Il goûte sa vengeance en lieu sûr et tranquille [8].
Le roi lui-même y court, et dit pour l'attirer :
Ami, reviens chez moi; que nous sert de pleurer ?
Haine, vengeance et deuil, laissons tout à la porte.
 Je suis contraint de déclarer,
 Encor que ma douleur soit forte,
Que le tort vient de nous; mon fils fut l'agresseur.
Mon fils! Non : c'est le sort qui du coup est l'auteur.
La Parque avoit écrit de tout temps en son livre
Que l'un de nos enfans devoit cesser de vivre,
 L'autre de voir, par ce malheur.
Consolons-nous tous deux, et reviens dans ta cage.
 Le perroquet dit : Sire roi,
 Crois-tu qu'après un tel outrage

Je me doive fier à toi ?
Tu m'allègues le sort : prétends-tu, par ta foi,
Me leurrer de l'appât d'un profane langage 9 ?
Mais que la providence, ou bien que le destin
   Règle les affaire du monde,
Il est écrit là-haut qu'au faîte de ce pin,
   Ou dans quelque forêt profonde,
J'achèverai mes jours loin du fatal objet
   Qui doit t'être un juste sujet
De haine et de fureur 10. Je sais que la vengeance
Est un morceau de roi ; car vous vivez en dieux 11.
   Tu veux oublier cette offense ;
Je le crois ; cependant il me faut, pour le mieux,
   Éviter ta main et tes yeux.
Sire roi, mon ami, va-t'en, tu perds ta peine,
   Ne me parle point de retour :
L'absence est aussi bien un remède à la haine
   Qu'un appareil contre l'amour 12.

OBSERVATIONS DIVERSES.

1 *Entre ces gens.* Ce terme seroit bas à l'égard de *demi-dieux;* il est impropre appliqué à des perroquets.

3 . . . . . . *S'accoutumoient; etc.*
Foible. *Des enfans nourris ensemble* doivent être depuis long-temps accoutumés l'un à l'autre.

3 *Par le tempérament que lui donna la parque, etc.*
La parque préside au dénoûment de la vie plus qu'elle n'en dirige les inclinations. *Tempérament* trop vague, etc.

4 *Fort coquet, etc.*
Qu'a de commun tout cela avec l'amitié qu'on lui porte ?

5 *Ces deux rivaux, etc.* Lesquels ? Sont-ce le moineau et le jeune prince ? Mais comment sont-ils rivaux ?

6 *Son perroquet.* Non le sien, mais celui de son père, meurtrier du moineau.

7 *L'infortuné vieillard, etc.* Le lecteur a besoin d'être averti que ce *vieillard* est un perroquet.

8   . . . . . . *Dans le sein des dieux ,*
       Il goûte sa vengeance, etc.

Froide allusion à cette maxime que la *vengeance est le plaisir des dieux.* Tout ce morceau est obscur et puéril.

9 . . . . . . *D'un profane langage ?*

Est-ce donc un langage *profane*, que celui qui atttribue au sort, ou à l'influence des parques, divinités subalternes, un événement qui porte le deuil dans deux familles ?

10 . . . . . . *Loin du fatal objet*
       Qui doit t'être un juste sujet
     De haine et de fureur.

Ce *fatal objet*, qu'est-il ? Le fils du prince ? Mais peut-il être pour son père un *sujet de haine et de fureur ?* Le jeune perroquet ? il étoit indifférent au monarque. Quel est donc l'*objet* duquel l'oiseau veut s'éloigner ? On devine bien le sens de l'auteur, mais il faut le chercher ; et La Fontaine n'a pas coutume d'être aussi enveloppé.

11 . . . . . . *La vengeance*
       Est un morceau de roi ; car vous vivez en dieux.

Point de liaison entre ces deux idées. Cette manière de parler à un roi en personne est d'ailleurs outrageuse. *Sire roi, mon ami*, quelques vers plus bas , est d'une indécente familiarité. *Quandoque bonus dormitat Homerus.*

12 *L'absence est aussi bien un remède à la haine,*
       Qu'un appareil contre l'amour.

Ces deux vers réparent presque tous les défauts précédens. Il ne faudroit cependant pas examiner s'ils sont bien à leur place.

Cette fable est en résumé assez faible sous le double rapport du style et de l'invention. N'oublions pas de citer comme détestables ces deux vers :

       Pour mieux *dire,* l'oiseau ne parlant plus
       Fait qu'en fureur , etc.

FABLE XIII.

La Lionne et l'Ours.

Mère lionne avoit perdu son faon;
Un chasseur l'avoit pris. La pauvre infortunée
    Poussoit un tel rugissement,
Que toute la forêt étoit importunée [1].
    La nuit ni son obscurité,
    Son silence et ses autres charmes,
De la reine des bois n'arrêtoient les vacarmes [2].
Nul animal n'étoit du sommeil visité.
    L'ours enfin lui dit : Ma commère [3],
    Un mot sans plus : Tous les enfans
    Qui sont passés entre vos dents
    N'avoient-ils ni père ni mère?
    — Ils en avoient. — S'il est ainsi,
Et qu'aucun de leur mort n'ait nos têtes rompues,
    Si tant de mères se sont tues,
    Que ne vous taisez-vous aussi?
    — Moi me taire! Moi, malheureuse!
Ah! j'ai perdu mon fils! Il me faudra traîner
    Une vieillesse douloureuse [4].
— Dites-moi, qui vous force à vous y condamner?
— Hélas! c'est le destin qui me hait. — Ces paroles
Ont été de tous temps en la bouche de tous.

Misérables humains, ceci s'adresse à vous.
Je n'entends résonner que des plaintes frivoles.
Quiconque, en pareil cas, se croit haï des cieux,
Qu'il considère Hécube, il rendra grâce aux dieux [5].

OBSERVATIONS DIVERSES:

1 . . . . . . *Étoit importunée.*

La Fontaine a ramené à son acception latine ce mot trop
foible en français pour l'image qu'il décrit. En parlant de
Tarquin, odieux à toute la ville, Cicéron avoit dit :
« *Quanquàm haud scio an tali* importunitate *vir amicos ha-
bere potuerit.* Encore est-il douteux qu'avec ce caractère
insupportable, un tel homme ait pu trouver des amis. »
(*De Amicit.*)

2 . . . . . . *Vacarmes.*

N'est point commun au plurier. Cependant on voit dans
Marot :

>   Lorsque viendront les périlleux *vacarmes.*

3   . . . . . . *Ma commère, etc.*

rapprochée de *la reine des bois*, deux vers plus haut, fait
un contraste plus plaisant que juste.

4 . . . . . . *Il me faudra traîner*, etc.

Maynard, dans une *ode sur la mort de sa fille :*

>   Qui me console excite ma colère,
>   Et le repos est un bien que je crains;
>   Mon deuil me plaît et me doit toujours plaire,
>   Il me tient lieu de celle que je plains.

5 *Qu'il considère Hécube, etc.* femme de Priam, roi de
Troie, réduite en esclavage, après avoir vu périr sous ses
yeux Priam, la plus grande partie de ses enfans, sa ville,
son royaume, et la plupart de ses habitans. La philosophie a plus d'une fois essayé ce raisonnement contre
l'excès de la douleur. Marius assis sur les ruines de Car-
thage n'a plus le droit de se croire malheureux.

>   Miramur periisse homines, monumenta fatiscunt,
>   Mors etiam saxis, nominibusque venit,

A dit énergiquement le poète Rutilius. Donc, pour finir
avec Malherbe :

Apprenez, âmes vulgaires,
A mourir sans murmurer.

Le génie de La Fontaine, un peu languissant dans le cours de cette fable, s'est ranimé à ces derniers vers.

~~~~~~

FABLE XIV.

Les deux Aventuriers et le Talisman (*).

Aucun chemin de fleurs ne conduit à la gloire.
Je n'en veux pour témoin qu'Hercule et ses travaux.
    Ce dieu n'a guère de rivaux;
J'en vois peu dans la fable, encor moins dans l'histoire.
En voici pourtant un que de vieux talismans [1]
Firent chercher fortune aux pays des romans [2].
    Il voyageoit de compagnie.
Son camarade et lui trouvèrent un poteau
    Ayant au haut cet écriteau :
Seigneur aventurier, s'il te prend quelque envie
De voir ce que n'a vu nul chevalier errant [3],
    Tu n'as qu'à passer ce torrent;
Puis, prenant dans tes bras un éléphant de pierre,
    Que tu verras couché par terre,
Le porter, d'une haleine, au sommet de ce mont,
Qui menace les cieux de son superbe front.
L'un des deux chevaliers saigna du nez [4] : Si l'onde
    Est rapide autant que profonde,
Dit-il, et supposé qu'on la puisse passer,
Pourquoi de l'éléphant s'aller embarrasser?
    Quelle ridicule entreprise !
Le sage l'aura fait par tel art, et de guise [5],
Qu'on le pourra porter peut-être quatre pas :

_____

(*) Pilpay.

17.

Mais jusqu'au haut du mont! d'une haleine! il n'est pas
Au pouvoir d'un mortel ; à moins que la figure
Ne soit d'un éléphant nain, pygmée, avorton,
    Propre à mettre au bout d'un bâton :
Auquel cas, ou l'honneur d'une telle aventure [6] ?
On nous veut attraper dedans [7] cette écriture :
Ce sera quelque énigme à tromper un enfant;
C'est pourquoi je vous laisse avec votre éléphant.
Le raisonneur parti, l'aventurier se lance
    Les yeux clos, à travers cette eau. ·
    Ni profondeur ni violence
Ne purent l'arrêter; et selon l'écriteau,
Il vit son éléphant couché sur l'autre rive.
Il le prend, il l'emporte [8], au haut du mont arrive,
Rencontre une esplanade, et puis une cité.
Un cri par l'éléphant est aussitôt jeté :
    Le peuple aussitôt sort en armes.
Tout autre aventurier, au bruit de ces alarmes,
Auroit fui. Celui-ci, loin de tourner le dos,
Veut vendre au moins sa vie, et mourir en héros.
Il fut tout étonné d'ouïr cette cohorte
Le proclamer monarque au lieu de son roi mort.
Il ne se fit prier que de la bonne sorte.
Encor que le fardeau fût, dit-il, un peu fort.
Sixte [9] en disoit autant quand on le fit saint père,
    (Seroit-ce bien une misère
    Que d'être pape, ou d'être roi?)
On reconnut bientôt son peu de bonne foi.

Fortune aveugle, suit aveugle hardiesse.
Le sage quelquefois fait bien d'exécuter,
Avant que de donner le temps à la sagesse
D'envisager le fait, et sans la consulter.

OBSERVATIONS DIVERSES.

¹ . . . . . . *De vieux talismans , etc.*

Figures avec ou sans inscriptions, auxquelles les charlatans et diseurs de bonne aventure attachent des propriétés.
merveilleuses, telles que de guérir certains maux, ou de
donner la connoissance de l'avenir.

² . . . . . . *Au pays des romans.*

Espaces imaginaires, comme les faits dont ils sont le.
théâtre.

³ *Chevalier errant, etc.* Courant de contrée en contrée.
pour chercher des aventures.

⁴ *Saigna du nez, etc.* Clém. Marot :

> Lors désespoir *saigna du nez.*

On lit aussi dans le Décaméron : « Non pas comme elle
avoit fait en Orient, là où quiconque *saigne du nez* mons-
troit signe manifeste de mort inévitable. » (*Décam.* prem.
journée.) De là cette expression proverbiale pour rendre le
manque de courage produit par la crainte du danger.

⁵ . . . . . . *Et de guise ,*
Qu'on le pourra porter, etc.

De manière, ne se dit plus.

⁶ *Auquel cas , où l'honneur d'une telle entreprise.*

L'auteur a omis un mot essentiel : *où sera l'honneur ?*

⁷ *Dedans , etc.* Dessous, dessus, dedans ; tous ces mots.
sont bannis du langage noble.

⁸ *Il le prend, il l'emporte , etc.* Comment? Dans ses bras?
Sur ses épaules? Le poète auroit bien fait de citer ses au-
torités.

⁹ *Sixte en disait autant, etc.* Cardinal sous le nom de
Montalte ; il ne parut au conclave qu'avec les dehors d'un
vieillard succombant sous le poids des années. Quand on
l'avertit que l'élection d'un successeur à Grégoire XIII,

pourroit bien le regarder, il répondit avec l'air de l'humilité, qu'il étoit indigne d'un si grand et si redoutable honneur ; qu'il manquoît de talens nécessaires à une vaste administration, etc. Elu pape, il fit voir un homme tout différent. Le cardinal de Médicis lui ayant fait compliment sur la bonne santé dont il jouissoit depuis son élection, après avoir été si infirme durant son cardinalat : N'en soyez pas surpris, répondit Sixte-Quint; je cherchois alors les clés du paradis, et pour les mieux trouver, je baissois la tête ; mais depuis qu'elles sont entre mes mains, je ne regarde que le ciel.

> On ne s'attendoit guère
> A voir *un pape* en cette affaire.

FABLE XV.

Les Lapins.

DISCOURS A M. DE LA ROCHEFOUCAULT.

Je me suis souvent dit, voyant de quelle sorte
    L'homme agit, et qu'il se comporte
En mille occasions comme les animaux :
Le roi de ces gens-là n'a [1] pas moins de défauts
    Que ses sujets; et la nature
    A mis dans chaque créature
Quelques grains d'une masse où puisent les esprits [2] :
J'entends les esprits corps, et pétris de matière.
    Je vais prouver ce que je dis.

A l'heure de l'affût, soit lorsque la lumière
Précipite ses traits dans l'humide séjour,
Soit lorsque le soleil rentre dans sa carrière,
Et que, n'étant plus nuit, il n'est pas encor jour [3],
Au bord de quelque bois sur un arbre je grimpe;
Et nouveau Jupiter, du haut de cet Olympe [4],

Je foudroie à discrétion
Un lapin qui n'y pensoit guère.
Je vois fuir aussitôt toute la nation
    Des lapins, qui sur la bruyère,
    L'œil éveillé, l'oreille au guet [5],
S'égayoient, et de thym parfumoient leur banquet.
    Le bruit du coup fait que la bande
    S'en va chercher sa sûreté
    Dans la souterraine cité :
Mais le danger s'oublie; et cette peur si grande
S'évanouit bientôt. Je revois les lapins,
Plus gais qu'auparavant, revenir sous mes mains.
Ne reconnoît-on pas en cela les humains?
    Dispersés par quelque orage,
    A peine ils touchent le port,
    Qu'ils vont hasarder encor
    Même vent, même naufrage.
    Vrais lapins, on les revoit
    Sous les mains de la fortune.
Joignons à cet exemple une chose commune.

Quand des chiens étrangers passent par quelque endroit
    Qui n'est pas de leur détroit [6],
    Je laisse à penser quelle fête!
    Les chiens du lieu n'ayant en tête
Qu'un intérêt de gueule, à cris, à coups de dents
    Vous accompagnent ces passans
    Jusqu'aux confins du territoire.

Un intérêt de bien, de grandeur et de gloire,
Aux gouverneurs d'états, à certains courtisans,
A gens de tous métiers, en fait tout autant faire.
    On nous voit tous, pour l'ordinaire,
Piller le survenant, nous jeter sur sa peau.
La coquette et l'auteur sont de ce caractère :

Malheur à l'écrivain nouveau !
Le moins de gens qu'on peut à l'entour du gâteau [7],
    C'est le droit du jeu, c'est l'affaire.
Cent exemples pourront appuyer mon discours :
    Mais les ouvrages les plus courts
Sont toujours les meilleurs. En cela j'ai pour guide
Tous les maîtres de l'art, et tiens qu'il faut laisser
Dans les plus beaux sujets quelque chose à penser :
    Ainsi ce discours doit cesser.

Vous qui m'avez donné ce qu'il a de solide,
Et dont la modestie égale la grandeur,
Qui ne pûtes jamais écouter sans pudeur
    La louange la plus permise,
    La plus juste, et la mieux acquise;
Vous enfin dont à peine ai-je encor obtenu
Que votre nom reçût ici quelques hommages,
Du temps et des censeurs défendant mes ouvrages,
Comme un nom qui des ans et des peuples connu,
Fait honneur à la France, en grands noms plus féconde
    Qu'aucun climat de l'univers,
Permettez-moi du moins d'apprendre à tout le monde
Que vous m'avez donné le sujet de ces vers.

OBSERVATIONS DIVERSES.

[1] *Le roi de ces gens-là, etc.* Les bêtes tranformées en *gens !* c'est que ces *gens-là* ressemblent si fort aux derniers de leurs sujets ! La Fontaine ne voyait plus dans tout cela qu'un seul peuple, qu'une même famille.

[2] *Quelques grains d'une masse où puisent les esprits, etc.*

Ce système tient à la doctrine des pythagoriciens, ainsi expliquée :

    . . . . . . Totam infusa per artus
Mens agitat molem, et magno se corpore miscet.

Esprits, animaux et vitaux sont, en termes de physique,
les parties les plus volatiles du corps, qui servent à faire
toutes ses opérations. — Nous ne prétendons point défendre la doctrine contenue dans ces vers.

³ *Et que, n'étant plus nuit, il n'est pas encor jour, etc.*

Il seroit impossible de rendre avec une expression à la
fois plus élégante et plus fidèle ce passage incertain des
dernières ténèbres de la nuit aux rayons naissans de l'aurore.

⁴ *Et nouveau Jupiter du haut de cet olympe*
    Je foudroie à discrétion, etc.

Depuis que le génie eut fait de la langue françoise sa conquête; et bientôt après son patrimoine, une foule d'idées
qu'il auroit paru d'abord impossible d'y transporter, lui
sont devenues en quelque sorte familières, et cela, par le
charme des images et des comparaisons; la prose elle-
même s'est ressentie de cette noble hardiesse; ainsi elle
oseroit dire : *J'atteins d'un plomb meurtrier;* mais combien
la poésie a plus d'élévation et d'audace! Ce plomb meurtrier a les effets de *la foudre*, il est *la foudre* elle-même.
La main qui l'emploie est donc une main qui foudroie; et
voilà le : *Je foudroie à discrétion.* Mais la foudre est l'apanage distinctif de Jupiter; et parce que la cime d'un arbre
seroit un siége trop vulgaire pour le plus puissant des
dieux, le lieu de la scène deviendra l'*olympe*, comme le
chasseur en est le *Jupiter : Et nouveau Jupiter du haut de cet
olympe, etc.*

⁵   *L'œil éveillé, l'oreille au guet, etc.*

Comme toutes ces idées sont naïves et gracieuses! comme
elles contrastent avec les vers qui précèdent!

⁶   . . . . . . *De leur détroit, etc.*

Ressort, étendue de pays soumis à telle juridiction; du
latin *districtus*, d'où l'on a fait *district*.

⁷ . . . . . . *A l'entour du gâteau, etc.*

On dit proverbialement qu'il y a bien des gens à partager
.e *gâteau*, quand il y a plusieurs cohéritiers dans une succes-

sion, ou des intéressés dans une affaire, lesquels ont part au profit. — Certains critiques un peu sévères ont jugé que la fin de cette fable n'en valoit pas le commencement.

Observez que La Fontaine a intitulé cette jolie pièce de vers : *discours*, et non point *fable*.

FABLE XVI.

Le Marchand, le Gentilhomme, le Pâtre, et le Fils de Roi (*).

Quatre chercheurs [1] de nouveaux mondes,
Presque nus, échappés à la fureur des ondes,
Un trafiquant, un noble, un pâtre, un fils de roi,
　　Réduits au sort de Bélisaire [2],
　　Demandoient aux passans de quoi
　　Pouvoir soulager leur misère.
De raconter quel sort les avoit assemblés,
Quoique sous divers points tous quatre ils fussent nés,
　　C'est un récit de longue haleine.
Ils s'assirent enfin au bord d'une fontaine :
Là, le conseil se tint entre les pauvres gens.
Le prince s'étendit sur le malheur des grands.
Le pâtre [3] fut d'avis, qu'éloignant la pensée
　　De leur aventure passée,
Chacun fît de son mieux, et s'appliquât au soin
　　De pourvoir au commun besoin.
La plainte, ajouta-t-il, guérit-elle son homme ?
Travaillons : c'est de quoi nous mener jusqu'à Rome.
Un pâtre ainsi parler ! Ainsi parler ? Croit-on
Que le ciel n'ait donné qu'aux têtes couronnées
　　De l'esprit et de la raison [4] ;
Et que de tout berger, comme de tout mouton,

(*) Pilpay.

Les connoissances soient bornées ?
L'avis de celui-ci fut d'abord trouvé bon
Par les trois échoués au bord de l'Amérique.
L'un, c'étoit le marchand, savoit l'arithmétique,
A tant par mois, dit-il, j'en donnerai leçon.
　　J'enseignerai la politique,
Reprit le fils de roi. Le noble poursuivit,
Moi je sais le blason, j'en veux tenir école.
Comme si, devers l'Inde, on eût eu dans l'esprit
La sotte vanité de ce jargon frivole.
Le pâtre dit : Amis, vous parlez bien; mais quoi?
Le mois a trente jours; jusqu'à cette échéance
　　Jeûnerons-nous, par votre foi ?
　　Vous me donnez une espérance
Belle, mais éloignée; et cependant j'ai faim.
Qui pourvoira de nous au dîner de demain?
　　Ou plutôt, sur quelle assurance
Fondez-vous, dites-moi, le souper d'aujourd'hui?
　　Avant tout autre c'est celui
　　Dont il s'agit : votre science
Est courte là-dessus; ma main y suppléera.
　　A ces mots, le pâtre s'en va
Dans un bois; il y fit des fagots, dont la vente
Pendant cette journée et pendant la suivante,
Empêcha qu'un long jeûne à la fin ne fît tant,
Qu'ils allassent là-bas exercer leur talent.

　　Je conclus de cette aventure,
Qu'il ne faut pas tant d'art pour conserver ses jours;
　　Et, grâce aux dons de la nature,
La main est le plus sûr et le plus prompt secours [5].

OBSERVATIONS DIVERSES.

[1] *Quatre chercheurs, etc.* Engagés dans de longs voyages sur mer. *Chercheur* est beau quoique antique. Bossuet l'emploie encore dans son *Oraison funèbre de la reine d'Angleterre.*

[2] . . . . . . *Bélisaire, etc.*

Général des armées de Justinien, disgracié, dit-on, dans sa vieillesse par ce même empereur, fut réduit à mendier son pain sur les grands chemins de cette Rome qu'il avoit sauvée du fer des Vandales et des Goths. Peu d'opinions ont trouvé autant de confiance parmi les écrivains, et de crédulité parmi les peuples. Il est aujourd'hui prouvé qu'elle n'est due qu'à la malignité de l'historien Procope.

[3] *Le pâtre, etc.* Paysan dont l'emploi est de *paître* les bestiaux.

[4] . . . . . . *Croit-on,*
   Que le Ciel n'ait donné, etc.

M. de Voltaire a dit de même,

   Quelquefois un Virgile, un Cicéron sauvage
   Est chantre de paroisse, ou bailli de village.

C'est un commentaire piquant du mot de Cicéron : *Sæpè sub sordido pallio latuit sapientia.*

[5] *La main est le plus sûr et le plus prompt secours.*
La main prête secours, elle n'est point *le secours* même.

FIN DU DIXIÈME LIVRE.

LIVRE ONZIÈME.

FABLE PREMIÈRE.

Le Lion (*).

Sultan léopard autrefois
Eut, ce dit-on[1], par mainte aubaine[2],
Force bœufs dans ses prés, force cerfs dans ses bois,
    Force moutons parmi la plaine[3].
Il naquit un lion dans la forêt prochaine.
Après les complimens et d'une et d'autre part,
    Comme entre grands il se pratique,
Le sultan fit venir son visir le renard,
    Vieux routier et bon politique.
Tu crains, ce lui dit-il, lionceau mon voisin :
    Son père est mort, que peut-il faire?
    Plains plutôt le pauvre orphelin.
    Il a chez lui plus d'une affaire;
    Et devra beaucoup au destin,
S'il garde ce qu'il a sans tenter de conquête.
    Le renard dit, branlant la tête :
Tels orphelins, seigneur, ne me font point pitié;
Il faut de celui-ci conserver l'amitié,
    Ou s'efforcer de le détruire,
    Avant que la griffe et la dent
Lui soit crue, et qu'il soit en état de nous nuire.
    N'y perdez pas un seul moment.
J'ai fait son horoscope : il croîtra par la guerre.
    Ce sera le meilleur lion
    Pour ses amis qui soit sur terre :

(*) Ésope, fab. 224.—Desbillons, liv. X, fab. 43.

Tâchez donc d'en être, sinon
Tâchez de l'affoiblir. La harangue fut vaine.
Le sultan dormoit lors; et dedans son domaine
Chacun dormoit aussi, bêtes, gens; tant qu'enfin
Le lionceau devint vrai lion. Le tocsin [4]
Sonne aussitôt sur lui; l'alarme se promène
    De toutes parts, et le visir
Consulté là-dessus, dit avec un soupir :
Pourquoi l'irritez-vous? La chose est sans remède.
En vain nous appelons mille gens à notre aide.
Plus ils sont, plus il coûte, et je ne les tiens bons
    Qu'à manger leur part des moutons.
Apaisez le lion : seul il passe en puissance
Ce monde d'alliés vivant sur notre bien.
Le lion en a trois [5] qui ne lui coûtent rien,
Son courage, sa force, avec sa vigilance.
Jetez-lui promptement sous la griffe un mouton :
S'il n'en est pas content, jetez-en davantage.
Joignez y quelque bœuf : choisissez, pour ce don,
    Tout le plus gras du pâturage :
Sauvez le reste ainsi. Ce conseil ne plut pas,
    Il en prit mal; et force états
    Voisins du sultan en pâtirent :
    Nul n'y gagna, tous y perdirent.
    Quoi que fît ce monde ennemi,
    Celui qu'ils craignoient fut le maître.
Proposez-vous d'avoir le lion pour ami,
    Si vous voulez le laisser croître [6].

OBSERVATIONS DIVERSES.

[1] *Ce dit-on*, etc. On parloit ainsi autrefois, et l'on n'en
étoit pas choqué. Notre langue s'est affranchie de ces en-
clitiques oiseuses qu'elle traînoit après elle. Ces sortes de
particules peuvent expliquer et justifier par l'autorité de

l'usage celles dont la poésie grecque est remplie. Un excellent grammairien de nos jours les comparoit à ces plantes
qui croissent et s'élèvent autour d'un tronc vigoureux, se
nourrissent de sa sève, et lui rendent en ornement ce
qu'elles en reçoivent en substance.

2 . . . . . . *Mainte aubaine*, *etc.*

Produit d'une succession inattendue qui vient d'un étranger. Boileau a dit :

> Un aigle sur un champ prétendant droit *d'aubaine*,
> Ne fait point appeler un aigle à la huitaine.

3 . . . . . . *Parmi la plaine.*

Comme dans nos anciens auteurs :

> *Parmi les champs*, *parmi les rues* crier.

(Charles d'Orléans, *Ballade*. Marot, Amyot, etc.)

4 . . . . . . *Tocsin*, *etc.*

Cloche qu'on frappe à coups pressés, pour avertir le
peuple de prendre les armes à l'approche de l'ennemi.

5 *Le lion en a trois*, *etc.* Cette image est belle, et la noblesse de l'expression correspond parfaitement à celle de
la pensée.

6 *Si vous voulez le laisser croître.*

Croître et maître ne rimeroient ensemble qu'autant qu'on
prononceroit *craître* au lieu de *croître :* mais l'usage, ce
maître suprême du langage, ayant fixé sa prononciation,
la prosodie devenue plus sévère n'admet plus ces rimes
équivoques. Au reste, ces deux vers sont devenus proverbes.

FABLE II.

Les Dieux voulant instruire un fils de Jupiter.

POUR MONSEIGNEUR LE DUC DU MAINE.

Jupiter eut un fils [1], qui se sentant du lieu [2]
    Dont il tiroit son origine,
    Avoit l'âme toute divine.
L'enfance n'aime rien; celle du jeune dieu
    Faisoit sa principale affaire
    Des doux soins d'aimer et de plaire.
    En lui, l'amour et la raison
Devancèrent le temps, dont les ailes légères
N'amènent que trop tôt, hélas! chaque saison.
Flore aux regards rians, aux charmantes manières,
Toucha d'abord le cœur du jeune Olympien [3].
Ce que la passion peut inspirer d'adresse,
Sentimens délicats et remplis de tendresse,
Pleurs, soupirs, tout en fut : bref, il n'oublia rien.
Le fils de Jupiter devoit, par sa naissance,
Avoir un autre esprit, et d'autres dons des cieux,
    Que les enfans des autres dieux.
Il sembloit qu'il n'agît que par réminiscence [4],
Et qu'il eût autrefois fait le métier d'amant,
    Tant il le fit parfaitement.
Jupiter cependant voulut le faire instruire.
Il assembla les dieux, et dit : J'ai su conduire
Seul et sans compagnon jusqu'ici l'univers :
    Mais il est des emplois divers
    Qu'aux nouveaux dieux je distribue.
Sur cet enfant chéri j'ai donc jeté la vue.
C'est mon sang : tout est plein déjà de ses autels [5].
Afin de mériter le rang des immortels,

Il faut qu'il sache tout. Le maître du tonnerre
Eut à peine achevé, que chacun applaudit.
Pour savoir tout, l'enfant n'avoit que trop d'esprit.
    Je veux, dit le dieu de la guerre,
    Lui montrer moi-même cet art
    Par qui maints héros ont eu part
Aux honneurs de l'Olympe, et grossi cet empire.
    Je serai son maître de lyre,
    Dit le blond et docte Apollon.
Et moi, reprit Hercule à la peau de lion,
    Son maître à surmonter les vices,
A dompter les transports, monstres empoisonneurs,
Comme hydres renaissant sans cesse dans les cœurs.
    ... Ennemi des molles délices,
Il apprendra de moi les sentiers peu battus
Qui mènent aux honneurs sur les pas des vertus.
    Quand ce vint au dieu de Cythère,
    Il dit qu'il lui montreroit tout.
L'Amour avoit raison : de quoi ne vient à bout
    L'esprit joint au désir de plaire?

OBSERVATIONS DIVERSES.

  ¹ *Jupiter eut un fils*, *etc*. Le Jupiter de cette fable est
Louis XIV, et son fils, M. le Duc du Maine, prince d'un
naturel doux et très instruit.

  Ce n'est pas la première fois que les poètes ont transporté aux maîtres de la terre le nom et les attributs des
habitans du ciel. On sait trop avec quelle basse adula-
tion les écrivains du siècle d'Auguste l'enivroient de l'encens réservé pour les dieux. Horace le fait asseoir à la
table des immortels, dont il partage le breuvage céleste ;
Virgile, plus rampant, met aux pieds de son idole non-
seulement la terre et ses élémens, le ciel et ses constella-
tions ; mais le sceptre de Pluton, mais le trident de Neptune, et le trône même du grand Jupiter. Ces flatteries

peuvent servir, sinon d'excuse, au moins d'objet de comparaison, à celles dont on accabla Louis XIV.

² . . . . . . *Se sentant du lieu, etc.*

Pris dans la pensée d'Horace : *Fortes creantur fortibus et bonis.*

³ . . . . . . *Du jeune olympien.*

Nom particulièrement affecté à Jupiter. Ici le poète en fait un héritage de famille.

⁴ *Il sembloit qu'il n'agît que par réminiscence, etc.*

Le fond de cet éloge appliqué à tous les enfans précoces, est dans une pensée de Cicéron, qui lui-même l'avoit empruntée de Platon.

⁵ *C'est mon sang : tout est plein déjà de ses autels.*

Autre imitation de traits également fameux dans l'antiquité. La nature ne suffit donc pas encore au génie; elle a besoin d'être fécondée par l'art, alimentée par l'exemple. C'est le feu du ciel nécessaire à Prométhée pour allumer son flambeau.

Cette fable, d'un genre nouveau, est une ode anacréontique, un tableau qui réunit la grâce à l'imagination, la richesse de l'ordonnance à la pompe du coloris, digne en un mot du pinceau de Rubens.

FABLE III.

Le Fermier, le Chien et le Renard (*).

Le loup et le renard sont d'étranges voisins !
Je ne bâtirai point autour de leur demeure.

Ce dernier guettoit à toute heure
Les poules d'un fermier ; et quoique des plus fins,
Il n'avoit pu donner atteinte à la volaille.
D'une part l'appétit, de l'autre le danger,

(*) Le Jay.—Desbillons, liv. IX, fab. 8.

N'étoient pas au compère un embarras léger.

    Eh quoi! dit-il, cette canaille

    Se moque impunément de moi?

    Je vais, je viens, je me travaille,

J'imagine cent tours : le rustre, en paix chez soi,

Vous fait argent de tout, convertit en monnoie

Ses chapons, sa poulaille¹; il en a même au croc;

Et moi, maître passé, quand j'attrape un vieux coq,

    Je suis au comble de la joie!

Pourquoi sire Jupin² m'a-t-il donc appelé

Au métier de renard? Je jure les puissances

De l'Olympe et du Styx, il en sera parlé.

    Roulant en son cœur ces vengeances,

Il choisit une nuit libérale en pavots³.

Chacun étoit plongé dans un profond repos :

Le maître du logis, les valets, le chien même,

Poules, poulets, chapons, tout dormoit. Le fermier

    Laissant ouvert son poulailler,

    Commit une sottise extrême.

Le voleur tourne tant, qu'il entre au lieu guetté;

Le dépeuple, remplit de meurtres la cité.

    Les marques de sa cruauté

Parurent avec l'aube⁴ : on vit un étalage

    De corps sanglans et de carnage.

    Peu s'en fallut que le soleil

Ne rebroussât d'horreur vers le manoir liquide⁵.

    Tel, et d'un spectacle pareil⁶

Apollon irrité contre le fier Atride,

Joncha son camp de morts⁷ : on vit presque détruit

L'ost des Grecs⁸; et ce fut l'ouvrage d'une nuit.

    Tel encore autour de sa tente,

    Ajax, à l'âme impatiente,

De moutons et de boucs fit un vaste débris⁹,

Croyant tuer en eux son concurrent Ulysse,

    Et les auteurs de l'injustice

Par qui l'autre emporta le prix.
Le renard, autre Ajax, aux volailles funeste ,
Emporte ce qu'il peut, laisse étendu le reste.
Le maître ne trouva de recours qu'à crier
Contre ses gens, son chien : c'est l'ordinaire usage.
Ah! maudit animal, qui n'es bon qu'à noyer,
Que n'avertissois-tu dès l'abord du carnage?
— Que ne l'évitiez-vous? C'eût été plus tôt fait.
Si vous, maître et fermier, à qui touche le fait [10],
Dormez sans avoir soin que la porte soit close,
Voulez-vous que moi, chien, qui n'ai rien à la chose,
Sans aucun intérêt je perde le repos?

> Ce chien parloit très à propos :
> Son raisonnement pouvoit être
> Fort bon dans la bouche d'un maître;
> Mais n'étant que d'un simple chien [11],
> On trouva qu'il ne valoit rien :
> On vous sangla le pauvre drille.

Toi donc, qui que tu sois, ô père de famille!
[Et je ne t'ai jamais envié cet honneur [12]];
T'attendre aux yeux d'autrui quand tu dors, c'est erreur.
Couche-toi le dernier, et vois fermer ta porte.
> Que si quelque affaire t'importe,
> Ne la fais point par procureur.

OBSERVATIONS DIVERSES.

[1] *Sa poulaille.* Vieille expression que l'on ne regrette pas. Elle est ici terme de mépris, et par là se trouve bien à sa place.

[2] *Pourquoi sire Jupin, etc.* Le début de cette fable avoit été d'une exquise naïveté : la suite du récit justifie les es-

pérances du commencement. L'enjouement qui y règne d'un bout à l'autre, la colère burlesque du renard et ses sermens, la poésie qui anime les descriptions qu'on va lire, la magnificence des similitudes, et l'éclat du reflet qu'elles rejettent sur un fond en apparence stérile, le ton plaisamment tragique du poète, élèvent cette fable au premier rang des chefs-d'œuvre de son auteur.

³ *Il choisit une nuit libérale en pavots.*

Un moderne fabuliste a cru pouvoir changer ainsi ce vers en se l'appropriant :

　　Il choisit une nuit en pavots libérale.

Il n'y a point à ce changement un grand effort d'imagination.

⁴ *Avec l'aube* du jour. De *alba*, blanc, parce que l'aube du jour est proprement cette *blancheur* qui commence à paroître aussitôt que le soleil se lève.

⁵　　*Peu s'en fallut que le soleil*
　　Ne rebroussât d'horreur, etc.

Comme la fable suppose qu'il fit à l'aspect du festin qu'Atrée donna à son frère Thyeste, lorsqu'il lui servit à manger la chair de son fils Itis. Combien cette comparaison relève la médiocrité du sujet ! et quel contraste dans cet

　　　　　　　étalage
　　De corps sanglans et de carnage,

Que le soleil refuse d'éclairer de ses rayons, quel contraste, dis-je, avec le calme de cette nuit *libérale en pavots*, où

　　Chacun étoit plongé dans un profond sommeil, etc.

⁶　　*Tel, et d'un spectacle pareil.*

Ici la construction s'embarrasse ; c'est que l'exactitude grammaticale est sacrifiée à la précision.

　　J'évite d'être long et je deviens obscur.

⁷ *Apollon irrité*, etc. L'aîné des Atrides (ou petits-fils d'Atrée) Agamemnon, a enlevé Briséis à Chrysès, son père, prêtre d'Apollon, qui, pour venger l'outrage fait à

son ministre, envoie dans le camp des Grecs la peste et la
mort. (*Iliad.*, ch. I.)

⁸ *L'ost des Grecs...* Leur camp. Clém. Marot : (*Chant
royal de la concept.*)

    Ceux de son *ost* à grands tourmens submis.

9 *Ajax. . . . .*
    De moutons et de boucs fit un vaste débris.

Débris pour carnage. C'étoit une irrégularité du temps
même de La Fontaine.

¹⁰ *A qui touche le fait.* Le régime direct vaudroit mieux.

¹¹   *Mais n'étant que d'un simple chien.*
De même, *Sosie* dans *Amphitryon :*

        Tous mes discours sont des sottises,
        Partant d'un homme sans éclat;
        Ce seroient paroles exquises,
        Si c'étoit un grand qui parlât.

¹² *Et je ne t'ai jamais envié cet honneur.*

Il fut père cependant lui-même, ce bon La Fontaine; l'ac-
cusera-t-on d'avoir méconnu les droits de la nature? Non
sans doute. Un tel soupçon est toujours un outrage pour
le génie comme pour la vertu. Mais la préoccupation habituelle de son esprit suspendoit en lui le sentiment, et
arrêtoit l'exercice de ses devoirs. Il étoit père comme il
étoit époux, presque sans le savoir.

FABLE IV.

Le Songe d'un Habitant du Mogol (*).

Jadis certain Mogol [1] vit en songe un visir [2],
Aux champs Élysiens possesseur d'un plaisir
Aussi pur qu'infini, tant en prix qu'en durée.
Le même songeur vit en une autre contrée
    Un hermite entouré de feux,
Qui touchoit de pitié même les malheureux.
Le cas parut étrange, et contre l'ordinaire :
Minos [3] en ces deux morts s'embloit s'être mépris.
Le dormeur s'éveilla, tant il en fut surpris.
Dans ce songe pourtant soupçonnant du mystère,
    Il se fit expliquer l'affaire.
L'interprète lui dit : Ne vous étonnez point,
Votre songe a du sens; et si j'ai sur ce point
    Acquis tant soit peu d'habitude,
C'est un avis des dieux. Pendant l'humain séjour
Ce visir quelquefois cherchoit la solitude;
Cet hermite aux visirs alloit faire sa cour.

Si j'osois ajouter au mot de l'interprète,
J'inspirerois ici l'amour de la retraite;
Elle offre à ses amans des biens sans embarras,
Biens purs, présens du ciel, qui naissent sous les pas,
Solitude où je trouve une douceur secrète.
Lieux que j'aimai toujours, ne pourrois-je jamais [4],
Loin du monde et du bruit, goûter l'ombre et le frais?
Oh! qui m'arrêtera sous vos sombres asiles!
Quand pourront les neuf sœurs, loin des cours et des villes
M'occuper tout entier, et m'apprendre des cieux

(*) Contes orientaux.

Les divers mouvemens inconnus à nos yeux,
Les noms et les vertus de ces clartés errantes,
Par qui sont nos destins et nos mœurs différentes [5] !
Que si je ne suis né [6] pour de si grands projets,
Du moins que les ruisseaux m'offrent de doux objets!
Que je peigne en mes vers quelque rive fleurie !
La Parque à filets d'or n'ourdira point ma vie;
Je ne dormirai point sous de riches lambris :
Mais voit-on que le somme en perde de son prix?
En est-il moins profond et moins plein de délices?
Je lui voue au désert de nouveaux sacrifices.
Quand le moment viendra d'aller trouver les morts,
J'aurai vécu sans soins, et mourrai sans remords [7].

OBSERVATIONS DIVERSES.

[1] *Jadis certain Mogol, etc.* Habitant du royaume de ce nom dans les Indes.

[2] . . . . . *un visir, etc.*
Ministre d'un prince de l'Orient.

[3] *Minos.* Roi et législateur de Crète, dont la justice sévère fut si vantée, qu'on en a fait un des trois juges chargés de prononcer dans les enfers sur les bonnes ou mauvaises actions faites pendant la vie. Mais que fait Minos dans cette mytologie persane?

[4] . . . . *Ne pourrai-je jamais,*
Loin du monde et du bruit, etc.

Ceux qui aiment à comparer trouveront de quoi satisfaire leur goût dans une foule de morceaux inspirés en l'honneur de la vie champêtre, par le dégoût du monde et le charme de la solitude. On les a réunis dans un recueil intéressant et devenu rare, sous le titre (en latin) *Délices de la vie champêtre.* Affirmons que les vers de La Fontaine peuvent disputer à ceux de Boileau, de M. l'abbé de Lille, de Roucher, de M. Collin d'Harleville sur le même sujet,

le mérite d'être une des plus heureuses imitations de ces
vers célèbres du poète latin :

> . . . . O ubi campi,
> Sperchius! . . . ô qui me gelidis in vallibus Hæmi
> Sistat, et ingenti ramorum protegat umbrâ!
>
> (*Georg.*, lib. II, v. 486.)

⁵ *Par qui sont nos destins et nos mœurs différentes !*

Contre sa coutume, M. Coste a judicieusement observé
que cette adoption des principes chimériques de l'astrologie
judiciaire mettait notre poète en opposition avec lui-même,
dans ces deux passages, où il les réfute avec autant de
raison que d'éloquence ; le ciel

> Auroit-il imprimé sur le front des étoiles
> Ce que la nuit des temps enferme dans ses voiles?
>
> (Liv. II, fab. 13.)

> Je ne crois point que la nature
> Se soit lié les mains et nous les lie encor, etc.
>
> (Liv. II, fab. 16.)

⁶ *Que si je ne suis né, etc.* C'est encore Virgile qui a
fourni le modèle de ce vers touchant. Mais notre poète
ne doit à personne la pensée et l'expression de ce vers délicieux :

> *Je lui voue au désert de nouveaux sacrifices.*

⁷ *J'aurai vécu sans soins, et mourrai sans remords.*

Quelle touchante et sublime philosophie ! On ne peut
voir sans attendrissement les adieux que fait à la vie cet
homme immortel, ce peintre charmant à qui l'on doit des
heures d'une volupté si douce !

FABLE V.

Le Lion, le Singe et les deux Anes.

Le lion, pour bien gouverner,
Voulant apprendre la morale,
Se fit, un beau jour, amener
Le singe, maître-ès-arts ' chez la gent animale.
La première leçon que donna le régent
Fut celle-ci : Grand roi, pour régner sagement,
    Il faut que tout prince préfère
Le zèle de l'état à certain mouvement,
    Qu'on appelle communément
    Amour-propre; car c'est le père,
    C'est l'auteur de tous les défauts '
    Que l'on remarque aux animaux.
Vouloir que de tout point ce sentiment vous quitte,
    Ce n'est pas chose si petite,
    Qu'on en vienne à bout en un jour :
C'est beaucoup de pouvoir modérer cet amour.
    Par là votre personne auguste
    N'admettra jamais rien en soi
    De ridicule ni d'injuste.
    Donne-moi, repartit le roi,
    Des exemples de l'un et l'autre.
    Toute espèce, dit le docteur
    [Et je commence par la nôtre],
Toute profession s'estime dans son cœur,
    Traite les autres d'ignorantes,
    Les qualifie impertinentes,
Et semblables discours qui ne nous coûtent rien.
L'amour-propre, au rebours³, fait qu'au degré suprême
On porte ses pareils; car c'est un bon moyen
    De s'élever aussi soi-même.

De tout ce que dessus [4] j'argumente très bien,
Qu'ici bas maint talent n'est que pure grimaçe [5],
Cabale, et certain art de se faire valoir,
Mieux su des ignorans, que des gens de savoir.

　　L'autre jour, suivant à la trace
Deux ânes qui, prenant tour à tour l'encensoir [6],
Se louoient tour-à-tour, comme c'est la manière,
J'ouïs que l'un des deux disoit à son confrère :
Seigneur, trouvez-vous pas bien injuste et bien sot
L'homme, cet animal si parfait? Il profane.
　　Notre auguste nom, traitant d'âne
Quiconque est ignorant, d'esprit lourd, idiot :
　　　Il abuse encore d'un mot,
Il traite notre rire et nos discours de braire.
Les humains sont plaisans de vouloir exceller
Par dessus nous! Non, non, c'est à vous de parler,
　　A leurs orateurs de se taire :
Voilà les vrais braillards [7]; mais laissons là ces gens :
　　　Vous m'entendez, je vous entends [8] :
　　　Il suffit; et quant aux merveilles,
Dont votre divin chant vient frapper les oreilles,
Philomèle est, au prix, novice dans cet art :
Vous surpassez Lambert [9]. L'autre baudet repart :
Seigneur, j'admire en vous des qualités pareilles.
Ces ânes, non contens de s'être ainsi grattés [10],
　　　S'en allèrent dans les cités
L'un l'autre se prôner. Chacun d'eux croyoit faire,
En prisant ses pareils, une fort bonne affaire,
Prétendant que l'honneur en reviendroit sur lui.

　　J'en connois beaucoup aujourd'hui,
Non parmi les baudets, mais parmi les puissances
Que le ciel voulut mettre en de plus hauts degrés [11],
Qui changeroient entre eux les simples excellences,

S'ils osoient, en des majestés [12],
J'en dis peut-être plus qu'il ne faut, et suppose.
Que votre majesté gardera le secret.
Elle avoit souhaité d'apprendre quelque trait
    Qui lui fît voir, entre autre chose,
L'amour-propre, donnant du ridicule aux gens.
L'injuste aura son tour : il y faut plus de temps.

Ainsi parla ce singe. On ne m'a pas su dire
S'il traita l'autre point, car il est délicat :
Et notre maître-ès-arts, qui n'étoit pas un fat [13],
Regardoit ce lion comme un terrible sire.

OBSERVATIONS DIVERSES.

[1] *Le singe maître-ès-arts*, *etc.* Docteur qui est ou doit
être capable d'enseigner les autres.

[2] *C'est l'auteur*, *etc.* Depuis que l'esprit de système s'est
emparé de la morale, comme il l'avoit fait de la physique,
on a prétendu assigner à une source commune les vices
divers qui affligent l'humanité. L'école stoïcienne les rap-
portoit tous à l'ignorance :

> Du vieux Zénon l'antique confrérie
> Disoit : Tout vice être issu d'ânerie.

M. de La Rochefoucault en voit le principe général dans
l'*amour-propre ;* et La Fontaine, plus peut-être par prévention pour l'auteur de cette doctrine que par un examen réfléchi, l'a répété dans ses vers.

[3] *L'amour-propre*, *au rebours*, *etc.* Pourquoi au rebours ?
Le défaut dont il va être parlé est-il en contradiction avec
celui que l'on vient de condamner ? Non ; il n'en est qu'un
raffinement ; et puis, le poète a-t-il oublié qu'il n'admet
qu'une seule famille de vices, différens entre eux par de
simples nuances, et non par des caractères précis ? Quant
à l'expression au *rebours*, elle étoit bonne au temps de

Voiture. Celui-ci *au rebours*, dit-il dans son *Éloge du duc d'Olivarès*.

⁴ *De tout ce que dessus*, *etc.* Style de collège ou de barreau, qui ne peut être usité que dans la poésie burlesque.

⁵ *Qu'ici-bas maint talent*, *etc.* Ces trois vers, le dernier surtout, sont dignes de la plus haute poésie.

⁶ *Deux ânes qui, prenant tour-à-tour l'encensoir*, *etc.*

Un autre poète s'est exercé sur un sujet semblable, à la différence près des personnages choisis dans une espèce d'égale réputation ; ce sont dans la fable de J. B. Rousseau les mêmes idées que dans celle de La Fontaine : mais il y a entre les écrivains une grande différence, c'est que l'un est chez lui, l'autre parle une langue qui lui est étrangère.

> Certain oison, gibier de basse-cour,
> De son confrère exaltant le haut grade,
> D'un ton flatteur lui disoit : Camarade, etc. ;

et c'est jusqu'à la fin le même style burlesque et visant à l'esprit sans y arriver jamais.

⁷ *Braillards*, *etc.* De ce mot *braire*, qui donne tant d'humeur au baudet.

⁸   *Vous m'entendez, je vous entends :*
                Il suffit, *etc.*

Cet air de mystère et de demi-confidence, cet hommage rendu à la pénétration de l'espèce, la morgue doctorale avec laquelle notre baudet doit prononcer son *il suffit*, et l'orgueilleuse exclusion qu'il donne par là aux autres classes d'animaux, tout cela répand sur ce discours une teinte vraiment originale dont Rousseau n'a pas approché.

⁹ *Vous surpassez Lambert.* Excellent musicien dont Boileau parle dans ses satires :

> Molière avec Tartufe y doit jouer son rôle ;
> Et Lambert, qui plus est, m'a donné sa parole.

¹⁰ . . . . . . *De s'être ainsi grattés*, *etc.*

Clém. Marot :

Ce Huet et Segom se jouont
Par escrit, l'un l'autre se louent,
Et semblent (tant ils s'entre flattent)
Deux vieux asnes qui *s'entre grattent.*

11 *Que le ciel voulut mettre en de plus hauts degrés, etc.*

Le mot de *puissances*, au vers précédent, en dit plus que
tout ce vers, et le rendoit inutile.

12 . . . . . . *Les simples excellences,*
S'ils osoient, en des majestés.

Excellence, titre affecté aux ambassadeurs. Celui de *majesté* n'appartient qu'aux têtes couronnées.

13 . . . . . . *Qui n'étoit pas un fat, etc.*

Un insensé, le *fatuus* des Latins.

FABLE VI.

Le Loup et le Renard (*).

Mais d'où vient qu'au renard Ésope accorde un point;
C'est d'exceller en tours pleins de matoiserie [1]?
J'en cherche la raison, et ne la trouve point.
Quand le loup a besoin de défendre sa vie,
　　　Ou d'attaquer celle d'autrui [2],
　　　N'en sait-il pas autant que lui?
Je crois qu'il en sait plus, et j'oserois peut-être
Avec quelque raison, contredire mon maître.
Voici pourtant un cas où tout l'honneur échut
A l'hôte des terriers. Un soir il aperçut
La lune au fond d'un puits : l'orbiculaire image
　　　Lui parut un ample fromage.
　　　Deux seaux alternativement
　　　Puisoient le liquide élément.

(*) Marie de France.—Desbillons, liv. VIII, fab. 23.

Notre renard, pressé par une faim canine [3],
S'accommode en celui qu'au haut de la machine .
   L'autre seau tenoit suspendu.
   Voilà l'animal descendu,
    Tiré d'erreur ; mais fort en peine,
    Et voyant sa perte prochaine.
Car comment remonter, si quelque autre affamé,
   De la même image charmé,
   Et succédant à sa misère,
Par le même chemin ne le tiroit d'affaire [4] ?
Deux jours s'étoient passés sans qu'aucun vînt au puits :
Le temps, qui toujours marche, avoit pendant deux nuits
   Échancré, selon l'ordinaire,
De l'astre au front d'argent la face circulaire [5].
   Sire renard étoit désespéré.
   Compère loup, le gosier altéré,
   Passe par là. L'autre dit : Camarade,
Je vous veux régaler ; voyez-vous cet objet ?
C'est un fromage exquis. Le dieu Faune [6] l'a fait ;
   La vache Io donna le lait [7].
   Jupiter, s'il étoit malade,
Reprendroit l'appétit en tâtant d'un tel mets.
   J'en ai mangé cette échancrure ;
Le reste vous sera suffisante pâture.
Descendez dans un seau que j'ai là mis exprès.
Bien qu'au moins mal qu'il pût il ajustât l'histoire,
   Le loup fut un sot de le croire :
Il descend, et son poids emportant l'autre part,
   Reguinde [8] en haut maître renard.

Ne nous en moquons point : nous nous laissons séduire
   Sur aussi peu de fondement ;
   Et chacun croit fort aisément
   Ce qu'il craint et ce qu'il désire.

OBSERVATIONS DIVERSES.

¹ . . . . . . *Pleins de matoiserie.*

Ruse, se retrouve encore dans Molière. Il vient du vieux mot françois *mate*, qui signifie tromperie.

² *Quand le loup a besoin de défendre sa vie,*
Ou d'attaquer celle d'autrui, etc.

Cette observation du fabuliste est confirmée par les témoignages des historiens.

³ . . . . . . *Faim canine, etc.*

Très-grande faim, à laquelle sont sujets les *chiens* et bien d'autres animaux.

⁴ *Par le même chemin ne le tiroit d'affaire.*

Un mérite particulier à ces vers est celui de la difficulté vaincue. Tout autre eût échoué, on n'eût rien dit. Ici tout s'ordonne, se met à sa place, s'enchaîne sans effort. Le poète dit tout, et le dit bien.

⁵ *De l'astre au front d'argent, etc.* Poétique et dans le style d'Homère.

⁶ *Faune, etc.* Divinité champêtre qui présidoit aux pâturages et aux troupeaux. On le représente avec les oreilles, les pieds et la queue de chèvre; quelquefois il a les pieds d'homme.

⁷ *La vache Io, etc.* Io étoit fille d'Inachus; Jupiter la métamorphosa en vache pour la soustraire aux jalouses vengeances de Junon. — Le plaisant usage que le poète fait ici de l'érudition donne à son renard un air important dont le loup doit être dupe, et il le sera.

⁸ *Reguinde, etc.* Du mot *guinder*, exhausser. Il se fault *guinder* par fenestres, a dit Louise Labé.

FABLE VII.

Le Paysan du Danube (*).

Il ne faut point juger des gens sur l'apparence.
Le conseil en est bon ; mais il n'est pas nouveau.

  Jadis, l'erreur du souriceau [1]
Me servit à prouver le discours que j'avance.
  J'ai pour le fonder à présent
Le bon Socrate, Ésope [2] et certain paysan
Des rives du Danube, homme dont Marc-Aurèle [3]
  Nous fait un portrait fort fidèle.
On connoît les premiers : quant à l'autre, voici
  Le personnage en raccourci.
Son menton nourrissoit une barbe touffue [4] ;
  Toute sa personne velue
Représentoit un ours, mais un ours mal léché :
Sous un sourcil épais il avoit l'œil caché,
Le regard de travers, nez tortu, grosse lèvre,
  Portoit sayon [5] de poil de chèvre,
  Et ceinture de joncs marins.
Cet homme, ainsi bâti, fut député des villes
Que lave le Danube : il n'étoit point d'asiles
  Où l'avarice des Romains
Ne pénétrât alors et ne portât les mains.
Le député vint donc, et fit cette harangue ;
Romains, et vous sénat assis pour m'écouter,
Je supplie, avant tout, les dieux de m'assister [6] :
Veuillent les immortels [7], conducteurs de ma langue,
Que je ne dise rien qui doive être repris !
Sans leur aide il ne peut entrer dans les esprits

(*) Marc-Aurèle.
II.   19

Que tout mal et toute injustice :
Faute d'y recourir on viole leurs lois.
Témoins nous [8] que punit la romaine avarice :
Rome est, par nos forfaits, plus que par ses exploits,
    L'instrument de notre supplice.
Craignez, Romains, craignez que le ciel [9] quelque jour
Ne transporte chez vous les pleurs et la misère ;
En mettant en nos mains, par un juste retour,
Les armes dont se sert sa vengeance sévère,
    Il ne vous fasse, en sa colère,
    Nos esclaves à votre tour.
Et pourquoi sommes-nous les vôtres [10] ? Qu'on me die [11]
En quoi vous valez mieux [12] que cent peuples divers.
Quel droit vous a rendus maîtres de l'univers ?
Pourquoi venir troubler une innocente vie ?
Nous cultivions en paix d'heureux champs [13] ; et nos mains
Étoient propres aux arts ainsi qu'au labourage :
    Qu'avez-vous appris aux Germains ?
    Ils ont l'adresse et le courage :
    S'ils avoient eu l'avidité,
    Comme vous, et la violence,
Peut-être, en votre place, ils auroient la puissance,
Et sauroient en user sans inhumanité [14].
Celle que vos préteurs [15] ont sur nous exercée
    N'entre qu'à peine en la pensée.
    La majesté de vos autels
    Elle-même en est offensée :
    Car sachez que les immortels [16]
Ont les regards sur nous. Grâces à vos exemples,
Ils n'ont devant les yeux que des objets d'horreur,
    De mépris d'eux et de leurs temples,
D'avarice qui va jusques à la fureur.
Rien ne suffit aux gens qui nous viennent de Rome [17] :
    La terre et le travail de l'homme
Font pour les assouvir des efforts superflus.

Retirez-les : on ne veut plus
    Cultiver pour eux les campagnes.
Nous quittons les cités, nous fuyons aux montagnes;
    Nous laissons nos chères compagnes;
Nous ne conversons plus qu'avec les jours affreux,
Découragés de mettre au jour des malheureux,
Et de peupler pour Rome un pays qu'elle opprime.
    Quant à nos enfans déjà nés,
Nous souhaitons de voir leurs jours bientôt bornés :
Vos préteurs au malheur nous font joindre le crime.
    Retirez-les; ils ne nous apprendront
    Que la mollesse et que le vice [18] :
    Les Germains comme eux deviendront
    Gens de rapine et d'avarice.
C'est tout ce que j'ai vu dans Rome à mon abord.
    N'a-t-on point de présent à faire,
Point de pourpre à donner, c'est en vain qu'on espère
Quelque refuge aux lois : encor leur ministère
A-t-il mille longueurs. Ce discours un peu fort
    Doit commencer à vous déplaire.
    Je finis. Punissez de mort
    Une plainte un peu trop sincère.
A ces mots, il se couche, et chacun étonné
Admire le grand cœur, le bon sens, l'éloquence
    Du sauvage ainsi prosterné.
On le créa patrice [19], et ce fut la vengeance
Qu'on crut qu'un tel discours méritoit. On choisit
    D'autres préteurs, et par écrit
Le sénat demanda ce qu'avoit dit cet homme,
Pour servir de modèle aux parleurs à venir.
    On ne sut pas long-temps à Rome
    Cette éloquence entretenir.

OBSERVATIONS DIVERSES.

¹ . . . . . . *L'erreur du souriceau, etc.*

(V. L. VI , f. 5.) Dans cette fable, l'*erreur* du souriceau vient de l'*apparence* de douceur qui le séduit. Dans celle-ci , l'*apparence* de grossièreté du paysan trompe , mais ne fait point de dupes. La première est un chef-d'œuvre de naïveté, celle-ci est un modèle d'éloquence.

² *Le bon Socrate, Esope, etc.* Les portraits qui nous ont été conservés de Socrate ne nous laissent apercevoir sur sa physionomie rien moins que de la beauté. Il en plaisantoit souvent lui-même avec ses amis , en comparant sa figure avec celle que l'on-prête au dieu Silène (*). Au reste, la plus belle âme réparoit, embellissoit même cette enveloppe grossière. Les caricatures publiées sous le titre de portraits d'Ésope, lui laissent à peine figure humaine, mais ce ne sont que des portraits de fantaisie.

³ . . . . . *Marc-Aurèle, etc.*

Nous avons de cet empereur philosophe douze livres de réflexions sur la vie (**). L'illustre écrivain y a renfermé ce que la morale offre de plus beau pour la conduite de la vie. C'étoit, si l'on ose s'exprimer ainsi, l'*Évangile des païens.* C'est dans l'histoire de l'empereur Justin, et non dans celle de Marc-Aurèle, que j'ai trouvé des traits analogues à cette fable. « Sous le premier de ces empereurs, le préfet cite à son tribunal un homme puissant accusé par une veuve de plusieurs grands crimes. Celui-ci obtint du prince assistance, et même la faveur de s'asseoir à sa table. Le préfet vint l'y chercher, et après une courte mais vive harangue adressée à l'empereur, offrant la démission de sa charge, Justin frappé de sa hardiesse , lui abandonne le coupable, et récompense le préfet, *en le créant patrice.* » (M. Desessarts, *Essai sur l'Hist. gén. des trib.*, t. II, p. 98.)

_____

(*) Xenoph., *in Conv.*, p. 883. Plat., *in Theat.*, t. I, p. 143.
(**) Traduits du grec en français, d'abord par madame Dacier, puis par M. de Joly.

⁴ *Son menton nourrissoit*, *etc.* Notre poète n'excelle pas seulement à peindre le héron ou la belette. Partout où se porte son pinceau , il crée un chef-d'œuvre : quelle vigueur de coloris! *Nourrissoit*, mettez à la place *portoit*. *Toute sa personne ;* on le voit tout entier et sous quelle image ! *représentoit un ours*. Chaque trait enchérit : d'abord les figures , puis les comparaisons , et de tout cela il résulte un tableau parfait dans son ensemble, comme il va l'être dans ses détails. *Sous un sourcil épais , il avoit l'œil caché* , etc.

⁵ *Portoit sayon*, *etc.* Saye eût été plus moderne; il ne convenoit pas aussi bien. Ce vêtement grossier fut sans doute celui des premiers hommes. « Il portoit un petit *sayon* de gros bureau. » Le *sayon* est l'ancien habit gaulois, dont on peut voir l'image sur nos anciens monumens.

⁶ *Je supplie , avant tout , les dieux de m'assister , etc.* Début majestueux et vraiment antique. Avant de commencer son histoire , Tite-Live, un païen , invoque les dieux pour les intéresser au succès d'une si vaste entreprise. Ajoutez qu'il écrit pour ces Romains dès-lors plus fiers , plus redoutés que les dieux mêmes.

⁷ *Veuillent les immortels , etc.* En invoquant le ciel , il se met sous sa protection. Dès lors ce n'est plus un orateur vulgaire , le député d'un peuple asservi ; c'est l'interprète même des dieux. Combien cette illusion agrandit son caractère et justifie sa noble hardiesse !

⁸ *Témoins nous*, *etc.* En s'accusant soi-même, on désarme son ennemi. *Rome par nos forfaits*, *etc.* C'est une opinion vraie en morale comme en théologie, qu'en supposant le ciel juste, on n'est puni que parce qu'on est coupable. Quelle leçon pour les Romains !

⁹ . . . *Craignez que le ciel*, *etc.* Cet avertissement en quelque sorte prophétique n'a rien d'offensant pour les Romains. Une telle révolution seroit l'ouvrage du ciel et la justification de la Providence.

¹⁰ *Et pourquoi sommes-nous les vôtres ?* *etc.* La transition

est brusque, mais simple, naturelle ; elle a la franchise
du sauvage qui parle.

11 . . . . *Qu'on me die , etc.*

A quelque chose d'antique qui ne dépare point ce caractère ; on le retrouve jusque dans Racine.

12 *En quoi vous valez mieux, etc.* Un courtisan ne parleroit pas ainsi ; mais aussi un courtisan ne finiroit point
comme va faire notre orateur. Il faut bien en croire à des
témoins prêts à se laisser égorger.

13 *Nous cultivions en paix d'heureux champs, etc.* Combien
ces douces images vont faire ressortir les arts et les mœurs
qu'on leur oppose !

14 *Et sauroient en user sans inhumanité.*

La leçon est sévère, mais elle est directe ; elle se laisse
apercevoir assez pour conserver à la vérité tous ses droits,
et pas trop pour effaroucher l'orgueilleux sénat à qui l'on
en montre le miroir.

15 *Celle que vos préteurs, etc.* Gouverneurs, envoyés dans
les provinces ou royaumes conquis, pour les régir au
nom de la puissance romaine. C'étoient nos commissaires
de la convention dans les départemens.

16   *Car sachez que les immortels, etc.*

Cette transition également simple et vive lui met en main
ce terrible acte d'accusation contre les oppresseurs de
l'univers.

17 *Rien ne suffit aux gens, etc.* Lisez les discours de Cicéron contre Verrès, et rien ne vous paroîtra de trop dans
ces reproches ; lisez dans Tite-Live et dans Tacite les ha-
rangues de Lycortas, préteur des Achéens, surtout le discours si véhément du Breton Galgacus, et vous convien-
drez que Tite-Live et Tacite n'ont pas mieux peint les
excès de l'avarice romaine. Tout le reste de ce discours est
d'une beauté également soutenue. Il n'en coûte pas plus à
La Fontaine d'être sublime que d'être naïf. Peut-être que
ces deux extrêmes du génie humain se correspondent jusqu'à se confondre l'un dans l'autre ; peut-être même que

le sublime n'est, comme le dit un écrivain moderne, que le naïf du grand.

¹⁸ . . . *Ils ne nous apprendront*
         Que la mollesse et que le vice, etc.

Prédiction trop bien vérifiée par la dégénération des Scythes et autres peuples du Nord, lorsqu'ils eurent été subjugués par les armes et par les vices des Romains.

¹⁹ *Patrice*. Sénateur. — Ce n'est point assez de lire, de relire encore cet admirable apologue, il faut le savoir par cœur.

FABLE VIII.

Le Vieillard et les trois jeunes Hommes (*).

Un octogénaire plantoit ¹.
Passe encor de bâtir ; mais planter à cet âge !
Disoient trois jouvenceaux ² enfans du voisinage :
      Assurément il radotoit.
      Car, au nom des dieux, je vous prie ³,
Quel fruit de ce labeur pouvez-vous recueillir ?
Autant qu'un patriarche il vous faudroit vieillir.
      A quoi bon charger votre vie ⁴
Des soins d'un avenir qui n'est pas fait pour vous ?
Ne songez désormais qu'à vos erreurs passées ⁵.
Quittez le long espoir et les vastes pensées ⁶ ;
      Tout cela ne convient qu'à nous.
      Il ne convient pas à vous-mêmes ⁷,
Repartit le vieillard. Tout établissement ⁸
Vient tard et dure peu. La main des parques blêmes ⁹
De vos jours et des miens se joue également.
Nos termes sont pareils par leur courte durée.
Qui de nous des clartés de la voûte azurée,

(*) Épigramme de l'Antologie.

Doit jouir le dernier? Est-il aucun moment [10]
Qui vous puisse assurer d'un second seulement?
Mes arrière-neveux me devront cet ombrage [11] :
        Eh bien! défendez-vous au sage
De se donner des soins pour le plaisir d'autrui?
Cela même est un fruit que je goûte aujourd'hui [12] :
J'en puis jouir demain, et quelques jours encore;
        Je puis enfin compter l'aurore [13]
        Plus d'une fois sur vos tombeaux.
Le vieillard eut raison : l'un des trois jouvenceaux
Se noya dès le port, allant à l'Amérique.
L'autre, afin de monter aux grandes dignités,
Dans les emplois de Mars servant la république,
Par un coup imprévu vit ses jours emportés.
        Le troisième tomba d'un arbre
        Que lui-même il voulut enter;
Et, pleurés du vieillard, il grava sur leur marbre [14]
        Ce que je viens de raconter.

OBSERVATIONS DIVERSES.

[1] *Un octogénaire, etc.* M. l'abbé Batteux a fait sur cette fable un commentaire dont nous conservons ici les traits principaux. Qu'on cherche ailleurs, dit l'estimable académicien, des débuts plus simples, plus nets, plus riches, d'un ton plus piquant :

> *Passe encor de bâtir; mais planter à cet âge!*

Vers devenu proverbe.

[2] *Disoient trois jouvenceaux, etc.* Dans Abstemius, il n'y en a qu'un. On sent combien trois jeunes gens, au lieu d'un seul, opposés au vieillard, qui leur survit à tous, multiplient l'intérêt. *Assurément il radotoit;* l'étourderie, l'impertinence de ce propos, feront bien mieux ressortir la réponse du vieillard.

[3] *Au nom des dieux, etc.* Affectueux. *Je vous prie* est fami-

lier. *Labeur*, très poétique : qu'on mette *travail* à la place. *Patriarche :* tout cela est d'une familiarité qui sent son protecteur.

4   *A quoi bon charger votre vie , etc.*

Comme si à cet âge, la vie n'étoit point déjà un fardeau assez pesant, sans la *charger* encore !

5 *Ne songez désormais qu'à vos erreurs passées.*

Le caractère de jeune homme est peint dans ce discours. Le fonds en est désobligeant, le conseil est un reproche amer ; ils le jugent d'après eux-mêmes.

6 *Quittez le long espoir et les vastes pensées , etc.*

Votre vie doit être si courte ! — Admirez l'harmonie imitative de ce vers ; en même temps quelle force de pensées et quelle précision ! *Tout cela ne convient qu'à nous*, tient de l'orgueil du chêne dans la fable de ce nom.

7   *Il ne convient pas à vous-mêmes , etc.*

Le vrai ton de la nature ; simple, mais avec autorité , sans pédantisme : comment se fâcheroient-ils d'une expression qu'eux-mêmes viennent de prononcer ?

8 . . . . *Tout établissement , etc.*

Cette maxime très belle, très importante, est placée, on ne peut mieux, dans la bouche d'un vieillard d'une expérience consommée.

9 . . . . *La main des parques blêmes , etc.*

C'est le *pallida mors* d'Horace. Le poète a imité le reste de la pensée de l'auteur latin, mais en la rajeunissant par un tour nouveau.

10 . . . . . . *Est-il aucun moment , etc.*

Raisonnement plein de philosophie. On voit avec quelle force il est rendu, et quel est l'effet du mot *seulement*, placé au bout du vers. C'est une pensée de Sénèque le tragique dans son *Thyeste*.

11 *Mes arrière-neveux , etc.* Il n'est rien de plus noble que ce sentiment. Si nos pères n'avoient travaillé que pour eux, de quoi jouirions-nous ?

¹² *Cela même est un fruit que je goûte aujourd'hui.*

Quel mélange de sentiment et de véritable philosophie !
(Champfort.) Le poète Racan met au nombre des plaisirs
restés au vieillard , celui de voir avec lui

> Vieillir les bois qu'il a plantés.

Et quand il ne les verroit point vieillir, il y a quelque douceur à les planter pour ses petits-enfans, pour la seule
postérité. *Serit arbores quæ alter sæculo prosint.* Cette noble
jouissance a été bien sentie par l'auteur de ces vers :

> Des biens près d'échapper ont-ils quelques appas?
> Mes enfans après moi n'en jouiront-ils pas?

¹³   *Je puis enfin compter l'aurore, etc.*

Ce tour poétique donne un air gracieux à une pensée très
triste par elle-même ; le sentiment qu'il exprime est d'ailleurs conforme au caractère de cet âge; il n'est pas un
vieillard, quelque avancé qu'on le suppose, dit Cicéron,
qui ne se flatte de l'espérance de vivre encore une année.

¹⁴ *Et pleurés du vieillard, il grava sur leur marbre , etc.*

Le caractère du vieillard se soutient jusqu'au bout. Son
langage respiroit l'indulgence et la bonté; ses actions ne
le démentent pas. Il recueille les restes dispersés des in-
fortunés jeunes gens. Quoiqu'ils eussent parlé avec peu
de respect, il a toujours pardonné à la vivacité de leur
âge; il gémit de les voir sitôt moissonnés. Il leur élève un
monument funèbre; il grave de sa main l'inscription du
monument; il les pleure ! La Fontaine touchoit à la vieillesse quand il composa ce bel apologue. On diroit qu'il a
voulu se peindre lui-même.

Il n'y a rien de médiocre dans cette pièce. La pureté du
style est égale à l'intérêt de l'action , à la gravité du sujet.
Un critique sévère relèvera sans doute le défaut de corres-
pondance grammaticale dans le nominatif du verbe ,
grava sur leur marbre avec le pluriel *pleurés* du vieillard :
l'observation ne seroit pas sans justesse; mais peut-être que
la poésie de La Fontaine seroit moins admirable, si elle
étoit plus travaillée ; et cette molle négligence, a dit
M. Fréron, décèle le grand maître et l'écrivain original.

FABLE IX.

Les Souris et le Chat-huant.

Il ne faut jamais dire aux gens :
Écoutez un bon mot, oyez une merveille.
   Savez-vous si les écoutans
En feront une estime à la vôtre pareille?
Voici pourtant un cas qui peut être excepté.
Je le maintiens prodige, et tel que d'une fable
Il a l'air et les traits, encor que véritable.

On abattit un pin pour son antiquité,
Vieux palais d'un hibou, triste et sombre retraite
De l'oiseau qu'Atropos prend pour son interprète.
Dans son tronc caverneux, et miné par le temps,
   Logeoient, entre autres habitans,
Force souris sans pieds, toutes rondes de graisse.
L'oiseau les nourrissoit parmi des tas de blé,
Et de son bec avoit leur troupeau mutilé.
Cet oiseau raisonnoit, il faut qu'on le confesse.
En son temps aux souris le compagnon chassa :
Les premières qu'il prit du logis échappées,
Pour y remédier, le drôle estropia
Tout ce qu'il prit ensuite; et leurs jambes coupées,
Firent qu'il les mangeoit à sa commodité,
   Aujourd'hui l'une, demain l'autre.
Tout manger à la fois, l'impossibilité
S'y trouvoit, joint aussi le soin de sa santé.
Sa prévoyance alloit aussi loin que la nôtre [1] :
   Elle alloit jusqu'à leur porter
   Vivres et grains pour subsister.
   Puis, qu'un cartésien [2] s'obstine
A traiter ce hibou de montre et de machine?

Quel ressort lui pouvoit donner
Le conseil de tronquer un peuple mis en mue [3] ?
    Si ce n'est pas là raisonuer,
    La raison m'est chose inconnue.
    Voyez que d'argumens il fit.
    Quand ce peuple est pris, il s'enfuit :
Donc il faut le croquer aussitôt qu'on le happe.
Tout ; il est impossible. Et puis, pour le besoin
N'en dois-je pas garder ? Donc il faut avoir soin
    De le nourrir sans qu'il échappe.
Mais comment ? Otons-lui les pieds. Or trouvez-moi
Chose, par les humains, à sa fin mieux conduite.
Quel autre art de penser [4] Aristote et sa suite
    Enseignent-ils, par votre foi ?

OBSERVATIONS DIVERSES.

[1] *Sa prévoyance alloit, etc.* Est-ce un éloge, est-ce une
satire ? Car rappelons - nous que c'est le même écrivain
qui a dit :

> Chose étrange ! on apprend la tempérance aux chiens,
>   Et l'on ne peut l'apprendre aux hommes.

[2] *Puis, qu'un cartésien s'obstine, etc.*
Réflexions ingénieuses, vues nouvelles, dialectique serrée, nerveuse et parfaitement dialoguée ; tout se réunit
pour ajouter au charme de la diction l'autorité de la raison. Mais quand l'opinion du poète ne seroit ici qu'une
erreur, eh! qui n'aimeroit pas mieux se tromper avec l'apo-
logiste des animaux, que d'avoir raison avec cette triste
philosophie qui ne voit en eux que des machines ?

[3] . . . . . . *Mis en mue.*
Espèce de cage longue, étroite et obscure, où l'on en-
ferme la volaille pour l'engraisser. P. Michault (dans son
Doctrinal de cour, fait vers l'an 1460) :

> Jours vicieux que tout rompt et dévoie,
> Contraint vertu de se tenir *en mue.*

¹ *Quel autre art de penser Aristote et sa suite, etc.*

Aristote, philosophe qui réduisit en principes la logique, ou l'art de penser. Il fut le chef d'une secte qui, sous le nom de péripatéticiens, a long-temps régné dans l'école. Les écarts des disciples ne préjudicient point à la gloire du maître. Quant à cet *art de penser* dont le poète parle ici, il fait allusion au célèbre ouvrage publié sous ce titre, par MM. de Port-Royal (Arnauld et Nicolle).

(*Note de l'auteur.*) « Ce n'est point une fable; et la chose, quoique merveilleuse et presque incroyable, est véritablement arrivée. J'ai peut-être porté trop loin la prévoyance du hibou, car je ne prétends pas établir dans les bêtes un progrès de raisonnement tel que celui-ci : mais ces exagérations sont permises à la poésie, surtout dans la manière d'écrire dont je me sers. »

ÉPILOGUE.

C'est ainsi que ma muse, aux bords d'une onde pure¹,
    Traduisoit en langue des dieux
    Tout ce que disent sous les cieux
Tant d'êtres empruntant la voix de la nature².
    Truchement de peuples divers,
Je les faisois servir d'acteurs en mon ouvrage :
    Car tout parle dans l'univers :
    Il n'est rien qui n'ait son langage.
Plus éloquens chez eux qu'ils ne sont dans mes vers,
Si ceux que j'introduis me trouvent peu fidèle,
Si mon œuvre n'est pas un assez bon modèle,
    J'ai du moins ouvert le chemin³ :
D'autres pourront y mettre une dernière main.
Favoris des neuf sœurs, achevez l'entreprise :
Donnez mainte leçon que j'ai sans doute omise :
Sous ces inventions il faut l'envelopper :

Mais vous n'avez que trop de quoi vous occuper.
Pendant le doux emploi de ma muse innocente [4],
Louis dompte l'Europe, et d'une main puissante
Il conduit à leur fin les plus nobles projets
    Qu'ait jamais formés un monarque.
Favoris des neuf sœurs, ce sont là des sujets
    Vainqueurs du temps et de la parque.

OBSERVATIONS DIVERSES.

[1] . . . . . . *Aux bords d'une onde pure, etc.*

L'eau de l'Hippocrène, fontaine sacrée où puisent les poètes.

[2] *Tant d'êtres, empruntant la voix de la nature.*

Qu'est-ce que cette voix de la nature? le langage des hommes? Mais l'accent des animaux n'est-il pas aussi pour eux *la voix de la nature?* Cette idée est vague, elle est obscure, parce qu'elle est trop générale.

[3]   *J'ai du moins ouvert le chemin, etc.*

Pas tout-à-fait. Poète enchanteur, inimitable, vous avez agrandi la carrière, vous l'avez semée de fleurs, et pour vous, l'immortelle y croît à chaque pas. Mais elle étoit ouverte avant vous : elle fut marquée par les chutes de la plupart de ceux qui vous y précédèrent; et s'il en est qui l'aient parcourue avec quelque distinction, leurs succès mêmes ne font qu'ajouter à l'éclat de votre gloire, tant vous êtes supérieur à toute espèce de comparaison!

[4] *Pendant le doux emploi, etc.* M. Coste a bien remarqué dans ces vers une imitation des beaux vers qui terminent les *Géorgiques :*

    Hæc super arvorum cultu, etc.

Ainsi traduits par Virgile Delille :

    Ma muse ainsi chantoit les rustiques travaux,
    Les vignes, les essaims, les moissons, les troupeaux;

Lorsque César, l'amour et l'effroi de la terre,
Faisoit trembler l'Euphrate au bruit de son tonnerre,
Rendoit son joug aimable à l'univers dompté,
Et marchoit à grands pas vers l'immortalité.
Et moi je jouissois d'une retraite obscure, etc.

Un autre traducteur des *Géorgiques*, le poète Ségrais,
en avoit fait, comme La Fontaine, l'application à
Louis XIV.

FIN DU ONZIÈME LIVRE.

LE DUC DE BOURGOGNE [1].

MONSEIGNEUR,

Je ne puis employer pour mes fables de protection qui me soit plus glorieuse que la vôtre. Ce goût exquis, et ce jugement si solide que vous faites paroître dans toutes choses au delà d'un âge où à peine [2] les autres princes sont-ils touchés de ce qui les environne avec le plus d'éclat, tout cela, joint au devoir de vous obéir et à la passion de vous plaire, m'a obligé de vous présenter un ouvrage dont l'original a été l'admiration de tous les siècles, aussi bien que celle de tous les sages. Vous m'avez même ordonné de continuer; et si vous me permettez de le dire, il y a des sujets dont je vous suis redevable, et où vous avez jeté des grâces qui out été admirées de tout le monde. Nous n'avons plus besoin de consulter ni Apollon, ni les Muses, ni aucune des divinités du Parnasse. Elles se rencontrent dans les présens que vous a faits la nature, et dans cette science de bien juger des ouvrages de l'esprit, à quoi vous joignez déjà celle de connoître toutes les règles qui y conviennent. Les fables d'Ésope sont une ample matière pour ces talens. Elles embrassent toutes sortes d'événemens et de caractères. Ces mensonges sont proprement une manière d'histoire, où on ne flatte personne. Ce ne sont pas choses de peu d'importance que ces sujets. Les animaux sont les précepteurs des hommes dans mon ouvrage. Je ne m'étendrai pas davantage là dessus : vous voyez mieux que moi le profit qu'on en peut tirer. Si vous vous connoissez maintenant en orateurs et en poètes, vous vous connoîtrez encore mieux quelque jour en bons politiques et en bons généraux d'armée; et vous vous tromperez aussi peu au choix des personnes qu'au mérite des actions. Je ne suis pas d'un âge [3] à espérer d'en être témoin. Il faut que je me contente de travailler sous vos ordres. L'envie de vous plaire me tiendra lieu d'une imagination que les ans ont affoiblie. Quand vous souhaiterez quelque fable, je la trouverai dans ce fonds-là. Je voudrois bien que vous y pussiez trouver des louanges dignes du monarque qui fait maintenant le destin de tant de peuples et de nations, et qui rend toutes les parties du monde attentives à ses conquêtes, à ses victoires, et à la paix qui semble se rapprocher, et dont il impose les conditions avec toute la modération que peuvent souhaiter nos ennemis. Je me le figure comme un conquérant qui veut mettre des bornes à sa gloire et à sa puissance, et de qui on pourroit dire à meilleur titre qu'on ne l'a dit d'Alexandre, qu'il va tenir les états de l'univers, en obligeant les ministres de tant de princes de s'assembler pour terminer une guerre qui ne peut être que ruineuse à leurs maîtres. Ce sont des sujets au dessus de nos paroles; je les laisse à de meilleures plumes [4] que la mienne; et suis avec un profond respect,

MONSEIGNEUR,

Votre très humble, très obéissant
et très fidèle serviteur,

DE LA FONTAINE.

OBSERVATIONS DIVERSES.

¹ *Monseigneur le duc de Bourgogne.*

Fils du dauphin, fils unique de Louis XIV, et dauphin
lui-même par la mort de son père, en 1711. C'est cet illustre élève de Fénelon, si digne de son maître, dont les
excellentes et aimables qualités offroient l'image vivante
de Télémaque sous la conduite de Minerve. Il mourut
âgé de 30 ans, le 18 février 1712, laissant à son siècle les
plus vifs regrets, et à la postérité une mémoire immortelle.

² *D'un âge où à peine*, etc. Il étoit dans sa huitième année. La Fontaine, fable 9 de ce livre :

> Ce qui m'étonne est qu'à huit ans
> Un prince en fable ait mis la chose, etc.

³ *Je ne suis pas d'un âge.* Notre poète étoit alors dans sa
71ᵉ année.

⁴ *Je les laisse à de meilleures plumes*, etc. Quelque juste
prévention qu'on ait, en général, contre les épîtres dédi-
catoires, celle-ci mérite d'être distinguée par le caractère de
son auteur, celui du prince auquel elle s'adresse, et du
sujet qu'elle traite. Le poète y loue son art sans exagéra-
tion, son héros sans bassesse ; il y parle de lui-même avec
une noble simplicité.

LIVRE DOUZIÈME.

FABLE PREMIÈRE.

Les Compagnons d'Ulysse (*).

A MONSEIGNEUR LE DUC DE BOURGOGNE.

Prince, l'unique objet [1] du soin des immortels,
Souffrez que mon encens parfume vos autels.
Je vous offre un peu tard ces présens de ma muse :
Les ans et les travaux me serviront d'excuse :
Mon esprit diminue ; au lieu qu'à chaque instant
On aperçoit le vôtre aller en augmentant ;
Il ne va pas, il court, il semble avoir des ailes :
Le héros [2] dont il tient des qualités si belles
Dans le métier de Mars brûle d'en faire autant ;
Il ne tient pas à lui que, forçant la victoire,
    Il ne marche à pas de géant
    Dans la carrière de la gloire.
Quelque dieu le retient (c'est notre souverain) ;
Lui qu'un mois a rendu maître et vainqueur du Rhin [3].
Cette rapidité fut alors nécessaire :
Peut-être elle seroit aujourd'hui téméraire.
Je m'en tais ; aussi bien les Ris et les Amours
Ne sont pas soupçonnés d'aimer les longs discours.
De ces sortes de dieux votre cour se compose ;
Ils ne vous quittent point. Ce n'est pas qu'après tout
D'autres divinités n'y tiennent le haut bout :
Le sens et la raison y règlent toute chose.
Consultez ces derniers sur un fait où les Grecs,

(*) Homère.—Ovide.

20.

Imprudens et peu circonspects,
S'abandonnèrent à des charmes
Qui métamorphosoient en bêtes les humains.

Les compagnons d'Ulysse, après dix ans d'alarmes,
Erroient au gré du vent, de leur sort incertains.
   Ils abordèrent un rivage
   Où la fille du dieu du jour [4],
   Circé, tenoit alors sa cour.
  ·Elle leur fit prendre un breuvage
Délicieux, mais plein d'un funeste poison.
   D'abord ils perdent la raison;
Quelques momens après leur corps et leur visage,
Prennent l'air et les traits d'animaux différens.
Les voilà devenus ours, lions, éléphans;
    Les uns sous une masse énorme,
    Les autres sous une autre forme :
Il s'en vit de petits, *exemplum ut talpa* [5].
    Le seul Ulysse en échappa.
Il sut se défier de la liqueur traîtresse.
   Comme il joignoit à la sagesse
La mine d'un héros et le doux entretien,
   Il fit tant que l'enchanteresse,
Prit un autre poison peu différent du sien [6].
Une déesse dit tout ce qu'elle a dans l'âme :
   Celle-ci déclara sa flamme.
Ulysse étoit trop fin pour ne pas profiter
    D'une pareille conjoncture :
Il obtint qu'on rendroit à ces Grecs leur figure.
Mais la voudront-ils bien, dit la nymphe, accepter?
Allez le proposer de ce pas à la troupe.
Ulysse y court, et dit : L'empoisonneuse coupe
A son remède encore, et je viens vous l'offrir :
Chers amis, voulez-vous hommes redevenir?
    On vous rend déjà la parole.

Le lion dit, pensant rugir,
  Je n'ai pas la tête si folle.
Moi, renoncer aux dons que je viens d'acquérir ?
J'ai griffe et dent, et mets en pièce qui m'attaque :
Je suis roi, deviendrai-je un citadin d'Itaque ?
Tu me rendras peut-être encor simple soldat;
  Je ne veux point changer d'état.
Ulysse, du lion court à l'ours : Eh ! mon frère,
Comme te voilà fait ! je t'ai vu si joli.
  Ah ! vraiment, nous y voici,
    Reprit l'ours à sa manière;
Comme me voilà fait ! Comme doit être un ours.
Qui t'a dit qu'une forme est plus belle qu'une autre ?
    Est-ce à la tienne à juger de la nôtre ?
Je m'en rapporte aux yeux d'une ourse mes amours.
Te déplais-je ? Va-t-en, suis ta route et me laisse :
Je vis libre, content, sans nul soin qui me presse;
    Et te dis tout net et tout plat [7] :
    Je ne veux point changer d'état.
Le prince grec au loup va proposer l'affaire :
Il lui dit, au hasard d'un semblable refus :
    Camarade, je suis confus
    Qu'une jeune et belle bergère
  Conte aux échos les appétits gloutons
    Qui t'ont fait manger ses moutons.
Autrefois on t'eût vu sauver sa bergerie :
    Tu menois une honnête vie.
    Quitte ces bois, et redevien [8],
    Au lieu de loup, homme de bien.
En est-il ? dit le loup. Pour moi, je n'en vois guère.
Tu t'en viens me traiter de bête carnassière :
Toi qui parles, qu'es-tu ? N'auriez-vous pas sans moi
Mangé ces animaux que plaint tout le village ?
    Si j'étois homme, par ta foi,
    Aimerois-je moins le carnage ?

Pour un mot quelquefois, vous vous étranglez tous ;
Ne vous êtes-vous pas l'un à l'autre des loups ?
Tout bien considéré, je te soutiens en somme,
    Que scélérat pour scélérat,
    Il vaut mieux être un loup qu'un homme ;
    Je ne veux point changer d'état.
Ulysse fit à tous une même semonce :
    Chacun d'eux fit même réponse,
    Autant le grand que le petit. ·
La liberté, les bois, suivre leur appétit,
    C'étoient leurs délices suprêmes[9] :
Tous renonçoient aux los [10] des belles actions.
Ils croyoient s'affranchir suivant leurs passions,
    Ils étoient esclaves d'eux-mêmes.

Prince, j'aurois voulu vous choisir un sujet
Où je pusse mêler le plaisant à l'utile :
    C'étoit sans doute un beau projet,
    Si ce choix eût été facile :
Les compagnons d'Ulysse enfin se sont offerts ;
Ils ont force pareils en ce bas univers,
    Gens à qui j'impose pour peine
    Votre censure et votre haine.

OBSERVATIONS DIVERSES.

[1] *L'unique objet, etc.* Nous semble trop exclusif.

[2] *Le héros, etc.* Louis, dauphin, fils du roi Louis XIV, celui à qui notre poète a dédié la première partie de ses fables. Il avoit eu pour instituteurs Bossuet, le savant Huet, évêque d'Avranches, et le duc de Montausier, qui ne développèrent point dans leur élève l'*héroïsme* guerrier dont La Fontaine lui fait honneur. Cependant il prit Philisbourg en 1688. Mais ce sont là toutes fictions poétiques. Il eût été bon et juste, ce qui vaut mieux que d'être un conquérant.

³ *Lui qu'un mois a rendu maître et vainqueur du Rhin.*

C'est cette brillante expédition que Boileau, mieux que l'histoire, a immortalisée dans sa fameuse épître du passage du Rhin.

4 . . . . . . *La fille du dieu du jour*, *etc.*

Circé, fille d'Apollon, de qui elle tenoit cet art des enchantemens qui soumettoit à son empire toute la nature.

⁵ . . . . . . *Exemplum ut talpa.*

De la taille, par exemple, d'une taupe. Erasme n'a point parlé de ce proverbe, ce qui nous étonne de la part d'un écrivain si exact et si savant. Boileau, dans sa *dissertation sur Joconde :* « Que si Homère a justement blâmé dans son *Odyssée*, qui est pourtant un ouvrage tout comique, comme l'a remarqué Aristote; si, dis-je, il a été repris par de fort habiles critiques, pour avoir mêlé dans cet ouvrage l'histoire des compagnons d'Ulysse changés en pourceaux, comme étant indignes de la majesté de son sujet, etc. »

⁶ *Prit un autre poison peu différent du sien.*

On devine sans peine quel est cet autre poison que La Fontaine semble craindre d'appeler par son nom.

7 *Et te dis tout net et tout plat, etc.*

Expression triviale.

8 . . . . . . *Et redevien*, *etc.*

« Plusieurs poètes très-estimés retranchent l's à la seconde personne de l'impératif. Racine :

> Cours, ordonne et *revien*.

Vaugelas opine en faveur de cette terminaison. (Beauzée.)

9 *C'étoient leurs délices*, *etc.* Tous les exemplaires portent : *c'étoit* leurs délices; c'est une faute; mais elle étoit commune du temps de La Fontaine.

¹⁰ *Au los.* Clém. Marot :

> Car bien peu sert la poésie gente,
> Si bien et *los* on n'en veult attirer.

Et avant Marot, Eust. Deschamps :

Cils (celui-la) aura *loz*, doulz regart, etc.

Dans tous ces exemples, *loz* est le *laus* des Latins, louange.

~~~~~~

FABLE II.

Le Chat et les deux Moineaux (*).

A MONSEIGNEUR LE DUC D'R BOURGOGNE.

Un chat, contemporain [1] d'un fort jeune moineau,
Fut logé près de lui dès l'âge du berceau.
La cage et le panier avoient mêmes pénates [2].
Le chat étoit souvent agacé par l'oiseau;
L'un s'escrimoit du bec, l'autre jouoit des pates.
Ce dernier toutefois épargnoit son ami,
  Ne le corrigeant qu'à demi.
  Il se fût fait un grand scrupule
  D'armer de pointes sa férule [3].
  Le passereau, moins circonspect,
  Lui donnoit force coups de bec.
  En sage et discrète personne,
  Maître chat excusoit ces jeux :
Entre amis il ne faut jamais qu'on s'abandonne
  Aux traits d'un courroux sérieux.
Comme ils se connoissoient tous deux dès leur bas âge,
Une longue habitude en paix les maintenoit;
Jamais en vrai combat le jeu ne se tournoit.
  Quand un moineau du voisinage
S'en vint les visiter, et se fit compagnon
Du pétulant Pierrot et du sage Raton.
Entre les deux oiseaux il arriva querelle :

_____

(*) Furetière.

Et Raton de prendre parti.
Cet inconnu, dit-il, nous la vient donner belle,
    D'insulter ainsi notre ami!
Le moineau du voisin viendra manger le nôtre!
Non, de par tous les chats. Entrant lors au combat,
Il croque l'étranger : Vraiment, dit maître chat,
Les moineaux ont un goût exquis et délicat!
Cette réflexion fit aussi croquer l'autre.

Quelle morale puis-je inférer de ce fait?
Sans cela, toute fable est un œuvre imparfait.
J'en crois voir quelques traits; mais leur ombre m'abuse.
Prince, vous les aurez incontinent [4] trouvés :
Ce sont des jeux pour vous, et non point pour ma muse;
Elle et ses sœurs n'ont pas l'esprit que vous avez.

OBSERVATIONS DIVERSES.

[1] *Contemporain*, *etc.* L'idée du poète n'est pas que ces animaux vécussent dans le même temps, mais dans la même habitation. Il falloit donc *commensal*, au lieu de contemporain.

[2] *La cage et le panier avoient mêmes pénates.*
On ne peut pas dire qu'une cage et un panier eussent des dieux domestiques.

[3]   *D'armer de pointes sa férule.*
Comme certains pédans accoutumés à faire plier sous la férule magistrale le corps, la volonté et jusques à la raison de leurs malheureux élèves.

[4] *Incontinent*, *etc.* Ce mot a vieilli. Ménage ne l'aimoit pas. On en verroit pourtant encore quelques exemples, même dans les meilleurs écrivains.

FABLE III.

Du Thésauriseur et du Singe (*).

Un homme accumuloit. On sait que cette erreur
    Va souvent jusqu'à la fureur.
Celui-ci ne songeoit que ducats et pistoles.
Quand ces biens sont oisifs, je tiens qu'ils sont frivoles.
    Pour sûreté de son trésor,
Notre avare habitoit un lieu dont Amphitrite
Défendoit aux voleurs de toutes parts l'abord.
Là, d'une volupté, selon moi, fort petite
Et selon lui fort grande, il entassoit toujours.
    Il passoit les nuits et les jourr
A compter, calculer, supputer sans relâche,
Calculant, supputant, comptant comme à la tâche,
Car il trouvoit toujours du mécompte à son fait.
Un gros singe, plus sage, à mon sens, que son maître,
Jetoit quelques doublons toujours par la fenêtre,
    Et rendoit le compte imparfait.
    La chambre bien cadenassée,
Permettoit de laisser l'argent sur le comptoir.
Un beau jour dom Bertrand se mit dans la pensée
D'en faire un sacrifice au liquide manoir [1].
    Quant à moi [2], lorsque je compare
Les plaisirs de ce singe à ceux de cet avare,
Je ne sais bonnement auquel donner le prix.
Dom Bertrand gagneroit près de certains esprits :
Les raisons en seroient trop longues à déduire.
Un jour donc l'animal, qui ne songeoit qu'à nuire,
Détachoit du monceau tantôt quelque doublon [3],
    Un jacobus, un ducaton,

(*) Lebeau, *Carmina*, p. 56. — Desbillons, liv. X, fab. 30.

Et puis quelque noble à la rose,
Éprouvoit son adresse et sa force à jeter
Ces morceaux de métal qui se font souhaiter
Par les humains, sur toute chose.
S'il n'avoit entendu son compteur à la fin
Mettre la clef dans la serrure,
Les ducats auroient tous pris le même chemin,
Et couru la même aventure.
Il les auroit fait tous voler jusqu'au dernier
Dans le gouffre enrichi par maint et maint naufrage.

Dieu veuille préserver maint et maint financier [4]
Qui n'en fait pas meilleur usage!

OBSERVATIONS DIVERSES.

[1] . . . . . . *Au liquide manoir.*

A la mer. Ce mot ne s'est conservé que dans la poésie,
pour désigner des objets odieux.

Et cet obscur *manoir,*
Et ses funestes murs entourés de drap noir.

[2] *Quant à moi, lorsque je compare, etc.*

Le poète paroît oublier quelquefois une des qualités les
plus essentielles de l'apologue, qui est d'être court. Dans
cette fable les réflexions sont trop fréquentes; le poète se
montre autant que ses acteurs. Esope et Phèdre n'ont
point ce défaut. C'est peut-être là ce qui fonde la préférence que les étrangers donnent à l'apologue grec et latin
sur le nôtre.

[3] . . . . . . *Quelque doublon, etc.*

Doublon, double pistole, monnoie d'Espagne. *Jacobus.*
Monnoie d'Angleterre, ainsi nommée du roi Jacques, qui
la fit frapper. *Noble à la rose,* monnoie angloise qui a eu
cours en France. On la nommoit ainsi, soit à cause de
l'excellence de l'or dont elle étoit faite, soit à cause des

roses blanche et rouge des maisons de Lancastre et
d'York.

4 . . . . . . *Maint et maint financier, etc.*

Ménage fait venir *maint* de *multùm.* Et l'origine est vrais-
semblable.

Cette fable et la précédente n'ont guère que le mérite
d'être très-agréablement contées. Mais ce mérite est devenu
si rare!

~~~~~~

FABLE IV.

Les deux Chèvres.

Dès que les chèvres ont brouté [1],
　　Certain esprit de liberté
Leur fait chercher fortune : elles vont en voyage
　　　Vers les endroits du pâturage
　　　Les moins fréquentés des humains.
Là, s'il est quelque lieu sans route et sans chemins ,
Un rocher [2], quelque mont pendant en précipices,
C'est où ces dames vont promener leurs caprices :
Rien ne peut arrêter cet animal grimpant.
　　　Deux chèvres donc s'émancipant,
　　　Toutes deux ayant pate blanche [3] ,
Quittèrent les bas prés, chacune de sa part :
L'une vers l'autre alloit pour quelque bon hasard.
Un ruisseau se rencontre , et pour pont une planche.
Deux belettes à peine auroient passé de front
　　　　　Sur ce pont [4] :
D'ailleurs, l'onde rapide et le ruisseau profond
Devoient faire trembler de peur ces amazones [5].
Malgré tant de dangers, l'une de ces personnes
Pose un pied sur la planche, et l'autre en fit autant.
Je m'imagine voir, avec Louis-le-Grand [6] ,
　　　Philippe quatre qui s'avance

Dans l'île de la Conférence.
Ainsi s'avançoient pas à pas,
Nez à nez, nos aventurières,
Qui toutes deux étant fort fières,
Vers le milieu du pont ne se voulurent pas
L'une à l'autre céder. Elles avoient la gloire
De compter dans leur race [à ce que dit l'histoire],
L'une certaine chèvre au mérite sans pair,
Dont Polyphème fit présent à Galatée [7];
Et l'autre, la chèvre Amalthée [8],
Par qui fut nourri Jupiter.
Faute de reculer leur chute fut commune :
Toutes deux tombèrent dans l'eau.

Cet accident n'est pas nouveau
Dans le chemin de la fortune.

———

OBSERVATIONS DIVERSES.

[1] *Dès que les chèvres*, *etc.* L'exposition de cette fable n'a pas la brièveté ordinaire aux débuts de nos apologues. L'agrément répandu dans la description fait qu'il n'y a ni vide ni langueur, et remplace la brièveté par la précision. Il n'y a de long que ce qui est de trop.

[2] *Un rocher, quelque mont pendant en précipices, etc.*

Dumosâ pendere procul de rupe videbo.   (Virgile.)

[3]   *Toutes deux ayant pate blanche, etc.*

Parce que ce sont deux chèvres *de qualité*, qui ne ressemblent pas aux chèvres du commun.

[4]   *Sur ce pont, etc.*

L'exiguité du vers peint à merveille la petitesse du local.

[5] . . . . . . *Ces amazones.*

Femmes célèbres dans l'antique mythologie et dans les romans de quelques voyageurs modernes, pour leur hu-

meur guerrière. Ce nom appliqué à des chèvres rend la
comparaison piquante.

⁶ *Je m'imagine voir, avec Louis-le-Grand, etc.*

M. Marmontel cite ce trait dans sa *Poétique*. Et qui n'ad-
mireroit comme lui la pompe et la finesse de cette allusion?

⁷ *Dont Polyphême fit présent à Galatée, etc.*

Dans l'Idylle XI de Théocrite : « Pour toi j'élève onze
faons dont un collier est la parure. » (Lisez μαννοφορους
au lieu de αμνοφορους. Il seroit absurde de dire que de
jeunes faons ont des petits.)

⁸   *Et l'autre, la chèvre Amalthée, etc.*

Cybèle ayant dérobé Jupiter à la voracité de son père Sa-
turne, le confia à ses prêtres, qui lui donnèrent pour
nourrice la chèvre Amalthée, depuis transportée au ciel
et placée parmi les astres, en reconnoissance des services
rendus par elle à l'enfance du dieu.

A MONSEIGNEUR

LE DUC DE BOURGOGNE,

Qui avoit demandé à M. de La Fontaine une fable qui fût
nommée *le Chat et la Souris.*

Pour plaire au jeune prince à qui la renommée
    Destine un temple en mes écrits,
Comment composerai-je une fable nommée
    Le Chat et la Souris?

Dois-je représenter dans ces vers une belle
Qui, douce en apparence, et toutefois cruelle,
Va se jouant des cœurs que ses charmes ont pris
    Comme le chat de la souris?

Prendrai-je pour sujet les jeux de la fortune?
Rien ne lui convient mieux; et c'est chose commune
Que de lui voir traiter ceux qu'on croit ses amis
    Comme le chat fait la souris?

Introduirai-je un roi, qu'entre ses favoris
Elle respcte seul, roi qui fixe sa roue,
Qui n'est point empêché d'un monde d'ennemis,
Et qui des plus puissans, quand il lui plaît, se joue
    Comme le chat de la souris?

Mais insensiblement, dans le tour que j'ai pris,
Mon desscin se rencontre: et, si je ne m'abuse,
Je pourrois tout gâter par de plus long récits:
Le jeune prince alors se jouerait de ma muse,
    Comme le chat de la souris.

FABLE V.

Le vieux Chat et la jeune Souris.

Une jeune souris de peu d'expérience,
Crut fléchir un vieux chat, implorant sa clémence,
Et payant de raisons le Rominagrobis:
    Laissez-moi vivre: une souris
    De ma taille et de ma dépense
    Est-elle à charge en ce logis?
    Affamerois-je, à votre avis,
    L'hôte, l'hôtesse, et tout leur monde?
    D'un grain de blé je me nourris:
    Une noix me rend toute ronde.
A présent je suis maigre; attendez quelque temps:
Réservez ce repas à messieurs vos enfans.
Ainsi parloit au chat la souris attrapée.
    L'autre lui dit: Tu t'es trompée.

Est-ce à moi que l'on tient de semblables discours?
Tu gagnerois autant de parler à des sourds.
Chat et vieux, pardonner! cela n'arrive guères.
　　　Selon les lois, descends là-bas,
　　　Meurs, et va-t'en tout de ce pas
　　　Haranguer les sœurs filandières:
Mes enfans trouveront assez d'autres repas.
　　　Il tint parole. Et pour ma fable,
Voici le sens moral qui peut y convenir[1] :

　La jeunesse se flatte, et croit tout obtenir :
　　　La vieillesse est impitoyable[2].

OBSERVATIONS DIVERSES.

[1] *Voici le sens moral*, etc. On lit dans la *Satire Ménippée :*
« Vous lui mistes une folle et indiscrette ambition en la
tête pour faire de lui comme *le chat fait la souris*, c'est-à-
dire, après vous en être joué, de la manger. » De tous les
rapports à établir entre le sujet de cet apologue et la moralité, celui-ci est le plus vague et le plus froid. Je ne sais
pourquoi tout sujet de commande retrécit le génie : pour
avoir droit à nos suffrages, son essor doit être libre et in-
dépendant.

[2] 　　　*La vieillesse est impitoyable.*
Comment le poète a-t-il pu oublier sa fable du *Vieillard
et les trois jeunes Hommes ?*

Et à ce propos, aujourd'hui, 31 juillet 1828, M. l'abbé
Guillon vient de perdre son neveu, Paul Laurens, jeune
homme des plus brillantes espérances. S'il eût été donné
au bon La Fontaine de voir M. l'abbé Guillon, bénissant
son neveu de ses mains tremblantes, retenant ses larmes
au fond de son cœur et consolant encore le jeune homme
sur le bord du tombeau, La Fontaine auroit-il jamais dit:
La vieillesse est impitoyable ?

FABLE VI.

Le Cerf malade (*).

En pays plein de cerfs, un cerf tomba malade;
    Incontinent maint camarade
Accourt à son grabat le voir, le secourir,
Le consoler du moins : multitude importune!
    Eh! messieurs, laissez-moi mourir :
    Permettez qu'en forme commune
La parque m'expédie, et finissez vos pleurs.
    Point du tout : les consolateurs
De ce triste devoir tout au long s'acquittèrent,
    Quand il plut à Dieu s'en allèrent.
    Ce ne fut pas sans boire un coup,
C'est-à-dire sans prendre un droit de pâturage.
Tout se mit à brouter les bois du voisinage,
La pitance du cerf en déchut de beaucoup.
    Il ne trouva plus rien à frire :
    D'un mal il tomba dans un pire;
    Et se vit réduit à la fin
    'A jeûner et mourir de faim.

    Il en coûte à qui vous réclame [1],
    Médecins du corps et de l'âme !
    O temps! ô mœurs! J'ai beau crier,
    Tout le monde se fait payer.

OBSERVATIONS DIVERSES.

Le sujet de cette fable ressemble beaucoup à celui du *Jardinier et son Seigneur*, mais elle est bien loin d'en avoir les agrémens.

(*) Lockman.—Desbillons, liv. VIII, fab. 23.

FABLE VII.

La Chauve-Souris , le Buisson et le Canard (*).

Le buisson, le canard et la chauve-souris,
  Voyant tous trois qu'en leur pays
  Ils faisoient petite fortune,
Vont trafiquer au loin, et font bourse commune ¹.
Ils avoient des comptoirs, des facteurs, des agens,
  Non moins soigneux qu'intelligens,
Des registres exacts de mise et de recette.
  Tout alloit bien : quand leur emplette,
  En passant par certains endroits
  Remplis d'écueils et fort étroits,
  Et de trajet très difficile,
Alla tout emballée au fond des magasins,
  Qui du Tartare ² sont voisins.
Notre trio poussa maint regret inutile,
  Ou plutôt il n'en poussa point.
Le plus petit marchand est savant sur ce point ³;
Pour sauver son crédit il faut cacher sa perte.
Celle que par malheur nos gens avoient soufferte
Ne put se réparer : le cas fut découvert.
Les voilà sans crédit, sans argent, sans ressource,
  Prêts à porter le bonnet vert ⁴.
  Aucun ne leur ouvrit sa bourse.
Et le sort principal, et les gros intérêts,
  Et les sergens, et les procès,
  Et le créancier à la porte,

(*) Ésope, fab. 42.

Dès devant la pointe [5] du jour,
N'occupoient le trio qu'à chercher maint détour,
    Pour contenter cette cohorte.
Le buisson accrochoit les passans à tous coups [6] :
Messieurs, leur disoit-il, de grâce apprenez-nous
    En quel lieu sont les marchandises
    Que certains gouffres nous ont prises :
Le plongeon sous les eaux s'en alloit les chercher.
L'oiseau chauve-souris n'osoit plus approcher
    Pendant le jour nulle demeure;
    Suivi des sergens à toute heure,
    En des trous il s'alloit cacher.

Je connois maint detteur [7], qui n'est ni souris-chauve,
Ni buisson, ni canard, ni dans tel cas tombé,
Mais simple grand seigneur qui tous les jours se sauve [8]
    Par un escalier dérobé.

———

OBSERVATIONS DIVERSES.

[1] *Vont trafiquer au loin*, etc. Où peut être la vraisem-
blance d'une pareille association?

[2] *Tartare*, etc. L'un des noms dont les poètes se servent
pour désigner l'empire des morts.

[3] *Le plus petit marchand*, etc. Le poète a voulu sauver le
fonds ingrat de son apologue par des détails où perce l'esprit d'observation, exprimés avec autant de finessse que
d'agrément.

[4]   *Prêts à porter le bonnet vert.*

Boileau :

   Ou que d'un *bonnet vert* le salutaire affront
   Flétrisse les lauriers qui lui couvrent le front.

Allusion, dit son commentateur, à la coutume ou l'on
étoit en Italie d'obliger tout cessionnaire de biens de por-

ter un bonnet ou chapeau orangé, et à Rome un *bonnet*
vert, pour marquer, ajoute-t-il, que celui qui fait cession
de biens est devenu pauvre par sa faute. Cette peine s'é-
toit également introduite en France, mais seulement depuis la fin du 16ᵉ siècle, suivant les arrêts rapportés par
nos jurisconsultes : elle est aujourd'hui tombée en désuétude.

5 *Dès devant la pointe*, etc. Mauvaise construction : on
diroit tout au plus *dès avant*.

6 *Le buisson accrochoit*, etc. M. Lessing : « Mais parle,
disoit le saule au buisson, pourquoi as-tu tant d'avidité
pour les habits des passans? qu'en veux-tu faire? quel secours veux-tu en tirer? — Aucun, dit le buisson. Aussi ne
prétends-je pas les prendre : je ne veux que les déchirer. »

7 *Detteur*, etc. N'est point français. Regrettons que l'autorité de La Fontaine et l'énergique précision de ce mot
n'aient point encore paru des titres suffisans pour donner
à ce mot le rang qu'il mérite dans le langage commun.

8 . . . . . . *Qui tous les jours se sauve*, etc.

Comme la chauve-souris. Mais le canard et le buisson,
quels sont leurs imitateurs? Pour être régulière, la morale
de la fable doit s'étendre à toutes ses parties.

FABLE VIII.

La querelle des Chiens et des Chats, et celle des Chats et des Souris.

La discorde a toujours régné dans l'univers;
Notre monde en fournit mille exemples divers.
Chez nous cette déesse a plus d'un tributaire.
    Commençons par les élémens :
Vous serez étonnés de voir qu'à tous momens
    Ils seront appointés contraire [1].
    Outre ces quatre potentats [2],

Combien d'êtres de tous états
Se font une guerre éternelle !

Autrefois un logis plein de chiens et de chats,
Par cent arrêts rendus en forme solennelle,
    Vit terminer tous leurs débats.
Le maître ayant réglé leurs emplois, leurs repas,
Et menacé du fouet quiconque auroit querelle,
Ces animaux vivoient entre eux comme cousins ;
Cette union si douce, et presque fraternelle,
    Édifioit tous les voisins.
Enfin elle cessa. Quelque plat de potage,
Quelque os, par préférence, à quelqu'un d'eux donné,
Fit que l'autre parti s'en vint tout forcené
    Représenter un tel outrage.
J'ai vu des chroniqueurs attribuer le cas
Aux passe-droits qu'avoit une chienne en gésine [3];
    Quoi qu'il en soit, cet altercas [4]
Mit en combustion la salle et la cuisine :
Chacun se déclara pour son chat, pour son chien.
On fit un règlement dont les chats se plaignirent,
    Et tout le quartier étourdirent.
Leur avocat disoit qu'il falloit bel et bien
Recourir aux arrêts. En vain ils les cherchèrent.
Dans un coin où d'abord leurs agens les cachèrent,
    Les souris enfin les mangèrent.
Autre procès nouveau : le peuple souriquois
En pâtit. Maint vieux chat, fin, subtil et narquois [5],
Et d'ailleurs en voulant à toute cette race,
    Les guetta, les prit, fit main basse.
Le maître du logis ne s'en trouva que mieux.

J'en reviens à mon dire. On ne voit sous les cieux
Nul animal, nul être, aucune créature
Qui n'ait son opposé : c'est la loi de nature.
D'en chercher la raison ce sont soins superflus.

Dieu fit bien ce qu'il fit [6], et je n'en sais pas plus.
　Ce que je sais, c'est qu'aux grosses paroles
On en vient, sur un rien, plus des trois quarts du temps.
Humains, il vous faudroit encore à soixante ans
　　Renvoyer chez les Barbacoles [7].

OBSERVATIONS DIVERSES.

1 　. . . . . . *Appointés contraire.*

Terme de barreau qu'il falloit laisser à ces antres de la chicane, où la langue est aussi souvent violée que le bon droit.

2 　. . . . . . *Potentats , etc.*

Métaphore hardie qui ne sied au style de l'apologue que parce que tout sied à La Fontaine.

3 . . . . . . *Une chienne en gésine, etc.*

Nous avons déjà vu ce mot : une chienne étant en *gésine.* « Les truies *en leur gésine* ne sont nourries que de fleurs d'o-rangers. » (*Pantagr.*, Liv. IV.)

4 　. . . . . . *Altercas, etc.*

Ou *altercat*, comme *appointé contraire.*

5 . . . . . . *Narquois, etc.*

Expliqué par ses accessoires. « Ce bonhomme fut aperçu par un grand dégousté *narquois.* »

6 *Dieu fit bien ce qu'il fit, etc.* Fable 4 du livre IX , le *gland et la citrouille :*

　　　　Dieu fait bien ce qu'il fait.

Voyez la note.

7 　. . . . . . *Barbacoles.*

« Terme plaisant et burlesque, emprunté des Italiens, pour désigner un maître d'école qui , pour se rendre plus vénérable à ses écoliers , porte une longue barbe, *barbam colit.* » Champfort ne voit dans cette fable qu'une *espèce de radotage.* Est-ce donc en ces termes que le satirique latin parle de la vieillesse d'Homère et de ses momens de sommeil?

FABLE IX.

Le Loup et le Renard (*).

D'où vient que personne en la vie [1]
N'est satisfait de son état?
Tel voudroit bien être soldat,
A qui le soldat porte envie.

Certain renard voulut, dit-on,
Se faire loup. Eh! qui peut dire
Que pour le métier de mouton
Jamais aucun loup ne soupire?

Ce qui m'étonne est qu'à huit ans
Un prince [2] en fable ait mis la chose,
Pendant que sous mes cheveux blancs,
Je fabrique à force de temps
Des vers moins sensés que sa prose.

Les traits dans sa fable semés
Ne sont en l'œuvre du poète
Ni tous, ni si bien exprimés :
Sa louange en est plus complète.

De la chanter sur la musette,
C'est mon talent; mais je m'attends
Que mon héros, dans peu de temps;
Me fera prendre la trompette.

Je ne suis pas un grand prophète,
Cependant je lis dans les cieux,
Que bientôt ses faits glorieux [3]

(*) Pilpay.

Demanderont plusieurs Homères;
Et ce temps-ci n'en produit guères.

Laissant à part tout ces mystères,
Essayons de conter la fable avec succès.

Le renard dit au loup : Notre cher, pour tout mets
J'ai souvent un vieux coq, ou de maigres poulets :
    C'est une viande qui me lasse.
Tu fais meilleure chère avec moins de hasard.
J'approche des maisons; tu te tiens à l'écart.
Apprends-moi ton métier, camarade, de grâce :
    Rends-moi le premier de ma race
Qui fournisse son croc de quelque mouton gras :
Tu ne me mettras point au nombre des ingrats.
Je le veux, dit le loup : il m'est mort un mien frère,
Allons prendre sa peau, tu t'en revêtiras.
Il vint, et le loup dit : Voici comme il faut faire;
Si tu veux écarter les mâtins du troupeau.
    Le renard, ayant mis la peau,
Répétoit les leçons que lui donnoit son maître.
D'abord il s'y prit mal, puis un peu mieux, puis bien[4],
    Puis enfin il n'y manqua rien.
A peine il fut instruit autant qu'il pouvoit l'être,
Qu'un troupeau s'approcha. Le nouveau loup y court,
Et répand la terreur dans les lieux d'alentour.
    Tel vêtu des armes d'Achille[5],
Patrocle mit l'alarme au camp et dans la ville :
Mères, brus et vieillards au temple couroient tous.
L'ost du peuple bêlant crut voir cinquante loups[6] :
Chien, berger et troupeau, tout fuit vers le village,
Et laisse seulement une brebis pour gage.
Le larron s'en saisit. A quelques pas de là
Il entendit chanter un coq du voisinage.
Le disciple aussitôt droit au coq s'en alla,
    Jetant bas sa robe de classe,

Oubliant les brebis, les leçons, le régent;
 Et courant d'un pas diligent.

. Que sert-il qu'on se contrefasse 7 ?
Prétendre ainsi changer, est une illusion :
 L'on reprend sa première trace
 A la première occasion.

De votre esprit que nul autre n'égale,
Prince, ma muse tient tout entier ce projet :
 Vous m'avez donné le sujet,
 Le dialogue, et la morale.

OBSERVATIONS DIVERSES.

1 *D'où vient*, *etc.* Traduction élégante de ces vers que tout le monde sait :

Qui fit, Mæcenas, ut nemo quam sibi sortem,
 Seu ratio. . . . etc.

2 *Un prince*, *etc.* Monseigneur le duc de Bourgogne.

3 *Que bientôt ses faits glorieux*
  Demanderont plusieurs Homères, *etc.*

En effet ce jeune prince était l'élève de Fénelon.

4 *D'abord il s'y prit mal*, *etc.* L'abbé Batteux cite ces vers comme un modèle de poésie descriptive en fait de gradations. La fable tout entière en est un d'esprit, de de grâces et de naïveté.

5 *Tel vêtu des armes d'Achille*, *etc.*

(V. l'*Iliade*, ch. XVI) Cette comparaison réunit la justesse à la dignité. Elle justifie l'éloge donné à La Fontaine par La Bruyère; qu'*il excelle à relever les petites choses par les grandes.*

6 *L'ost du peuple*, *etc.* Oultre l'*ost* devant le chasteau. (Marot.) *Ost*, du latin *ostium*, entrée.

7　　*Que sert-il qu'on se contrefasse ?*

En morale, non ; mais beaucoup dans la tactique du crime. Témoin le renard de cette fable, à qui son déguisement vaut toujours une brebis, sans préjudice du courant.

Tant de charmans détails, tant de vers heureux, semés dans chacun de ces apologues composés dans un âge si avancé, prouvent-ils que l'*esprit* du poète commence à *diminuer*, comme il s'en plaint dans l'Epître dédicatoire de ce livre?

FABLE X.

L'Écrevisse et sa Fille (*).

Les sages quelquefois, ainsi que l'écrevisse [1],
Marchent à reculons, tournent le dos au port.
C'est l'art des matelots : c'est aussi l'artifice
De ceux qui pour couvrir quelque puissant effort,
Envisagent un point directement contraire,
Et font, vers ce lieu-là, courir leur adversaire.
Mon sujet est petit, mon accessoire est grand.
Je pourrois l'appliquer à certain conquérant
Qui tout seul déconcerte une ligue à cent têtes.
Ce qu'il n'entreprend pas, et ce qu'il entreprend
N'est d'abord qu'un secret, puis devient des conquêtes.
En vain on a les yeux sur ce qu'il veut cacher,
Ce sont arrêts du sort qu'on ne peut empêcher,
Le torrent, à la fin, devient insurmontable.
Cent dieux sont impuissans contre un seul Jupiter.
Louis et le destin me semblent, de concert,
Entraîner l'Univers. Venons à notre fable.

Mère écrevisse un jour à sa fille disoit :

(*) Ésope, fab. 11.—Desbillons, liv. I, fab. 19.

Comme tu vas, bon dieu! ne peux-tu marcher droit?
Et comme vous allez vous-même! dit la fille.
Puis-je autrement marcher que ne fait ma famille?
Veut-on que j'aille droit quand on y va tortu?

 Elle avoit raison; la vertu
 De tout exemple domestique
 Est universelle, et s'applique
En bien, en mal, en tout; fait des sages, des sots;
Beaucoup plus de ceux-ci. Quant à tourner le dos
A son but, j'y reviens; la méthode en est bonne,
  Surtout au métier de Bellone [2];
  Mais il faut le faire à propos.

OBSERVATIONS DIVERSES.

[1] *Les sages*, *etc.* L'écrivain fait au sage un mérite de savoir reculer à propos; et l'écrevisse de sa fable n'y voit qu'un travers dans sa fille. Où est le rapport nécessaire entre l'allégorie et l'image qu'on veut lui faire représenter? Au reste, le défaut d'analogie est corrigé par une poésie pleine de noblesse. On reproche à Louis XIV les complimens que lui ont prodigués à l'envi tous les écrivains de son siècle. C'est comme si on lui reprochoit de les avoir mérités. On remarquera ce vers d'un sens profond et d'une tournure hardie.

 N'est d'abord qu'un secret, puis devient des conquêtes.

[2] . . . . . . *Au métier de Bellone, etc.*

A la guerre, à laquelle préside *Bellone*, distinguée de Mars par les mêmes différences qui distinguent dans une campagne la valeur de l'impétuosité.

 La fable suivante est remarquable par sa précision:

Ma fille, marchez droit, dit l'écrevisse mère;
Aller à reculons! fi! cela n'est pas bien:
—Ma mère, je ne veux vous contredire en rien;
Je vous suivrai; marchez, s'il vous plaît la première.

FABLE XI.

L'Aigle et la Pie.

L'aigle, reine des airs, avec Margot la pie.¹,
Différentes d'humeur, de langage et d'esprit,
    Et d'habit,
  Traversoient un bout de prairie.
Le hasard les assemble en un coin détourné.
L'agace ² eut peur; mais l'aigle ayant fort bien dîné,
La rassure et lui dit : Allons de compagnie :
Si le maître des dieux assez souvent s'ennuie,
    Lui qui gouverne l'univers,
J'en puis bien faire autant, moi qu'on sait qui le sers.
Entretenez-moi donc, et sans cérémonie.
Caquet-bon-bec ³ alors de jaser au plus dru
Sur ceci, sur cela, sur tout. L'homme d'Horace
Disant le bien, le mal à travers champs, n'eût su
Ce qu'en fait de babil y savoit notre agace.
Elle offre d'avertir de tout ce qui se passe.,
    Sautant, allant de place en place,
Bon espion, Dieu sait. Son offre ayant déplu,
    L'aigle lui dit tout en colère :
   ı Ne quittez point votre séjour,
Caquet-bon-bec, ma mie : adieu, je n'ai que faire
    D'une babillarde à ma cour;
    C'est un fort méchant caractère.
    Margot ne demandoit pas mieux.

Ce n'est pas ce qu'on croit que d'entrer chez les dieux :
Cet honneur a souvent de mortelles angoisses.
Rediseurs, espions, gens à l'air gracieux,
Au cœur tout différent, s'y rendent odieux :
Quoiqu'ainsi que la pie il faille dans ces lieux
    Porter habit de deux paroisses.

OBSERVATIONS DIVERSES.

¹ . . . . . . *Margot la pie , etc.*

Est-ce le poète, est-ce la tradition qui a donné ce nom à la pie? Quoi qu'il en soit, il n'est pas tombé de nos jours en désuétude, et le petit peuple n'appelle point autrement cet oiseau familier.

² *L'agace , etc.* D'où vient le mot *agacer.* Autre nom de la pie dans le fameux *roman du Renard*, composé en françois par Jacquemart Gielée, vers la fin du treizième siècle.

³ *Caquet-bon-bec , etc.* Pour celui-là, il appartient incontestablement au génie gai et facile de notre fabuliste. *De jaser au plus dru sur ceci , sur cela , sur tout.* Admirez la vivacité de cette peinture, agréablement terminée par ce trait d'érudition :

. . . . . . *L'homme d'Horace*
Disant le bien, le mal à travers champs, etc.

Traduction inimitable de ce vers :

Dicenda , tacenda locutus.

FABLE XII.

Le Roi, le Milan et le Chasseur (*).

A SON ALTESSE LE PRINCE DE CONTI (**).

Comme les dieux sont bons, ils veulent que les rois
Le soient aussi : c'est l'indulgence
Qui fait le plus beau de leurs droits,
Non les douceurs de la vengeance.

(*) Pilpay.
(**) Armand de Bourbon, premier prince du sang, protecteur des lettres, accordoit une bienveillance particulière à Molière et à La Fontaine.

Prince, c'est votre avis. On sait que le courroux
S'éteint en votre cœur sitôt qu'on l'y voit naître.
Achille, qui du sien ne put se rendre maître,
　　Fut par là moins héros que vous.
Ce titre n'appartient qu'à ceux d'entre les hommes [1]
Qui comme en l'âge d'or font cent biens ici-bas.
Peu de grands sont nés tels en cet âge où nous sommes.
L'univers leur sait gré du mal qu'ils ne font pas [2].
　　Loin que vous suiviez ces exemples,
Mille actes généreux vous promettent des temples.
Apollon, citoyen de ces augustes lieux,
Prétend y célébrer votre nom sur sa lyre.
Je sais qu'on vous attend dans le palais des dieux :
Un siècle de séjour ici doit vous suffire.
Hymen veut séjourner tout un siècle chez vous.
　　　Puissent ses plaisirs les plus doux
　　　Vous composer des destinées
　　　Par ce temps à peine bornées !
Et la princesse [3] et vous n'en méritez pas moins ;
　　　J'en prends ses charmes pour témoins ;
　　　Pour témoins j'en prends les merveilles
Par qui le ciel, pour vous prodigue en ses présens,
Des qualités qui n'ont qu'en vous seul leurs pareilles
　　　Voulut orner vos jeunes ans.
Bourbon de son esprit ses grâces assaisonne.
　　　Le ciel joignit en sa personne
　　　Ce qui sait se faire estimer
　　　A ce qui sait se faire aimer.
Il ne m'appartient pas d'étaler votre joie [4] :
　　　Je me tais donc, et vais rimer
　　　Ce que fit un oiseau de proie.

Un milan, de son nid antique possesseur,
　　　Étant pris vif par un chasseur,
D'en faire au prince un don cet homme se propose.

La rareté du fait donnoit prix à la chose.
L'oiseau, par le chasseur humblement présenté,
  Si ce conte n'est apocryphe,
  Va tout droit imprimer sa griffe
  Sur le nez de sa majesté.
Quoi, sur le nez du roi? — Du roi même en personne.
— Il n'avoit donc alors ni sceptre ni couronne?
— Quand il en auroit eu ⁵, c'auroit été tout un :
Le nez royal fut pris comme un nez du commun.
Dire des courtisans les clameurs et la peine
Seroit se consumer en efforts impuissans.
Le roi n'éclata point : les cris sont indécens
  A la majesté souveraine.
L'oiseau garda son poste. On ne put seulement
  Hâter son départ d'un moment.
Son maître le rappelle, et crie, et se tourmente,
Lui présente le leurre, et le poing, mais en vain.
  On crut que jusqu'au lendemain
Le maudit animal à la serre insolente,
  Nicheroit là malgré le bruit,
Et sur le nez sacré voudroit passer la nuit.
Tâcher de l'en tirer irritoit son caprice.
Il quitte enfin le roi, qui dit : Laissez aller
Ce milan, et celui qui m'a cru régaler.
Ils se sont acquittés tous deux de leur office,
L'un en milan, et l'autre en citoyen des bois.
Pour moi, qui sais comment doivent agir les rois,
  Je les affranchis du supplice.
Et la cour d'admirer. Les courtisans ravis
Élèvent de tels faits par eux si mal suivis.
Bien peu, même des rois, prendroient un tel modèle;
  Et le veneur l'échappa belle,
Coupable seulement, tant lui que l'animal,
D'ignorer le danger d'approcher trop du maître.
  Ils n'avoient appris à connoître

Que les hôtes des bois : étoit-ce ôn si grand mal[6] ?

Pilpay fait près du Gange arriver l'aventure.
    Là, nulle humaine créature
Ne touche aux animaux pour leur sang épancher :
Le roi même feroit scrupule d'y toucher.
Savons-nous, disent-ils, si cet oiseau de proie
    N'étoit point au siége de Troie?
Peut-être y tint-il lieu d'un prince ou d'un héros
    Des plus huppés[7] et des plus hauts.
Ce qu'il fut autrefois il pourra l'être encore.
    Nous croyons, après Pythagore[8],
Qu'avec les animaux de forme nous changeons,
    Tantôt milans, tantôt pigeons,
    Tantôt humains, puis volatilles,
    Ayant dans les airs leurs familles.

    Comme l'on conte en deux façons
L'accident du chasseur, voici l'autre manière.

Un certain fauconnier ayant pris, ce dit-on,
A la chasse un milan (ce qui n'arrive guère),
    En voulut au roi faire un don,
    Comme de chose singulière.
Ce cas n'arrive pas quelquefois en cent ans[9];
C'est le *non plus ultrà* de la fauconnerie.
Ce chasseur perce donc un gros de courtisans,
Plein de zèle, échauffé, s'il le fut de sa vie.
    Par ce parangon[10] des présens,
    Il croyoit sa fortune faite,
    Quand l'animal porte-sonnette,
    Sauvage encor, et tout grossier
    Avec ses ongles tout d'acier[11],
Prend le nez du chasseur, happe le pauvre sire.
    Lui de crier; chacun de rire,
Monarque et courtisans. Qui n'eût ri? Quant à moi,
Je n'en eusse quitté ma part pour un empire.

Qu'un pape rie, en bonne foi,
Je ne l'ose assurer; mais je tiendrois un roi
   Bien malheureux s'il n'osoit rire :
C'est le plaisir des dieux. Malgré son noir souci,
Jupiter et le peuple immortel rit aussi :
Il en fit des éclats, à ce que dit l'histoire [12],
Quand Vulcain, clopinant, vint lui donner à boire;
Que le peuple immortel se montrât sage ou non,
J'ai changé mon sujet avec juste raison;
   Car, puisqu'il s'agit de morale,
Que nous eût du chasseur l'aventure fatale
Enseigné de nouveau? L'on a vu de tout temps
Plus de sots fauconniers que de rois indulgens.

—————

OBSERVATIONS DIVERSES.

[1] *Ce titre*, *etc*. Voici la définition que fait du héros un de nos maîtres en poésie.

> Est-on héros pour avoir mis aux chaînes
> Un peuple ou deux? Tibère eut cet honneur.
> Est-on héros en signalant ses haines
> Par la vengeance! Octave eut ce bonheur.
> Est-on héros en régnant par la peur?
> Séjan fit tout trembler jusqu'à son maître.
> Mais de son ire éteindre le salpêtre,
> Savoir se vaincre et réprimer les flots
> De son orgueil, c'est ce que j'appelle être
> Grand par soi-même, et voilà mon héros !

[2] *L'univers leur sait gré*, *etc*. De pareils vers seroient applaudis sur la scène avec enthousiasme; ils s'y soutiendroient long-temps à côté des plus belles pensées de Corneille, parce qu'ils honorent et le courage et le talent de leur auteur.

[3] *Et la princesse*, *etc*. Auparavant *mademoiselle de Blois*, fille du roi Louis XIV et de madame de La Vallière. Elle mourut en 1739.

4 . . . . . . *Joie , etc.*

Pour bonheur. Ces mots sont loin d'être synonymes.

5 *Quand il en auroit eu , etc.* On accuse les écrivains du
siècle de Louis XIV d'avoir servilement encensé l'idole du
pouvoir. On compteroit dans les fables seules de notre
poète vingt traits qui attesteroient la noble fierté de son
âme, et l'indépendance de ses opinions politiques. Il aimoit la royauté sans doute, parce qu'il en jouissoit; il
admiroit le monarque, parce que toute l'Europe lui en
donnoit l'exemple.

6   *Ils n'avoient appris à connoître,*
     Que les hôtes des bois : étoit-ce un si grand mal?

Champfort ne trouve de passable dans cette longue fable
que ces deux vers. Je ne la comparerai point avec les
meilleurs apologues de notre fabuliste; mais encore est-
elle loin de ses plus médiocres.

7 *Des plus huppés , etc.* Villon :

          Pour attraper *les plus huppés.*

De *Huppe*, espèce d'oiseau qui porte sa tête fort haut.

8   . . . . . . *Après Pythagore , etc.*

Nous ne parlons ici de ce philosophe que pour rappeler
qu'il donna un grand crédit à la doctrine de la métempsycose , originairement indienne.

9 *Ce cas n'arrive pas , etc.* Pléonasme. Il vient de dire :
ce qui n'arrive guère.

10 *Par ce parangon, etc.* Terme commun dans le style de
l'ancienne chevalerie.

          O dame illustre! ô *parangon* d'honneur! etc.

11   *Avec ses ongles tout d'acier , etc.*

Coup de pinceau vigoureux et hardi, qui seul vaut un tableau. Mais il y a dans ce tableau une ombre légère ; c'est
le mot *tout* qui se retrouve encore au vers précédent :

          Sauvage et *tout* grossier.

Tout ce qui suit offre la double empreinte de la gaîté de
Rabelais et de la finesse de Lucien.

¹² . . . . . . *A ce que dit l'histoire*, etc.

Mythologique. Homère nous conte qu'à l'aspect de Vulcain boiteux, les dieux se prirent à rire, mais d'un rire *inextinguible*. Ce n'est pas là, selon notre poète, ce que l'olympe ait fait de mieux.

FABLE XIII.

Le Renard, les Mouches et le Hérisson (*).

Aux traces de son sang, un vieux hôte des bois,
    Renard fin, subtil et matois,
Blessé par des chasseurs, et tombé dans la fange,
Autrefois attira ce parasite ailé,
    Que nous avons mouche appelé.
Il accusoit les dieux, et trouvoit fort étrange
Que le sort à tel point le voulût affliger,
    Et le fît aux mouches manger.
Quoi! se jeter sur moi, sur moi, le plus habile
    De tous les hôtes des forêts!
Depuis quand les renards sont-ils un si bon mets?
Et que me sert ma queue? Est-ce un poids inutile?
Va, le ciel te confonde, animal importun:
    Que ne vis-tu sur le commun!
    Un hérisson du voisinage,
    Dans mes vers nouveau personnage,
Voulut le délivrer de l'importunité
    Du peuple plein d'avidité:
Je les vais de mes dards enfiler par centaines,
Voisin renard, dit-il, et terminer tes peines.
Garde-t'en bien, dit l'autre: ami né le fais pas;
Laisse-les, je te prie, achever leur repas.

(*) Ésope.—Tibère César.—Desbillons, liv. III, fab. 41.

22.

Ces animaux sont soûls; une troupe nouvelle
Viendroit fondre sur moi, plus âpre et plus cruelle.

Nous ne trouvons que trop de mangeurs ici-bas :
Ceux-ci sont courtisans, ceux-là sont magistrats.
Aristote appliquoit cet apologue aux hommes.
    Les exemples en sont communs [1],
    Surtout au pays où nous sommes.
Plus telles gens sont pleins, moins ils sont importuns.

OBSERVATIONS DIVERSES.

Le sujet de cette fable, dit l'abbé Batteux, est dans
Esope. Aristote la cite dans sa rhétorique comme un
modèle capable de faire juger du goût de l'auteur, et de
sa manière énergique d'enseigner. (*Princ. de littér.* T. II,
p. 39.) La voici traduite du grec. « Un renard voulant
passer une rivière, tomba dans une fosse bourbeuse. Aussitôt il fut assailli par une infinité de grosses mouches,
qui le tourmentèrent long-temps. Il passe un hérisson qui
touché de le voir souffrir ainsi : Voulez-vous, lui dit-il,
que je vous délivre de ces insectes cruels qui vous dé-
vorent ? Gardez - vous en bien, répondit le renard. Et
pourquoi donc ? Parce que celles - ci vont être soûles de
mon sang; et si vous les chassez, il en viendra d'autres
plus affamées, qui me suceront ce qui m'en reste. » Toutes
les fables grecques auroient ce sens profond et cette énergique simplicité, que La Fontaine n'en conserveroit pas
moins les premiers droits à notre admiration, par le
charme des détails et la magie du style.

L'allégorie est visible, dit encore le même abbé Batteux. Le renard représente le peuple foulé par ses magistrats, qui sont eux - mêmes représentés par les mouches.
Le hérisson représente les accusateurs des magistrats. Le
renard est malheureux; mais il est prudent et patient
dans son malheur. Le hérisson est choisi pour représenter
les accusateurs, plutôt que tout autre animal, parce

qu'étant hérissé de pointes, il pouvoit blesser en voulant guérir : caractère assez ordinaire aux accusateurs, en pareil cas, qui veulent changer de maître souvent *pour régner à leur tour*, et peut-être avec *plus de dureté* que ceux qu'ils accusent. (Ibid. p. 41.)

> ¹   *Les exemples en sont communs,*
>   *Surtout au pays où nous sommes.*

Le peuple, instrument et toujours victime des factions, ne change presque jamais son état que pour le détériorer.

FABLE XIV.

Le Corbeau, la Gazelle, la Tortue et le Rât (*).

A MADAME DE LA SABLIÈRE.

Je vous gardois un temple ¹ dans mes vers ;
Il n'eût fini qu'avecque l'univers.
Déjà ma main en fondoit la durée
Sur ce bel art qu'ont les dieux inventé ;
Et sur le nom de la divinité
Que dans ce temple on auroit adorée,
Sur le portail j'aurois ces mots écrits :
PALAIS SACRÉ DE LA DÉESSE IRIS.
Non celle-là qu'a Junon à ses gages ;
Car Junon même, et le maître des dieux,
Serviroient l'autre, et seroient glorieux
Du seul honneur de porter ses messages.
L'apothéose à la voûte eût paru.
Là tout l'Olympe en pompe eût été vu,
Plaçant Iris sous un dais de lumière.
Les murs auroient amplement contenu
Toute sa vie : agréable matière,

(*) Pilpay.

Mais peu féconde en ces événemens
Qui des états font les renversemens.
Au fond du temple eût été son image,
Avec ses traits, son souris, ses appas,
Son art de plaire, et de n'y penser pas [1],
Ses agrémens à qui tout rend hommage.
J'aurois fait voir à ses pieds des mortels,
Et des héros, des demi-dieux encore,
Même des dieux : ce que le monde adore,
Vient quelquefois parfumer ses autels [3].
J'eusse en ses yeux fait briller de son âme
Tous les trésors, quoiqu'imparfaitement [4];
Car ce cœur vif et tendre infiniment,
Pour ses amis, et non point autrement;
Car cet esprit, qui, né du firmament,
A beauté d'homme avec grâce de femme,
Ne se peut pas, comme on veut, exprimer.
O vous, Iris, qui savez tout charmer,
Qui savez plaire en un degré suprême,
Vous que l'on aime à l'égal de soi-même,
(Ceci soit dit sans nul soupçon d'amour,
Car c'est un mot banni de votre cour,
Laissons-le donc), agréez que ma muse
Achève un jour cette ébauche confuse.
J'en ai placé l'idée et le projet,
Pour plus de grâce, au devant d'un sujet
Où l'amitié donne de telles marques,
Et d'un tel prix, que leur simple récit
Peut quelque temps amuser votre esprit.
Non que ceci se passe entre monarques :
Ce que chez vous nous voyons estimer
N'est pas un roi qui ne sait point aimer;
C'est un mortel qui sait mettre sa vie
Pour son ami. J'en vois peu de si bons!
Quatre animaux, vivant de compagnie,

Vont aux humains en donner des leçons.

La gazelle, le rat, le corbeau, la tortue,
Vivoient ensemble unis : douce société.
Le choix d'une demeure aux humains i..connue
    Assuroit leur félicité.
Mais quoi ! l'homme découvre enfin toutes retraites[5] :
    Soyez au milieu des déserts,
    Au fond des eaux, au haut des airs,
Vous n'éviterez point ses embûches secrètes.
La gazelle, s'alloit ébattre innocemment[6] ;
    Quand un chien, maudit instrument
    Du plaisir barbare des hommes[7],
Vint sur l'herbe éventer les traces de ses pas.
Elle fuit. Et le rat, à l'heure du repas,
Dit aux amis restans : d'où vient que nous ne sommes
    Aujourd'hui que trois conviés ?
La gazelle déja nous a-t-elle oubliés[8] ?
    A ces paroles, la tortue
    S'écrie, et dit : Ah ! si j'étois
    Comme un corbeau d'ailes pourvue,
    Tout de ce pas je m'en irois
    Apprendre au moins quelle contrée,
    Quel accident tient arrêtée
    Notre compagne au pied léger :
Car, à l'égard du cœur, il en faut mieux juger[9].
    Le corbeau part à tire d'aile :
Il aperçoit de loin l'imprudente gazelle,
    Prise au piége, et se tourmentant.
Il retourne avertir les autres à l'instant.
Car de lui demander quand, pourquoi, ni comment,
    Ce malheur est tombé sur elle,
Et perdre en vains discours cet utile moment, .
    Comme eût fait un maître d'école[10],

Il avoit trop de jugement.
Le corbeau donc vole et revole [11].
Sur son rapport les trois amis
Tiennent conseil. Deux sont d'avis
De se transporter sans remise
Aux lieux ou la gazelle est prise.
L'autre, dit le corbeau, gardera le logis :
Avec son marcher lent, quand arriveroit-elle [12] ?
Après la mort de la gazelle.
Ces mots à peine dits, ils s'en vont secourir
Leur chère et fidèle campagne,
Pauvre chevrette de montagne [13].
La tortue y voulut courir :
La voilà comme eux en campagne [14],
Maudissant ses pieds courts avec juste raison,
Et la nécessité de porter sa maison.
Rongemaille (le rat eut à bon droit ce nom)
Coupe les nœuds du lacs : on peut penser la joie.
Le chasseur vient, et dit : Qui m'a ravi ma proie ?
Rongemaille, à ces mots, se retire en un trou,
Le corbeau, sur un arbre, en un bois la gazelle :
Et le chasseur, à demi fou,
De n'en avoir nulle nouvelle,
Aperçoit la tortue, et retient son courroux.
D'où vient, dit-il, que je m'effraie ?
Je veux qu'à mon souper celle-ci me défraie.
Il l'a mit dans son sac. Elle eût payé pour tous,
Si le corbeau n'en eût averti la chevrette.
Celle-ci, quittant sa retraite,
Contrefait la boiteuse, et vient se présenter.
L'homme de suivre, et de jeter
Tout ce qui lui pesoit, si bien que Rongemaille
Autour des nœuds du sac tant opère et travaille
Qu'il délivre encor l'autre sœur

Sur qui s'étoit fondé le souper du chasseur.

Pilpay conte qu'ainsi la chose s'est passée.
Pour peu que je voulusse invoquer Apollon,
J'en ferois, pour vous plaire, un ouvrage aussi long
  Que l'Iliade ou l'Odyssée.
Rongemaille feroit le principal héros,
Quoiqu'à vrai dire ici chacun soit nécessaire.
Porte-maison l'infante y tient de tels propos,
  Que monsieur du Corbeau va faire
Office d'espion et puis de messager.
La gazelle a d'ailleurs l'adresse d'engager
Le chasseur à donner du temps à Rongemaille.
  Ainsi, chacun en son endroit
  S'entremet, agit et travaille.
A qui donner le prix? Au cœur, si l'on m'en croit.
Que n'ose et que ne peut l'amitié violente!
Cet autre sentiment que l'on appelle Amour
Mérite moins d'honneur; cependant chaque jour
  Je le célèbre et je le chante.
Hélas! il n'en rend pas mon âme plus contente.
Vous protégez sa sœur, il suffit; et mes vers
Vont s'engager pour elle à des tons tous divers,
Mon maître étoit l'Amour, j'en vais servir un autre [15],
  Et porter partout l'univers
  Sa gloire aussi bien que la vôtre.

OBSERVATIONS DIVERSES.

[1] *Je vous gardois un temple*, etc. Voiture a de même
élevé en l'honneur de madame de Rambouillet un de ces
temples allégoriques, qui ne coûtent point à leurs auteurs
de grands frais d'architecture. A vous, lui dit-il :

  A vous, il vous faut un temple;

Il sera fait dans un an ;
Et j'en ai déjà le plan ; . . . .
Et tout le reste est de la même beauté.

² *Son art de plaire et de n'y penser pas , etc.*

« Voilà un de ces vers qui font pardonner mille négligences ; un de ces vers après lesquels on n'a presque plus
le courage de critiquer La Fontaine. » (Champfort.)

3   . . . . . . *Ce que le monde adore*
          Vient quelquefois parfumer ses autels.

Mademoiselle de Montpensier a remarqué dans ses mé-
moires, que le marquis de la Fare et nombre d'autres
passoient leur vie chez cette dame, recommandable à plus
d'un titre.

4   . . . . . . *Quoiqu'imparfaitement, etc.*

Quatre vers de rime masculine de suite. Négligence.

⁵ *Mais quoi, l'homme, etc.* Cette réflexion pleine de sensibilité et de philosophie ne seroit pas tombée dans une
ame froide. La sensibilité est le vrai foyer du talent.

⁶ *S'alloit ébattre, etc.* Vieille expression, mais qui n'a pas
perdu sa fraîcheur.

          A un tel moys qu'on doibt *s'esbattre et rire.*
                              (Clém. Marot.)

De là le mot prendre ses *ébats.*

7   . . . . . . *Un chien , maudit instrument , etc.*

On aime, on partage cette vertueuse indignation du poète
contre les perfides arts de l'homme et ses cruels complices.

⁸ *La gazelle déjà , etc.* Le reproche affectueux exprimé
par ce mot *déjà* n'échappera point à un lecteur délicat.

9 *Car , à l'égard du cœur , il en faut mieux juger.*

La véritable amitié ne s'emporte point à des soupçons in-
justes ; elle juge autrui d'après elle-même. La Fontaine est
autant le peintre du cœur que de la nature.

10   *Comme eût fait un maître d'école , etc.*

Témoin celui de la fable 5 du livre IX.

¹¹ . . . . . . *Vole et revole.*

On diroit que La Fontaine étoit aussi de cette *douce société*, tant il a su donner à ses expressions, en les répé-
tant, l'empreinte de l'agitation à laquelle sont livrés les
trois amis.

¹² *Avec son marcher lent*, *etc.* Il ne nomme point la tortue, parce que c'est là une vérité désobligeante; mais on
la devine bien.

¹³ *Pauvre chevrette de montagne.*

Qu'il est gracieux ce diminutif! Pourquoi? C'est qu'il est
à la fois un sentiment et une image.

¹⁴ *La voilà comme eux*, *etc.* Tout est action et mouvement. Quel talent que celui qui met en jeu tant de ressorts, distribue sans embarras tous ses rôles de manière
à les faire ressortir l'un par l'autre, et ne laisse ni vide ni
langueur sur la scène!

¹⁵ . . . . . . *J'en vais servir un autre, etc.*

L'amitié, sentiment plus calme que celui de l'amour, et
par là plus durable et plus heureux. Toute cette péroraison
est charmante à commencer par ce vers :

> *A qui donner le prix ? Au cœur, si l'on m'en croit.*

On y reconnoit la muse enchanteresse qui dicta la fable
des deux Pigeons et celle *des deux Amis.*

FABLE XV.

La forêt et le Bûcheron (*).

Un bûcheron venoit de rompre ou d'égarer
Le bois dont il avoit emmanché sa cognée.
Cette perte ne put sitôt se réparer
Que la forêt n'en fût quelque temps épargnée.

(*) Robert Étienne. — Desbillons, liv. I, fab. 25.

     L'homme enfin la prie humblement
     De lui laisser tout doucement
     Emporter une unique branche [1],
     Afin de faire un autre manche [2] :
Il iroit employer ailleurs son gagne-pain ;
Il laisseroit de bout maint chêne, maint sapin ;
Dont chacun respectoit la vieillesse et les charmes.
L'innocente forêt lui fournit d'autres armes.
Elle en eut du regret. Il emmanche son fer [3] :
     Le misérable ne s'en sert
     Qu'à dépouiller sa bienfaitrice
     De ses principaux ornemens.
     Elle gémit à tous momens.
     Son propre don fait son supplice.

Voilà le train du monde, et de ses sectateurs :
On s'y sert du bienfait contre les bienfaiteurs.
Je suis las d'en parler ; mais que de doux ombrages
     Soient exposés à ces outrages [4],
     Qui ne se plaindroit là-dessus !
Hélas ! j'ai beau crier, et me rendre incommode,
     L'ingratitude et les abus
     N'en seront pas moins à la mode.

OBSERVATIONS DIVERSES.

[1]   *L'homme enfin la prie humblement*
        De lui laisser tout doucement
        Emporter une unique branche, etc.

C'est bien là le ton suppliant de la demande. *Doucement.*
De peur de blesser. *Une unique branche.* Quel tort cela
fera-t-il ? L'ingrat ! plus il fut *humble*, plus il devient
coupable.

[2]   *Afin de faire un autre manche, etc.*

Ce n'est point là un objet de fantaisie ou de luxe, mais

de nécessité. Comment refuser un tel service à des désirs
aussi bornés ?

 ³ . . . . . . *Son fer, etc.*

Ne rime pas avec *s'en sert.* Malherbe a de ces rimes, que
Ménage appelle des *normanismes.*

 ⁴ . . . . . . *Mais que de doux ombrages*
    Soient exposés à ces outrages, etc.

L'aimable sentiment que celui qui s'attriste sur une forêt
dépouillée de ses ombrages ! et La Fontaine avoit alors
soixante-douze ans ! Son cœur ne s'étoit pas plus refroidi
que son génie !

FABLE XVI.

Le Loup, le Renard et le Cheval (*).

Un renard jeune encor, quoique des plus madrés,
Vit le premier cheval qu'il eût vu de sa vie.
Il dit à certain loup, franc novice : accourez,
  Un animal paît dans nos prés,
Beau, grand ; j'en ai la vue encor toute ravie.
Est-il plus fort que nous ? dit le loup en riant :
  Fais-moi son portrait, je te prie.
Si j'étois quelque peintre, ou quelque étudiant,
Repartit le renard, j'avancerois la joie
  Que vous aurez en le voyant.
Mais venez : que sait-on ? peut-être est-ce une proie
  Que la fortune nous envoie.
Ils vont ; et le cheval qu'à l'herbe on avoit mis, .
Assez peu curieux de semblables amis,
Fut presque sur le point d'enfiler la venelle ¹.
Seigneur, dit le renard, vos humbles serviteurs
Apprendroient volontiers comment on vous appelle.

(*) Regnier.—Le Jay, p. 148.— Desbillons, liv. V, fab. 21.

Le cheval, qui n'étoit dépourvu de cervelle,
Leur dit : lisez mon nom, vous le pouvez, messieurs,
Mon cordonnier l'a mis autour de ma semelle.
Le renard s'excusa sur son peu de savoir :
Mes parens, reprit-il, ne m'ont point fait instruire;
Ils sont pauvres et n'ont qu'un trou pour tout avoir :
Ceux du loup, gros messieurs, l'ont fait apprendre à lire.
   Le loup, par ce discours flatté,
   S'approcha; mais sa vanité
Lui coûta quatre dents. Le cheval lui desserre
Un coup; et haut le pied. Voilà mon loup par terre,
   Mal en point, sanglant et gâté [2].
Frère, dit le renard, ceci nous justifie
   Ce que m'ont dit des gens d'esprit :
Cet animal vous a sur la mâchoire écrit :
Que de tout inconnu le sage se méfie.

OBSERVATIONS DIVERSES

« Le sujet de cette fable est par lui-même très-sérieux; trop de précision et d'élégance l'auroit rendue triste et froide : mais égayée par une sorte de familiarité naïve, elle est agréable et riante. Pas un détail qui ne soit assaisonné d'un enjouement naturel qui n'est pas une finesse, mais est sans affectation ; qui ne tient point au bel esprit, et qui fait naître sans cesse le sourire sur les lèvres. C'est là langage d'un homme simple, d'un bonhomme, si l'on veut, qui s'élève rarement au-dessus du style ordinaire, sans tomber dans le style trivial, et dont la simplicité est toujours piquante. Les expressions les plus communes deviennent les plus plaisantes, par la manière dont elles sont placées, telles que

Mon cordonnier l'a mis autour de ma semelle.

Les vieilles locutions, les tours anciens sont si bien fondus avec les nouveaux, qu'ils ne font point disparate, et

qu'ils forment ensemble ce style dont la naïveté est le
principal caractère. » (M. Clément, *Journal littéraire*.)

¹ . . . . . . *Enfiler la venelle.*

Proverbe populaire, prendre la fuite. *Venelle*, petite rue
dérobée.

² *Mal en point, etc.* Il faut éclaircir cette expression,
quoiqu'elle s'explique d'elle-même par ses conséquents,
sanglant et gâté. Ce vieux mot est l'inverse de *bien en point*
qui se trouve pour *triomphant* dans les anciens auteurs,
tels qu'Olivier de la Marche, Louise Labé.

Dans la fable de Régnier, une *lionne* fait le rôle du
loup, et le *loup* celui du renard. On y rencontre quelques
traits de cette bonhomie, de cette malice enjouée, qui
composoit le caractère original de l'ancienne naïveté françoise. Son plus grand mérite est d'avoir offert à La Fontaine un modèle qu'il ne lui a pas été difficile de sur-
passer.

FABLE XVII.

Le Renard et les Poulets d'Inde (*).

Contre les assauts d'un renard,
Un arbre à des dindons servoit de citadelle.
Le perfide ayant fait tout le tour du rempart,
　　Et vu chacun en sentinelle,
S'écria : Quoi ! ces gens se moqueront de moi !
Eux seuls seront exempts de la commune loi !
Non, par tous les dieux, non. Il accomplit son dire.
La lune, alors luisant, sembloit contre le sire
Vouloir favoriser la dindonnière gent.
Lui qui n'étoit novice au métier d'assiégeant ¹,
Eut recours à son sac de ruses scélérates,

(*) Marie de France.

Feignit vouloir gravir, se guinda sur ses pates,
Puis contrefit le mort, puis le ressuscité.
    Arlequin n'eût exécuté
    Tant de différens personnages.
    Il élevoit sa queue, il la faisoit briller,
    Et cent mille autres badinages,
Pendant quoi nul dindon n'eût osé sommeiller.
L'ennemi les lassoit en leur tenant la vue
    Sur même objet toujours tendue.
Les pauvres gens étant à la longue éblouis,
Toujours il en tomboit quelqu'un, autant de pris;
Autant de mis à part : près de moitié succombe.
Le compagnon les porte en son garde-manger.

Le trop d'attention qu'on a pour le danger
    Fait le plus souvent qu'on y tombe.

OBSERVATION.

¹ *Lui qui n'étoit novice au métier*, etc. Villis, dans son traité *de l'Ame des Bêtes*, rapporte ce fait comme certain. Un renard voulant faire sa proie d'un coq d'inde qu'il voyoit perché sur un arbre, imagina ce stratagème. Il se mit à tourner autour de l'arbre avec beaucoup de vitesse et pendant assez long-temps. Attentif au mouvement circulaire de son ennemi, le coq d'inde faisoit autant de tours de tête pour ne le pas perdre de vue. Enfin, étourdi par le tournoiement, il tombe du haut de l'arbre, et le renard s'en saisit.

Remarquez que cette fable et la précédente sont deux modèles parfaits de narration et de style; tous les détails en sont précieux et pleins de vérité. En revanche, la fable suivante est une mauvaise épigramme mal conçue et mal amenée.

FABLE XVIII.

Le Singe.

Il est un singe dans Paris
A qui l'on avoit donné femme ;
Singe en effet d'aucuns maris,
Il la battoit. La pauvre dame
En a tant soupiré qu'enfin elle n'est plus.
Leur fils se plaint d'étrange sorte,
Il éclate en cris superflus :
Le père en rit : sa femme est morte.
Il a déjà d'autres amours
Que l'on croit qu'il battra toujours.
Il hante la taverne, et souvent il s'enivre.

N'attendez rien de bon du peuple imitateur,
Qu'il soit singe, ou qu'il fasse un livre :
La pire espèce, c'est l'auteur.

FABLE XIX.

Le Philosophe Scythe (*).

Un philosophe austère, et né dans la Scythie [1],
Se proposant de suivre une plus douce vie,
Voyagea chez les Grecs, et vit en certains lieux,
Un sage assez semblable au vieillard de Virgile [2],
Homme égalant les rois, homme approchant des dieux,
Et, comme ces derniers, satisfait et tranquille.
Son bonheur consistoit aux beautés d'un jardin [5].

(*) Aulu-Gelle. — Desbillons, liv. VIII, fab. 28.

Le Scythe l'y trouva, qui, la serpe à la main,
De ses arbres à fruit retranchoit l'inutile,
Ébranchoit, émondoit, ôtoit ceci, cela,
    Corrigeant partout la nature
Excessive à payer ses soins avec usure.
    Le Scythe alors lui demanda
Pourquoi cette ruine : Étoit-il d'homme sage [4]
De mutiler ainsi ces pauvres habitans [5] :
Quittez-moi votre serpe, instrument de dommage,
    Laissez agir la faux du temps :
Ils iront assez tôt border le noir rivage [6].
J'ôte le superflu, dit l'autre ; et l'abattant,
    Le reste en profite d'autant.
Le Scythe, retourné dans sa triste demeure,
Prend la serpe à son tour, taille et coupe à toute heure;
Conseille à ses voisins, prescrit à ses amis
    Un universel abattis.
Il ôte de chez lui les branches les plus belles,
Il tronque son verger contre toute raison,
    Sans observer temps ni saison,
    Lunes ni vieilles ni nouvelles [7];
Tout languit et tout meurt. Ce Scythe exprime bien
    Un indiscret stoïcien.
    Celui-ci retranche de l'âme [6]
Désirs et passions, le bon et le mauvais,
    Jusqu'aux plus innocens souhaits.
Contre de telles gens, quant à moi je réclame.
Ils ôtent à nos cœurs le principal ressort.
Ils font cesser de vivre avant que l'on soit mort.

OBSERVATIONS DIVERSES.

La fable d'Aulu-Gelle jouissoit d'une grande célébrité :
on l'avoit plus d'une fois opposée aux sophismes des stoï-
ciens, au sujet des passions, et aux paradoxes de Sénèque

en faveur de leur doctrine, avant que La Fontaine ne la mît en vers. Les yeux s'arrêtent encore avec plaisir sur le modèle, même après l'excellente copie que notre poète en a donnée.

¹ . . . . . . *Scythie , etc.*

Les anciens comprenoient sous ce nom général les pays d'Europe et d'Asie situés vers le septentrion. Les relations qu'ils nous ont laissées des mœurs et du caractère des Scythes sont très-opposées entre elles ; et il est permis d'y voir, selon les temps, les lieux et les écrivains, ou les plus humains, ou les plus barbares de tous les peuples.

² *Un sage assez semblable au vieillard de Virgile,*
   Un homme , etc.

> Aux lieux où le Galèze en des plaines fécondes,
> Parmi les blonds épis, roule ses noirs ondes,
> J'ai vu, je m'en souviens, un vieillard fortuné,
> Possesseur d'un terrain long-temps abandonné, etc.

Voyez dans l'ouvrage même (trad. des *Géorg.*), le reste de ce morceau, où le traducteur se montre harmonieux et pur comme son original. La Fontaine vaut mieux encore.

³ *Consistoit aux beautés , etc.* Expression peu exacte, mais qui ne déplaît pas, comme sur certaines physionomies il y a des traits irréguliers que l'on aime sans trop savoir pourquoi.

⁴ . . . . . . *Étoit-il d'homme sage , etc.*

Pour *étoit-ce le propre d'un homme sage ?* Les vers suivans sont au-dessus de tout éloge.

⁵ *De mutiler ainsi ces pauvres habitans , etc.*

La cruauté qui *mutile* joint l'opprobre à la douleur. *Pauvres habitans.* L'habitant a des droits, le *pauvre* des titres sacrés ; tout est violé par ces barbares mutilations. *Quittez-moi votre serpe, instrument de dommage.* Style rapide, image vive et énergique.

⁶   *Laissez agir la faux du temps,*
      Ils iront assez tôt border le noir rivage.

23.

Voilà surtout ce qui est admirable. Quelle noblesse dans cette figure des arbres que l'on voit descendre aux enfers, comme les hommes, pour aller en *border le noir rivage !* Elle appartient à Ezéchiel, nommé à si juste titre l'Eschyle des Hébreux. Voici les vers du prophète : « Omnes arbores morti debentur, inferis destinatæ, in turbâ hominum descendentium in foveam ituræ. » (Ch. 31.)

7   *Lunes ni vieilles ni nouvelles.*

Virgile a dit dans ses *Géorgiques :*

> La lune apprend aussi dans son cours inégal,
> Quel jour à tes travaux est propice ou fatal.

8   *Celui-ci retranche de l'âme, etc.*

C'est la pensée d'Aulu-Gelle, qui termine sa narration d'une manière également sage et brillante. Mais le dernier vers appartient à La Fontaine, et c'est un des plus beaux qu'il ait faits :

> *Ils font cesser de vivre avant que l'on soit mort.*

FABLE XX.

L'Éléphant et le Singe de Jupiter (*).

Autrefois l'éléphant et le rhinocéros,
En dispute du pas et des droits de l'empire [1] ;
Voulurent terminer la querelle en champ clos.
Le jour en étoit pris, quand quelqu'un vint leur dire
    Que le singe de Jupiter,
Portant un caducée, avoit paru dans l'air.
Ce singe avoit nom Gille, à ce que dit l'histoire [2].
    Aussitôt l'éléphant de croire
    Qu'en qualité d'ambassadeur
    Il venoit trouver sa grandeur.

(*) Esope, fab. 200.

Tout fier de ce sujet de gloire,
Il attend maître Gille, et le trouve un peu lent
    A lui présenter sa créance [3].
    Maître Gille enfin, en passant,
    Va saluer son excellence.
L'autre étoit préparé sur la légation;
    Mais pas un mot. L'attention
Qu'il croyoit que les dieux eussent à sa querelle [4]
N'agitoit pas encor chez eux cette nouvelle.
    Qu'importe à ceux du firmament [5]
    Qu'on soit mouche ou bien éléphant?
Il se vit donc réduit à commencer lui-même.
Mon cousin Jupiter, dit-il, verra dans peu
Un assez beau combat de son trône suprême;
    Toute sa cour verra beau jeu.
Quel combat? dit le singe avec un front sévère.
L'éléphant repartit : Quoi, vous ne savez pas
Que le rhinocéros me dispute le pas?
Qu'Eléphantide a guerre avecque Rhinocère [6]?
Vous connoissez ces lieux, ils ont quelque renom.
Vraiment je suis ravi d'en apprendre le nom [7],
Repartit maître Gille : on ne s'entretient guère
De semblables sujets [8] dans nos vastes lambris [9].
    L'éléphant honteux et surpris,
Lui dit : Et parmi nous, que venez-vous donc faire?
—Partager un brin d'herbe entre quelques fourmis [10] :
Nous avons soin de tout, et quant à votre affaire,
On n'en dit rien encor dans le conseil des dieux.
Les petits et les grands sont égaux à leurs yeux.

OBSERVATIONS DIVERSES.

[1] *Autrefois l'éléphant, etc.* Le fond de cette fable en grec est très stérile. C'étoit une monnoie d'un bas titre,

que La Fontaine a refondue, et à laquelle il a ajouté de
la matière pour lui donner cours dans son pays. Pour la
seconde fois il attaque la vaine manie des préséances.

¹ *Ce singe avoit nom Gille, etc.* Le singe peut se nommer
ainsi quand il fait ses tours de passe-passe; mais ce n'est
plus un *gille*, quand il est revêtu de la qualité d'ambassadeur, et qu'il porte le *caducée* de Mercure.

3   . . . . . . *Sa créance.*

Pour *lettres de créance;* ou mieux : instruction secrète
donnée à un négociateur.

4   . . . . . . *L'attention*
     Qu'il croyoit, etc.

Comment l'*attention* de l'éléphant *à croire*, etc., pouvoit-
elle *agiter* ou non *une nouvelle* parmi les dieux ? Construction embarrassée, termes impropres et obscurs.

5   *Qu'importe à ceux du firmament, etc.*

« La moralité ne doit pas être trop tôt indiquée : c'est autant de retranché sur le plaisir que la suspension nous ménage. Le poète, dans cette fable, a négligé cette maxime.
Après m'avoir appris par ces deux vers :

     Qu'importe à ceux du firmament,
     Qu'on soit mouche ou bien éléphant ?

Après, dis-je, m'avoir appris qu'aux yeux des dieux, tous
les hommes sont égaux, je ne suis plus frappé de la pensée qui termine :

     Les petits et les grands sont égaux à leurs yeux.

Elle n'est plus que froide et inutile. » (Dardenne.)

⁶ *Qu'éléphantide, etc.* Supposez une royauté parmi les
animaux, il leur faut un empire, une capitale qui porte
le nom de ses souverains : toutes ces idées se touchent.

7 . . . . . . *D'en apprendre le nom, etc.*

Comment le singe peut-il ignorer encore le nom d'un empire considérable, dont il est venu *saluer* le souverain ?

⁸ . . . . . . *On ne s'entretient guère*, *etc.*

C'est le mot de Didon, dans les accès de son désespoir amoureux :

> Scilicet is superis labor est, ea cura quietos
> Sollicitat.
>   (*Æneid.*, lib. IV,)

9 . . . . . . *Dans nos vastes lambris.*

Il faudroit : *sous nos vastes lambris.*

¹⁰ *Partager un brin d'herbe entre quelques fourmis*, *etc.*

Imité de ce vers d'un ancien poète, en parlant de Dieu :

> Il voit *comme fourmis* marcher nos légions.

Cette fable, composée dans la vieillesse de l'auteur, est digne de sa maturité.

~~~~~~

FABLE XXI.

Un Fou et un Sage (*).

Certain fou poursuivoit à coups de pierre un sage.
Le sage se retourne, et lui dit : Mon ami,
C'est fort bien fait à toi, reçois cet écu-ci :
Tu fatigues assez pour gagner davantage.
Toute peine, dit-on, est digne de loyer ¹ :
Vois cet homme qui passe, il a de quoi payer :
Adresse-lui tes dons, ils auront leur salaire.
Amorcé par le gain, notre fou s'en va faire
     Même insulte à l'autre bourgeois.
On ne le paya pas en argent cette fois.
Maint estafier ² accourt ; on vous happe notre homme,
     On vous l'échine ³, on vous l'assomme.

    Auprès des rois il est de pareils fous.

(*) Phèdre, liv. II, fab. 3.

A vos dépens ils font rire le maître.
Pour réprimer leur babil, irez-vous
Les maltraiter? Vous n'êtes pas peut-être
Assez puissant. Il faut les engager
A s'adresser à qui peut se venger.

OBSERVATIONS DIVERSES.

¹ . . . . . . *Digne de loyer*, etc.

Ménage : *loyer* signifie proprement la *récompense;* mais il se dit aussi du châtiment et de la punition, comme en cet endroit de Malherbe :

> Qu'une même folie
> N'eut pas même *loyer*.

Le mot de *loyer*, au reste, est très-beau, et ceux qui font difficulté de s'en servir, sont trop délicats. (*Observ. sur Malherbe*, pag. 338.) Antoine de Baïf avoit dit de même :

> L'amant dans ce verger pour *loyer* des traverses
> Qu'il passe constamment.

Et La Fontaine :

> Un rustre l'abattoit : c'étoit là son *loyer*.

² *Maint estafier*, etc. H. Etienne : Le pape se pourmena ayant entre autres pour ses conducteurs, ou plutôt pour ses *estafiers* ou laquais, le roi de France et le roi d'Angleterre. (*Apologie pour Hérodote*, t. III.)

³ *On vous l'échine*, etc. Clém. Marot :

> Eschine, que je t'*eschine*
> De fine force d'accolades.

Aulu-Gelle (*Nuits attiq.* Liv. XX, ch. 21.) parle d'un certain Lucius-Veratius, Romain fort riche, qui ne marchoit jamais par la ville sans être suivi d'un esclave portant une bourse pleine d'argent. D'abord qu'il rencontroit quelqu'un qui n'étoit pas d'un rang à lui faire craindre sa vengeance, il ne manquoit pas de lui donner un soufflet,

et prenoit 25 sous dans sa bourse, qui étoit la somme or-
donnée par les lois des douze tables, pour la réparation de
cet affront.

~~~~~~~~~~~~~~~~~~~~~~~~~~~~~~~~~~~~

FABLE XXII.

Le Renard anglois (*).

A MADAME HARVAY (**).

Le bon cœur est chez vous compagnon du bon sens,
Avec cent qualités trop longues à déduire,
Une noblesse d'âme, un talent pour conduire
  Et les affaires et les gens,
Une humeur franche et libre, et le don d'être amie,
Malgré Jupiter même, et les temps orageux;
Tout cela méritoit un éloge pompeux :
Il en eût été moins selon votre génie.
La pompe vous déplaît, l'éloge vous ennuie :
J'ai donc fait celui-ci court et simple. Je veux
  Y coudre encore un mot ou deux
  En faveur de votre patrie;
Vous l'aimez. Les Anglois pensent profondément;
Leur esprit en cela suit leur tempérament.

(*) Érasme.

(**) Élizabeth Montaigu, veuve de M. le chevalier d'Harvay,
mort à Constantinople, où il avoit été envoyé en ambassade par
Charles II. C'est elle qui contribua le plus à faire venir en Angleterre madame de Mazarin (celle dont il est parlé à la fin de cette
même fable), avec qui elle lia ensuite une amitié fort étroite. Étant
allé à Paris en 1683, La Fontaine eut souvent occasion de la voir
chez milord Montaigu, son frère, ambassadeur d'Angleterre. Elle
lui donna alors le sujet de la fable du *Renard anglois*, sujet qu'elle
n'a pu savoir que de réminiscence, puisque les originaux en sont
connus.

Creusant dans les sujets, et forts d'expériences,
Ils étendent partout l'empire des sciences.
Je ne dis point ceci pour vous faire ma cour :
Vos gens, à pénétrer, l'emportent sur les autres ;
　　　Même les chiens de leur séjour
　　　Ont meilleur nez que n'ont les nôtres.
Vos renards sont plus fins ; je m'en vais le prouver
　　　Par un d'eux qui, pour se sauver,
　　　Mit en usage un stratagème
Non encor pratiqué, des mieux imaginés.

Le scélérat réduit en un péril extrême,
Et presque mis à bout par ces chiens au bon nez,
　　　Passa près d'un patibulaire ¹.
　　　Là, des animaux ravissans,
Bléreaux, renards, hiboux, race encline à mal faire,
Pour l'exemple pendus, instruisoient les passans.
Leur confrère, aux abois, entre ces morts s'arrange.
Je crois voir Annibal, qui, pressé des Romains,
Met leurs chefs en défaut, ou leur donne le change ;
Et sait, en vieux renard, s'échapper de leurs mains.
　　　Les clefs de meute ², parvenues
A l'endroit où pour mort le traître se pendit,
Remplirent l'air de cris ; leur maître les rompit ³,
Bien que de leurs abois ⁴ ils perçassent les nues.
Il ne put soupçonner ce tour assez plaisant ⁵.
Quelque terrier, dit-il, a sauvé mon galant.
Mes chiens n'appellent point au delà des colonnes
　　　Où sont tant d'honnêtes personnes.
Il y viendra, le drôle ! Il y vint, à son dam.
　　　Voilà maint basset clabaudant ;
Voilà notre renard au charnier se guindant.
Maître pendu croyoit qu'il en iroit de même
Que le jour qu'il tendit de semblables panneaux ;
Mais le pauvret, ce coup, y laissa ses houseaux ⁶ :

Tant il est vrai qu'il faut changer de stratagème.
Le chasseur, pour trouver sa propre sûreté,
N'auroit pas cependant un tel tour inventé,
Non point par peu d'esprit : est-il quelqu'un qui nie
Que tout Anglois n'en ait bonne provision?
        Mais le peu d'amour pour la vie
        Leur nuit en mainte occasion.

        Je reviens à vous, non pour dire
        D'autres traits sur votre sujet;
        Tout long éloge est un projet
        Peu favorable pour ma lyre :
        Peu de nos chants, peu de nos vers,
Par un encens flatteur amusent l'univers,
Et se font écouter des nations étranges [7].
        Votre prince vous dit un jour
        Qu'il aimoit mieux un trait d'amour
        Que quatre pages de louanges.
Agréez seulement le don que je vous fais
        Des derniers efforts de ma muse;
        C'est peu de chose : elle est confuse
        De ces ouvrages imparfaits.
        Cependant ne pourriez-vous faire
        Que le même hommage pût plaire
A celle qui remplit vos climats d'habitans
        Tirés de l'île de Cythère?
        Vous voyez par là que j'entends
Mazarin [8], des amours déesse tutélaire.

OBSERVATIONS DIVERSES.

[1] . . . . . . *Près d'un patibulaire.*
Ce mot n'est point usité au masculin.

[2] *Clefs de meute, etc.* Terme de vénerie, pour signifier

les meilleurs chiens qui servent à conduire et à dresser
les autres chiens de la meute.

> 3 . . . . . . *Rompit, etc.*

Autre terme de chasse, *détourner.* On a transporté ce mot
dans la conversation familière où l'on dit : *rompre les
chiens,* pour dire changer d'objet.

> 4 *Abois, etc.* Pour *aboiemens.*

> 5 *Il ne put soupçonner ce tour assez plaisant.*

Cette anecdote, si elle n'est pas fabuleuse, ne seroit pas
plus étonnante que celle rapportée par Plutarque, d'un
chien « qui, en jeu public, sur un échafaud, contrefaisoit
le mort tirant à sa fin, tremblant, puis se roidissant, se
laissant entraîner, puis peu à peu se revenant, et levant
la teste, faisoit le ressuscité. » (Charron, *de la Sagesse,*
l. I, ch. 8.) Peut-être notre poète a-t-il voulu signaler, sous
le nom de son renard anglois, un fameux aventurier françois, qui, pressé par les Espagnols, survivant seul à
tout son monde, fit le mort, et sauva sa vie par ce stratagème.

> 6 . . . . . . *Houseaux, etc.*

Rabelais : Le Chicquanous sonnant à la porte, feut par
le portier recongneu à ses gras et gras *houseaulx.* (*Pantagr.*
Lib. IV.) Les houseaux étoient des caleçons dont il y
avoit deux sortes, les uns avec les souliers; les autres
étoient de simples bottines. Un auteur qui vivoit sous
Henri VI, roi d'Angleterre, dit : *Heusses* (houseaux) *sont
faites pour soy garder de la boe et de la froidure, quand l'on
chemine par pays, et pour soy garder de l'eaue.* Il est parlé
des uns et des autres dans Rabelais, Villon et autres. On dit
encore familièrement, *y laisser ses culottes.*

> 7 . . . . . . *Des nations étranges.*

Clém. Marot :

> J'ai circuy (parcouru) mainte contrée *estrange* (étrangère).

> 8 *Mazarin, etc.* La célèbre Hortence, nièce du cardinal
Mazarin, la même qui, retirée en Angleterre, vouloit y
fixer notre poète; mais les bienfaits du duc de Bourgogne
le retinrent en France.

FABLE XXIII.

Le Soleil et les Grenouilles (*).

Les filles du limon tiroient du roi des astres
    Assistance et protection.
Guerre ni pauvreté, ni semblables désastres
Ne pouvoient approcher de cette nation.
Elle faisoit valoir en cent lieux son empire.
Les reines des étangs, grenouilles, je veux dire,
    (Car, que coûte-t-il d'appeler
    Les choses par noms honorables?)
Contre leur bienfaiteur osèrent cabaler,
    Et devinrent insupportables.
L'imprudence, l'orgueil et l'oubli des bienfaits,
    Enfants de la bonne fortune,
Firent bientôt crier cette troupe importune :
    On ne pouvoit dormir en paix.
     Si l'on eût cru leur murmure,
     Elles auroient, par leurs cris,
     Soulevé grands et petits
     Contre l'œil de la nature '.
Le soleil, à leur dire, alloit tout consumer;
    Il falloit promptement s'armer,
    Et lever des troupes puissantes.
    Aussitôt qu'il faisoit un pas,
     Ambassades croassantes
     Alloient dans tous les états;
     A les ouïr, tout le monde,
     Toute la machine ronde,
     Rouloit sur les intérêts

(*) Commire.

De quatre méchans marais [2].
Cette plainte téméraire
Dure toujours, et pourtant
Grenouilles doivent se taire,
Et ne murmurer pas tant;
Car, si le soleil se pique,
Il le leur fera sentir :
La république aquatique
Pourroit bien s'en repentir.

OBSERVATIONS DIVERSES.

Cette fable ne se trouve point dans les anciennes éditions de La Fontaine; ce qui pourroit en faire soupçonner
l'authenticité, si l'on ne reconnoissoit l'auteur à la délicatesse de l'ouvrage. D'ailleurs toutes les éditions des poésies du père Commire mettent le nom de La Fontaine au
bas de cette traduction, à côté du texte latin : ce qui nous
a déterminé, d'après Montenault, et l'auteur du recueil
intitulé *le Fablier Français*, à l'insérer dans la collection
des fables de notre poète. L'abbé Furetière en a fait aussi
une traduction que l'on peut comparer à celle-ci, par
honneur pour La Fontaine. Un géant en paroît plus grand
encore à côté d'un nain.

[1]   *Contre l'œil de la nature.*

  Que seroit-ce à mes yeux que l'*œil de la nature ?*
(Liv. VII, fab. 18.)

Sous un air de grandeur, cette métaphore est vraiment
vide de sens : elle fait de la nature une espèce de polyphème, ou le monstre du spinosisme; et cette image n'est
pas plus noble que juste.

[2]   *Rouloit sur les intérêts*
    De quatre méchans marais.

Même pensée que dans ces vers de la fable 21 :

  Que venez-vous donc faire?
Partager un brin d'herbe entre quelques fourmis.

FABLE XXIV.

La Ligue des Rats.

Une souris craignoit un chat
Qui dès long-temps la guettoit au passage.
Que faire en cet état? Elle, prudente et sage,
Consulte son voisin; c'étoit un maître rat,
    Dont la rateuse seigneurie
  S'étoit logée en bonne hôtellerie,
  Et qui cent fois s'étoit vanté, dit-on,
    De ne craindre ni chat, ni chatte,
  Ni coup de dent, ni coup de pate.
  Dame souris, lui dit ce fanfaron,
    Ma foi, quoi que je fasse,
Seul je ne puis chasser le chat qui vous menace :
  Mais assemblons tous les rats d'alentour,
  Je lui pourrai jouer d'un mauvais tour.
  La souris fait une humble révérence;
    Et le rat court en diligence
A l'office, qu'on nomme autrement la dépense,
    Où maints rats assemblés
Faisoient aux frais de l'hôte une entière bombance.
    Il arrive, les sens troublés,
    Et tous les poumons essoufflés.
Qu'avez-vous donc? lui dit un de ces rats; parlez.
En deux mots, répond-il, ce qui fait mon voyage,
C'est qu'il faut promptement secourir la souris;
    Car Rominagrobis
  Fait en tous lieux un étrange carnage.
    Ce chat, le plus diable des chats,
S'il manque de souris, voudra manger des rats.
Chacun dit : Il est vrai. Sus! sus! courons aux armes!
Quelques rates, dit-on, répandirent des larmes :

N'importe; rien n'arrête un si noble projet :
    Chacun se met en équipage;
Chacun mit dans son sac un morceau de fromage;
Chacun promet enfin de risquer le paquet.
    Ils alloient tous comme à la fête,
    L'esprit content, le cœur joyeux.
    Cependant le chat, plus fin qu'eux,
  Tenoit déjà la souris par la tête.
    Ils s'avancèrent à grands pas
    Pour secourir leur bonne amie ;
    Mais le chat, qui n'en démord pas,
Gronde et marche au devant de la troupe ennemie.
    A ce bruit, nos très prudens rats,
    Craignant mauvaise destinée,
Font, sans pousser plus loin leur prétendu fracas,
    Une retraite fortunée;
    Chaque rat rentre dans son trou :
Et si quelqu'un en sort, gare encor le matou !

FABLE XXV.

Le Juge arbitre, l'Hospitalier et le Solitaire.

Trois saints, également jaloux de leur salut,
Portés d'un même esprit, tendoient à même but.
Ils s'y prirent tous trois par des routes diverses.
Tous chemins vont à Rome : ainsi nos concurrens
Crurent pouvoir choisir des sentiers différens.
L'un, touché des soucis, des longueurs, des traverses
Qu'en apanage on voit aux procès attachés,
S'offrit de les juger sans récompense aucune,
Peu soigneux d'établir ici-bas sa fortune.
Depuis qu'il est des lois, l'homme, pour ses péchés,
Se condamne à plaider la moitié de sa vie :

La moitié! Les trois quarts, et bien souvent le tout.
Le conciliateur crut qu'il viendroit à bout
De guérir cette folle et détestable envie.
Le second de nos saints choisit les hôpitaux.
Je le loue; et le soin de soulager les maux
Est une charité que je préfère aux autres.
Les malades d'alors, étant tels que les nôtres,
Donnoient de l'exercice au pauvre hospitalier;
Chagrins, impatiens, et se plaignant sans cesse :
« Il a pour tels et tels un soin particulier;

   « Ce sont ses amis : il nous laisse. »
Ces plaintes n'étoient rien au prix de l'embarras
Où se trouva réduit l'appointeur de débats.
Aucun n'étoit content; la sentence arbitrale
   A nul des deux ne convenoit :
   Jamais le juge ne tenoit
   A leur gré la balance égale.
De semblables discours rebutoient l'appointeur :
Il court aux hôpitaux, va voir leur directeur.
Tous deux ne recueillant que plainte et que murmure,
Affligés, et contraints de quitter ces emplois,
Vont confier leur peine au silence des bois.
Là, sous d'âpres rochers, près d'une source pure,
Lieu respecté des vents, ignoré du soleil,
Ils trouvent l'autre saint, lui demandent conseil.
Il faut, dit leur ami, le prendre de soi-même.
   Qui mieux que vous sait vos besoins?
Apprendre à se connoître est le premier des soins
Qu'impose à tous mortels la majesté suprême [1].
Vous êtes-vous connus dans le monde habité?
L'on ne le peut qu'aux lieux pleins de tranquillité;
Chercher ailleurs ce bien est une erreur extrême :
   Troublez l'eau, vous y voyez-vous [2]?
Agitez celle-ci : comment nous verrions-nous?
   La vase est un épais nuage

II.   24

Qu'aux effets du cristal nous venons d'opposer;
— Mes frères, dit le saint, laissez-la reposer,
    Vous verrez alors votre image.
Pour vous mieux contempler, demeurez au désert.
    Ainsi parla le solitaire.
Il fut cru, l'on suivit ce conseil salutaire.

Ce n'est pas qu'un emploi ne doive être souffert.
Puisqu'on plaide, et qu'on meurt, et qu'on devient malade,
Il faut des médecins, il faut des avocats [3].
Ces secours, grâce à Dieu, ne nous manqueront pas;
Les honneurs et le gain, tout me le persuade.
Cependant on s'oublie en ces communs besoins.
O vous dont le public emporte tous les soins,
    Magistrats, princes et ministres!
Vous que doivent troubler mille accidens sinistres,
Que le malheur abat, que le bonheur corrompt,
Vous ne vous voyez point, vous ne voyez personne [4].
Si quelque bon moment à ces pensers [5] vous donne,
    Quelque flatteur vous interrompt.

Cette leçon sera la fin de ces ouvrages :
Puisse-t-elle être utile aux siècles à venir!
Je la présente aux rois, je la propose aux sages :
    Par où saurois-je mieux finir [6]?

OBSERVATIONS DIVERSES.

Si l'esprit humain est borné, et si un écrivain semble n'être en général destiné par la nature qu'à réussir dans un seul genre, combien est-il surprenant de voir un même génie exceller dans tous, *passer*, avec la plus heureuse flexibilité, *du grave au doux, du plaisant au sévère*, tour-à-tour enchanter les esprits les plus délicats par les tableaux naïfs de la vie champêtre, et les jeux des animaux, et intéresser les lecteurs les plus frivoles par les leçons les plus

sublimes de la philosophie et de la politique? En effet,
par quel rapport cet apologue ressemble-t-il aux précédens, sinon par la supériorité du talent qui en fait autant
de chefs-d'œuvre? Partout une morale saine, assaisonnée
de traits piquants, partout la connoissance des mœurs,
une diction pleine de noblesse, unie à la plus étonnante
simplicité; mais tout cela avec des teintes diverses.

¹ *Apprendre à se connoître, etc.* Ces vers, commentaire
éloquent de l'inscription du temple de Delphes, sont de
ceux qu'une admiration générale a rendus fameux.

² *Troublez l'eau ; vous y voyez-vous ?*

M. de Voltaire a dit dans son poème *de la Loi naturelle :*

> De nos désirs fougueux la tempête fatale
> Laisse au fond de nos cœurs la règle et la morale;
> C'est une source pure : en vain dans ses canaux
> Les vents contagieux en ont troublé les eaux :
> En vain sur sa surface une fange étrangère
> Apporte en bouillonnant un limon qui l'altère :
> L'homme le plus injuste et le moins policé
> S'y contemple aisément quand l'orage est passé.

³ *Il faut des médecins, etc.* On est fâché qu'un trait de
satire se mêle à un sujet aussi grave.

⁴ *Magistrats, princes, etc.* Cette fable est un des derniers
fruits de la muse fabuliste à qui nous devons tant d'ouvrages immortels. C'est par elle que La Fontaine a voulu
terminer son recueil. *Cette leçon,* dit-il, *sera la fin de ces
ouvrages.* C'est en quelque sorte le chant du cygne. Voyez
si l'homme qui l'a faite avoit baissé. Ces vers,

> O vous dont le public emporte tous les soins ,
> Magistrats, princes et ministres!
> Vous que doivent troubler mille accidens sinistres,
> Que le malheur abat, que le bonheur corrompt,
> Vous ne vous voyez point, vous ne voyez personne, etc.

Ces admirables vers se ressentent-ils de la vieillesse de
l'auteur? l'antiquité a-t-elle rien de mieux pensé, les modernes rien de mieux écrit?

Champfort prétend que la seconde partie des fables vaut moins que la première. A mesure que le poète approche du terme de sa carrière, le critique veut que le génie du fabuliste baisse presque à chaque page. Il revient plusieurs fois sur cette observation. — Si La Fontaine baisse, c'est comme le soleil à son couchant, en éclairant encore l'horizon de mille feux. Ce que Voltaire avoit fait sur Corneille, Champfort l'a fait sur La Fontaine. De tels panégyristes ne sont que des accusateurs déguisés.

⁵ *A ces pensers*, etc. Vieille expression que l'on n'a point remplacée par le mot *pensée*. Boileau s'en est servi.

> Vainement offusqué de ses *pensers* épais.
>
>   (Ép. XI, v. 87.)

La Fontaine l'emploie, fable 1 du liv. III.

⁶   *Par où saurois-je mieux finir ?*

Non, l'auteur ne pouvoit finir plus dignement cet admirable recueil, dont les compositions toujours plus belles, à mesure qu'on les étudie, respirent cette *vénusté* qui n'a point de nom dans aucune langue, cette molle langueur, cette grâce plus belle encore que la beauté, qui ne fut pas toujours accordée même au génie.

Ici finit le commentaire de M. l'abbé Guillon. On a pu voir, en le lisant attentivement, par quelle suite de recherches et d'études notre immortel fabuliste a enrichi son originalité de la concision latine et de la naïveté de notre vieux langage. Cette comparaison assidue de La Fontaine avec ses devanciers sera d'autant plus profitable, qu'elle mettra en regard et sur un même plan, la littérature passée et cette brillante littérature du dix-septième siècle. D'ailleurs, il ne s'agit pas ici d'un de ces chefs-d'œuvre qu'on ne lit qu'une fois et qui ne donnent qu'une émotion. Les fables de La Fontaine sont en même temps l'histoire de la société, le tableau le plus animé des impressions

diverses qu'éprouve le cœur de l'homme, et l'enseignement le plus complet qui lui puisse être donné. Nous
devons donc des remerciemens au savant auteur qui
sut, bien jeune encore, commander à son enthousiasme
pour analyser La Fontaine, le poète qui s'analyse le
moins. Qui pourrait nier que La Fontaine ne méritât
la même attention scrupuleuse que Voltaire, malgré
son envie, n'a pas refusée au vieux Corneille?

Et remarquons bien de quelle utilité peut être un
commentaire fait avec esprit et bonne foi, chaque
période littéraire changeant quelque chose au sens
intime des mots, aux formes habituelles du langage
esclave ordinaire de toutes les révolutions d'un
peuple. Ainsi nous avons vu cette belle langue du
dix-septième siècle perdre, en passant par les af-
feteries philosophiques du dix-huitième siècle, cette
élégance pure et noble qui en faisait le caractère
principal, pour arriver soudainement à ce néologisme
effréné, comme les événemens de notre révolution,
et que cette révolution lui commandait. Ce qu'il arrivera de cette langue ainsi transformée, on ne saurait
guères le prévoir. Seulement ce sera toujours un
conseil salutaire à donner, que de recommander à
tout homme jaloux de penser bien et de bien dire,
de prendre pour ses modèles Pascal, Bourdaloue,
Bossuet, Fénelon, Fénelon qui s'écriait peu après
la mort de La Fontaine :

Heu! fuit vir ille facetus, Æsopus alter, nugarum laude
Phædro superior, per quem brutæ animantes, vocales
factæ, humanum genus edocuere sapientiam. Heu! *Fon-
tanus* interiit. Proh dolor! interiere simul joci dicaces,
lascivi risus, gratiæ decentes, doctæ camœnæ. Lugete, ô
quibus cordi est ingenuus lepos, natura nuda et simplex,
incompta et sine fuco elegantia. Illi, illi uni per omnes
doctos licuit esse negligentem. Politiori stylo quantùm

præstitit aurea negligentia! Tam caro capiti quantum
debetur desiderium! Lugete, musarum alumni : vivunt
tamen, æternumque vivent carmini jocoso commissæ ve-
neres, dulces nugæ, sales attici, suadela blanda atque
parabilis ; neque *Fontanum* recentioribus juxtà temporum
seriem, sed antiquis, ob amœnitates ingenii adscribimus.
Tu verò, lector, si fidem deneges, codicem aperi. Quid
sentis?..... Mores hominum atque ingenia fabulis, Te-
rentius, ad vivum depingit ; Maronis molle et facetum
spirat hoc in opusculo. Heu! quandonam mercuriales viri
quadrupedum facundiam æquiparabunt!

« Hélas! il n'est plus cet homme charmant, cet autre
» Ésope, supérieur à Phèdre par l'esprit de son badinage,
« qui fit parler les animaux muets pour enseigner la sagesse
« au genre humain. Hélas! La Fontaine n'est plus! ô dou-
« leur! avec lui ont disparu les jeux badins, les ris fo-
« lâtres, les grâces décentes, les doctes muses. Pleurez
» vous tous qui avez le sentiment inné de la grâce, du
« naturel, de la simplicité, de l'élégance naïve et sans
« fard. Seul, seul parmi les savans, il eut le privilége de
« la négligence, de cette riche négligence supérieure au
« style le plus travaillé. Que de regrets sont dus à une
« tête si chère! Pleurez, nourrissons des muses. Cependant
« elles vivent encore, elles vivront toujours ces beautés
« répandues dans ses écrits, ces riens charmans, ce sel
« attique, cette morale douce et facile à saisir. La Fon-
« taine se rattache, il est vrai, aux temps modernes, mais
« il appartient à l'antiquité par la beauté de son génie.
« Pour vous, lecteur, si mon témoignage ne suffit pas,
« ouvrez son livre; qu'éprouvez-vous? Nouveau Térence,
« il peint dans ses fables, sous les couleurs les plus vives,
« les mœurs et le caractère des hommes. Virgile tout entier
« a passé dans ses vers légers avec sa grâce et son harmo-
« nie. Hélas! quand verrons-nous nos maîtres de philo-
« sophie égaler l'éloquence des animaux du bonhomme! »

FIN.

TABLE

DU SECOND VOLUME.

LIVRE NEUVIÈME.

LIVRE DIXIÈME.

LIVRE ONZIÈME.

FIN DE LA TABLE DU SECOND ET DERNIER VOLUME.

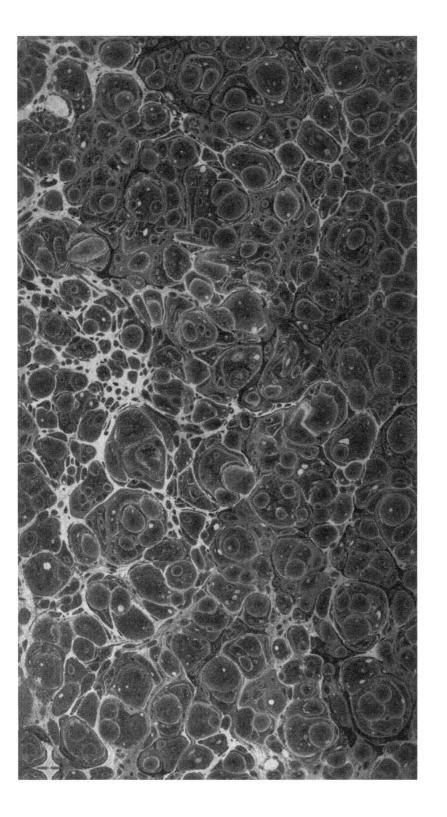